古代歷史文化 研究輯刊

二六編

王明蓀 主編

第 14 冊

明代水利社會史研究論集（中）

蔡泰彬 著

國家圖書館出版品預行編目資料

明代水利社會史研究論集(中)／蔡泰彬 著 -- 初版 -- 新北市：
花木蘭文化事業有限公司，2021〔民110〕
目 2+192 面；19×26 公分
（古代歷史文化研究輯刊 二六編；第 14 冊）
ISBN 978-986-518-597-8（精裝）
1. 水利工程 2. 歷史 3. 明代
618   110011825

ISBN-978-986-518-597-8

9 789865 185978

古代歷史文化研究輯刊
二六編　第十四冊　　　　　ISBN：978-986-518-597-8

明代水利社會史研究論集（中）

作　　者　蔡泰彬
主　　編　王明蓀
總 編 輯　杜潔祥
副總編輯　楊嘉樂
編　　輯　許郁翎、張雅淋、潘玟靜　美術編輯　陳逸婷
出　　版　花木蘭文化事業有限公司
發 行 人　高小娟
聯絡地址　235 新北市中和區中安街七二號十三樓
　　　　　電話：02-2923-1455／傳真：02-2923-1452
網　　址　http://www.huamulan.tw 信箱 service@huamulans.com
印　　刷　普羅文化出版廣告事業
初　　版　2021 年 9 月
全書字數　434817 字
定　　價　二六編 32 冊（精裝）台幣 88,000 元　　版權所有・請勿翻印

明代水利社會史研究論集(中)

蔡泰彬 著

目次

明代江南地區水利事業之研究

一、前言

　　環太湖周邊之沖積平原，包括蘇州、松江、常州、嘉興、湖州等五府及所屬之三十州縣。此地圩田之開發，物產之豐盛，不僅是魚米之鄉，亦是手工藝最發達之地區。僅蘇松二府每年繳納之稅糧，於洪武二十六年（西元1393）即佔全國總收入之百分之十三點六八；高出於山西、陝西、浙江等布政司。因此，全國財政重心在江南。

　　政府為確保財源，必需注重水利之修濬。遍佈各處之河道與塘浦，具有交通、漁產、排水及灌溉功能，對於經濟之發展有莫大之助力。因此，政府投注於幹河（吳淞江、婁河、黃浦）之整治；枝河（塘浦）之濬浚；及圩岸、堰壩之修築。

　　本文研究之目的，在探討明代整治水利之基層組織、維護水利設施科派力役之方法及其轉變；並欲藉水利之觀點，反應當時社會經濟之狀況。

二、太湖區水利分佈

　　太湖位於蘇州西南三十里，《禹貢》謂之「震澤」，《爾雅》謂之「具區」，《越絕書》云：「其大三萬六千頃」。東南諸水皆歸之，主要之水源來自有二：西北有荊溪百瀆，受常鎮諸郡之水；西南有苕、霅二溪、七十二漊，受徽、歙、臨安、杭、湖諸山溪之水。西北、西南諸水總匯於太湖，以湖東三江委流於海。〔註1〕

〔註1〕張內蘊撰，《三吳水考》（臺北：臺灣商務印書館，四庫全書珍本三集），卷二，〈水利大綱〉，頁2。

　　《禹貢》云：「三江即入，震澤底定」。〔註2〕三江之名，眾說紛紜，茲採張守節史記正義之說；謂之：松江、婁江、東江。〔註3〕三江之分界點，在三江口（吳江縣），顧夷《吳地記》云：「松江東行七十里，得三江口，東北入海為婁江，東南入海為東江，并松江為三江」，〔註4〕此三江之源流：

　　松江，從吳江縣（江蘇吳江縣）長橋東北合龐山湖入長洲縣（江蘇吳縣），過大姚浦抵崑山縣，分為二，南為吳淞江，北為剰娘江，復合為一，東流入嘉定界，經上海合黃浦東入海，〔註5〕今名之吳淞江。

　　婁江，自太湖從吳縣鮎魚口，北入運河，經郡城之婁門，歷崑山至和塘東和新洋江，經太倉塘合劉家港入海。〔註6〕今名之劉家河。

　　東江，自白蜆江從急水港過澱山湖之三泖，歷松江黃浦入海者。〔註7〕東江已不可考，自海塘障於南，水北折為黃浦。〔註8〕故今東江以黃浦代之。

　　三江流經各處之形勢可參見圖（一）。三江即入，震澤底定，雖謂三江是疏導湖水入海之主要河道（幹河），然整個太湖流域地勢低窪，湖水瀰漫，農田水利之維護，尚需要塘浦（枝河）之修建，以便分導湖水入海，抑是疏導各區湖水歸入三江，塘浦之設隨各區地勢之高低而有不同之設施與利用價值。

　　太湖流域之地勢，按孫輔世之研究；其平均高度僅高出吳淞零點四至五公尺（吳淞江零點約高出海平面一公尺），上流地形較高，約高出吳淞零點三十公尺以至三百公尺，其中以天目山為最高達一千公尺。〔註9〕然此一沖積平原臨海處，皆為岡磧，地勢反而高，水流偃仰而不可出。分佈之形勢，崑山縣之東接於海之岡隴東西百里，南北三百里，其地東高而西下。常熟縣之北臨於長江之漲沙南北八十里，東西二百里。兩地皆北高而南低，稱之高田（高鄉）。而崑

〔註2〕朱鶴齡撰，《禹貢長箋》（臺北：臺灣商務印書館，四庫珍本三集），卷五，頁14。

〔註3〕楊慎撰，《升菴外集》（臺北：臺灣學生書局，民國六十年五月影印初版），卷五，〈地理部〉，頁373。

〔註4〕顧炎武撰，《天下郡國利病書》（臺北：臺灣商務印書館，影印本，四部叢刊三編史部），原編四冊，〈蘇上〉，頁5。

〔註5〕陳仁錫撰，《皇明世法錄》（臺北：臺灣學生書局，民國五十四年元月初版，影印本），卷四一，〈東吳水利〉，頁8。

〔註6〕顧炎武撰，《天下郡國利病書》，原編四冊，〈蘇上〉，頁5。

〔註7〕《三吳水考》，卷二，〈水利大綱〉，頁3。

〔註8〕同前註引書，卷三，〈蘇州水利考〉，頁1。

〔註9〕孫輔世著，《太湖流域水利問題》（上海商務印書館，民國二十五年四月），頁373。

山縣岡身之西至於常熟縣之境約一百五十里。常熟縣之南抵於湖州之境約二百里，地勢低下，稱之水田（低鄉）。高田者常欲水而水流而不蓄，故常患旱。而水田，西南即有太湖諸府之水，而東北又有崑山、常熟二縣岡身之流水，故常患水，欲治高低田之災，古人遂因地勢之高下，開設塘浦並修築圩岸。〔註10〕

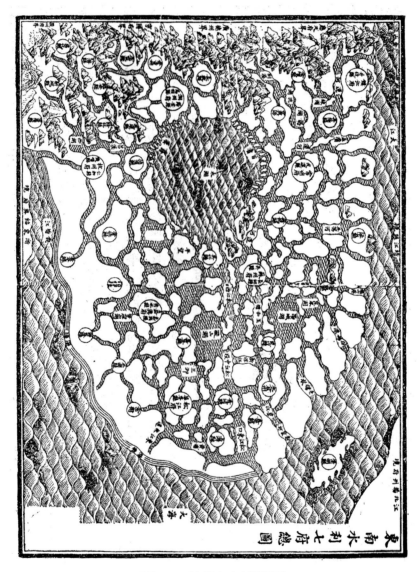

圖一：東南水七府總圖

（採自張國維撰《吳中水利全書》，四庫全書本）

─────────

〔註10〕《三吳水考》，卷八，〈郟亶水利書〉，頁10。

　　環太湖周邊卑下之處，於吳淞江之南北開縱浦，以通達於江。又於浦之東西為橫塘以分其勢而分佈之。塘浦闊者三十餘丈，狹者不下二十餘丈，深者二、三丈，淺者不下一丈。而古人使塘浦深闊若此者，蓋欲取土以為圩岸，高厚足以禦其湍悍之流。所以古時圩岸高者須及二丈，低者亦不下一丈五尺。若於大水之年，江湖之水，高於田五、七尺，而堤岸高於塘浦之三、五尺至一丈。故雖大水不能入於民田，民田即不容水，則塘浦之水，自高於水（吳淞江），而江之水亦高於海，不須決洩而水自湍流矣。

　　至於沿海高仰之處，近長江者，卻因江流稍高可以引水，近海者又有早晚兩潮可資灌溉，故於沿海之地及江之南北，或五里、七里為一縱浦，又七里或十里為橫塘，塘浦之闊狹與低鄉相同，而其深往往過之。且堰身之地，高於積水四、五尺至七、八尺之處；遠於積水四、五十里之處。固非決水之道，然古人為塘浦深闊若此者，蓋欲吸引江海之水，周流於堰身之地，雖大旱之年，亦可以引水灌田。而大水之歲，積水或從此而流洩耳。並非專為鑿深其塘浦以決低田之積水也。致於地勢西流之處，又設有堰門、斗頭以儲蓄之。故雖大旱之歲，堰身之地，皆可耕。所以低鄉常無水患，高田無旱災，而數百里之內常獲豐熟。〔註11〕

　　此外，欲截太湖西北之水源，使常州、鎮江諸府之水導入蕪湖，古人曾於溧水縣作五堰為之障。然蘇軾奏議云：「五堰所節九陽江諸水，其後販賣簰木以入東西二浙，又以五堰為阻，遂廢去。」〔註12〕於是前項諸水多入荊溪，古人以荊溪不能當眾流奔走注入之勢，遂於太湖之口，疏為百瀆。按百瀆在宜興縣者七十四，在武進縣者二十六。各有分域，又開橫塘以貫之，約有四十餘里，蓋橫塘者，水之經也；百瀆者，水之緯也。〔註13〕

　　以蘇、松、常、嘉、湖諸府為主之太湖流域水利分佈大勢，已如上述。此一分佈情形，單鍔論吳中水利，論之為人之身，其謂曰：「五堰則首也，荊溪則咽喉也，百瀆則心也，震澤則腹也，旁通太湖眾瀆則脈絡眾竅也，吳江則足也」。〔註14〕

〔註11〕《三吳水考》，卷八，〈郟亶水利書〉，頁10。

〔註12〕同前注引書，卷八，〈郟亶水利書〉，頁11。

〔註13〕同前注引書，卷八，〈郟亶水利書〉，頁11。

〔註14〕申時行撰，《明會典》（臺北：臺灣商務印書館，民國五十七年三月臺一版，國學基本叢書），卷一九六，〈都水清吏司〉，頁3943。

三、江南水利與明代之財政

　　中國史上，自南北朝，避地中原為政治重心者，則以江南為基地加以開發，取得財賦之支持，才獲得穩定之局面，可謂我國以農業為主之經濟重心，南北朝時已由北方向南方轉移。隋唐以來之江南地區，於我國經濟史上已佔有重要之地位。唐代後期之中央政府，由於安史亂後之藩鎮據河南南北各道，中央只控制江淮以南各道，故全倚東南財賦為生命。〔註15〕《大學衍義補》云；「臣按江南財賦之淵藪，自唐宋以來，國計咸仰於是。」〔註16〕至宋代南渡，江南又一次之大開發，至元代仍以江南經濟重心，支持元代帝國之繁榮及強大。〔註17〕由此可知，明代以前，江南之繁榮，農業之豐富，已是全國之財賦重心。

　　蘇松一帶何以如此富庶，當然自然地理如土地肥沃、氣候及雨量適度，皆能使農產豐收。甚至自宋以來，江南播種占城稻稱為「早稻」使米之產量增加。〔註18〕然人為條件中，歷代水利之興建，則為農業豐盛之重要因素。有關歷代水利開發之記載，可詳見於《蘇州府志》、《松江府志》、《天下郡國利病書》、《三吳水考》、《吳中水利全書》。

　　江南水利之修建，《天下郡國利病書》云：「唐元和五年（810），王仲舒治蘇，堤松江為路。」〔註19〕然錢穆先生云：「所謂江浙水利，並非自始即爾，乃是人事不斷的精心努力所造成。」〔註20〕至五代吳越建國，置都水營田使以主水事，募卒四部於太湖旁，號「撩淺軍」，凡七、八千人。至宋代，真宗天禧年間，轉運使張綸於蘇州之常熟、崑山各開諸浦以導積水。仁宗景祐時，范仲淹守平江，開浚五浦，以疏諸邑水利。神宗熙寧時，郟亶上蘇州水利論，並主張倣錢式遺法，養撩淺之卒，更休迭役，以浚其高田之溝洫與水田之塘浦，則為百世之利。哲宗元祐時，單鍔著《吳中水利書》等。所以在北宋時

〔註15〕李劍農，《宋元明經濟稿史》（北平：三聯書局，一九五七年），第一章，〈宋元明總敘——經濟領域重心移于東南〉，頁1。

〔註16〕丘濬撰，《大學衍義補》（臺北：臺灣商務印書館，四庫珍本二集），卷二四，〈治國平天下、制國用、經制之義下〉，頁17。

〔註17〕《宋元明經濟史編》，第一章，〈宋元明總敘——經濟領域重心移於東南〉，頁2。

〔註18〕錢穆著，《國史大綱》（臺北：臺灣商務印書館，民國六十三年十一月修訂一版），第四十章，〈南北經濟文化轉移（下）〉，頁587。

〔註19〕《天下郡國利病書》，原編第四冊，〈蘇上·歷代水利〉，頁7。

〔註20〕見《國史大綱》，第四十章，〈南北經濟文化轉移（下）〉，頁583。

代，此地區水利相沿興建。〔註21〕宋代南渡後，水利之興建更為發達，按《宋史食貨志》云：「大抵南渡後，水田之利，富於高原，故水利大興。」〔註22〕至元代依然重視水利。如成宗大德時，任元發著《水利問答》，濬吳淞江。泰定帝泰定時，復立都水營田司，管理水利。甚至於元末張士誠在此地區，也開白茆塘。〔註23〕所以明太祖開國之前，此一地區之水利大興，良田美池，農產豐富，已是不可抹滅之事實。

明代承襲前代之水利建設，及豐富之農產地區。太祖興修事業已甚為重視，洪武二十六年（1393），太祖諭都察院曰：

> 各處開壩陂堰，引水道可灌田畝，以利農民者，務要時常整理疏浚，如有河水積流泛溢損壞房屋、田地、禾稼者，須設法止遏，或所司呈稟、或人民告訴，即便定奪奏聞……。〔註24〕

洪武二十七年（1394）又諭曰：

> 凡天下陂塘湖堰，可瀦蓄以備旱嘆宣洩，以防霖潦者，皆因其地勢修治之，勿忘興工役，培尅吾民。〔註25〕

洪武三十一年又諭曰：

> 民間或有某水利可以灌溉田租，某人為害可以隄防，某河壅塞可以疏通。其當里老人會集踏看丈量，見數計較，合用人工併如何修築，如何疏通？定畫計策，畫圖貼說，赴京來奏，以憑為民興利除害。
> 〔註26〕

可知太祖對水利之興修事業至為關切，其在位時期，對江南水利工程之興建，不遺餘力。

江南一帶水利發達，良田美池遍佈，農產豐富，成為全國財政經濟之重心。明代財賦重心在江南，江南之重心在蘇松，按《明會典》所載，洪武二十六年（1393），全國稅糧總數是二千九百四十四萬二千三百五十石。其中蘇松二府之稅糧列表如下：

〔註21〕李銘皖等修，《蘇州府志》（臺北：成文出版社，民國五十九年五月臺一版，清光緒九年刊本影印），卷九，〈水利〉，頁1～42。

〔註22〕脫脫等撰，《宋史》（臺北：鼎文書局，新校本），卷一七三，〈食貨上〉，頁4183。

〔註23〕見《天下郡國利病書》，原編第四冊，〈蘇上·歷代水利〉，頁二三。

〔註24〕張國維，《吳中水利全書》（臺北：臺灣商務印書館，四庫珍本十一集），卷一一，〈詔命〉，頁1。

〔註25〕同前引書，同卷，頁2。

〔註26〕同前引書，同卷，頁3。

表一：蘇松二府實徵稅糧表

區　域	夏稅麥	秋糧米	兩稅合計
蘇州府	63,500 石	2,476,990 石	2,810,490 石
松江府	107,496 石	1,112,440 石	1,219,896 石
總　計	170,996 石	3,859,390 石	4,030,386 石

蘇松二府之稅糧米麥總數是四百三萬零三百八十六石。〔註27〕佔全國稅糧總收入之百分之十三點六八。而蘇州一府稅糧二百八十一萬四百九十石，徵收之數字是全國稅糧收入之百分之九點五四。比全國各布政司徵收稅糧較高之；山西二百八十萬零九百三十七石；以及浙江之二百七十五萬二千七百二十七石；江西之二百六十六萬四千三百零六石都高。〔註28〕所以全國稅糧之最高重心在蘇州府，其次則是松江府一百二十一萬九千八百九十六石。由此可知，蘇松是全國之財政重心，每年此一地區所付出之大量稅糧，支持明代政府經濟之需要。

　　江南即是全國財賦重心，一旦瀕臨水災，所導致之影響至鉅。永樂初年，江南大水，明成祖曾謂戶部尚書夏原吉曰：「兩京（南京、北京）供億多出於此，此年水旱相繼，民罹飢寒，朕深憂之。」〔註29〕此次大水，成祖蠲稅糧達三百九十六萬五千六百餘石。按《明實錄》卷三十六：「永樂二年十月，成祖以蘇、松、嘉、湖等府水災，蠲其今年稅糧六十萬五千九百萬石。」〔註30〕又同書卷四十六：「永樂三年九月，命戶部覈實蘇、松、嘉、湖、杭、常六府被水災民，悉免今年租稅，凡免三百三十七萬九千七百石有奇。」〔註31〕大批稅糧之免徵，國家收入減少，其所造成之影響，以當時公、侯、伯、駙馬、儀賓之俸祿改由米鈔兼給為例，試說明之。洪武三十五年十二月，戶部尚書夏原吉等會議「此年蘇州水患，糧額虧損，請如文武官例，米鈔兼給。」〔註32〕可知，永樂初年，蘇松大水，稅糧之減少，立即影響到百官之俸祿，由全

〔註27〕《明會要》，卷二四，〈稅糧〉，頁 634。
〔註28〕同前註引書，同卷，頁 631。
〔註29〕夏原吉等修纂，《明太宗實錄》（臺北：中央研究院歷史語言研究所，民國五十七年二月二版，校印本），卷一六八，頁 4，永樂十三年九月癸丑條。
〔註30〕同前註引書，卷三六，頁 5，永樂二年十一月戊子條。
〔註31〕同前註引書，卷四六，頁 1，永樂三年九月丁酉條。
〔註32〕同前註引書，卷三二，頁 3，永樂二年六月戊子條。

支米改為米鈔兼給。

　　江南財賦對國家之財政即如此重要，故明代各朝對水利之興建甚為重視。明前半期是從「里甲制」徵調民夫濬浚河道，修築圩岸及閘壩。中葉之後，由於里甲制之敗壞，朝廷不得不實行「照田派役制」。

四、整治水利之基層組織

　　維護江南水利之功能，首在保持三條幹河及所屬枝河水流之通暢，由於地勢之低窪，諸河道容意淤塞，每逢雨季來臨，常易氾濫成災。

　　明代主管全國水利興修屬於工部；工部尚書、左右侍郎掌天下之營作、山澤、河渠……等政令。屬有水部，後改為都水清吏司，設郎中、員外郎分掌川瀆、陂池、橋道、舟車之事。在地方，水官之設置依各地區而不同，如江北運河和江浙海塘有職司水利之專官；江南地區則無，皆由治農官兼理，中葉之後，儘管某些府增置通判一名或水利僉事，專負水利之責，然其職卑位輕不足與宋之都水監，元之都水庸田使相比。

　　因此，江南一帶對幹河之整治，由於工程浩大，朝廷常派重臣出治，至於平時枝河之疏濬和圩岸之修築，則委鄉居地主（糧長、塘長、里長、里老人等），但不論疏濬幹河或枝河在明前期或中期之後，鄉居地主居於官府和百姓之間，負起實際督率民夫整治水利之工作。如永樂元年至三年，江南大水，戶部尚書夏原吉奉朝命，整治蘇松諸河道，其〈車水嘆〉一文中可了解治水時，朝臣、鄉居地主與民夫工作之情形。其文云：

> ……集車分怖田週槽，車分既集人分少。點檢農夫下鄉保，婦男壯健記姓名。盡使踏車車宿潦，自朝至暮無停時。足行車轉如星馳，糧頭、里長坐擊鼓。戴星戴月夜忘歸，悶倚蓬窗發長嘆！噫嘻我嘆誠如何！為憐車水工程疏。生足底不暇息，塵垢滿面無心除。數內疲癃多困極，飢腹枵枵體無力。紛紛望向膏粱家，忍視飢寒那暇卹……。〔註33〕

從「糧頭、里長坐擊鼓」可知他們負有親身參與之責任。本節所要探討之重點，即是江南鄉居地主在地方水利興修上扮演之角色，茲將分別討論之。

　　討論之前，首需了解明代基層之結構，縣之下，若詳加分析可再分成三級：都─區─里甲。亦是一都有數區，一區有數里。里甲之組織較為複雜需

〔註33〕顧洪範等修纂，《上海縣志》（明萬曆十六年刊本），卷十，〈祥異〉，頁9。

詳加說明：

　　里甲制是洪武十四年（1381）輔助編定賦役黃冊而設立。在中國鄉村組織中，就其發揮之功能，在稅收和水利方面屬於半地方自治，因為必須接受政府之決定。在司法及治安，則是完全之地方自治。其組織是以地域相鄰之一百一十戶為里，一里之中推丁田多，家產殷實的十戶為「里長」，每人在十年中皆有當一次里長之機會。其餘一百戶作十甲，每甲十戶，在每甲十戶中，每戶在十年中輪充一次甲首，所以除了十戶之里長戶之外，其他的百戶皆有當甲首之機會。如果村落中有鰥寡孤獨不當力役者，則被放在一百一十戶之外，而列入於畸零戶，當然畸零戶亦可能復列入里甲戶，例如孤兒長大成年後，自然要列入於里甲戶內。〔註34〕

　　基層結構親如上述，於茲討論各級水利督導者。

（一）都、區──糧長、塘長

　　明初，都區水利之督導是屬糧長，代宗景泰五年（1453）之後，由於糧長職務繁重，另設塘長專司水利。

　　1. 糧長：洪武四年（1373），太祖鑑於府州縣胥吏徵收田賦時往往魚肉百姓，乃清查民田，以完糧一萬石左右之面積劃為一區，以區內田地最多者派充糧長，管理賦稅之催徵解運事宜。日本學者小山正明所者〈明代の糧長について──特に前半期の江南デルタ地帶を中心として〉一文，對於糧長之功能有深入之探討，其要點如下：（1）朝廷付與督辦賦稅之重役，和分配一區內之徭役。（2）在農村中兼有司法權、勸農和監督水利之權。（3）生活習慣與官吏相似，並精通儒學、詩、史，受到南宋朱熹理學之影響。〔註35〕

　　糧長身兼數職，督導水利僅是其中之一，然從明初至景泰五年，卻是農村自治體中最高之水利督率者，從下列之史料可知，按《浙西水利書·金藻三江水學》：

　　　　一圖（里）水利省視在里長，一區水利省視在糧長。〔註36〕

又《海鹽縣圖經·食貨上》：

〔註34〕夏原吉等修纂，《明太祖實錄》（臺北，中央研究院歷史語言研究所，民國五十七年二月三版，校印本），卷一三五，頁4，洪武十四年正月。

〔註35〕見於小山正明著，〈明代の糧長について──特に前半期の江南デルタ地帶を中心として〉《東洋史研究》，一九六九，二七卷四號。

〔註36〕姚文灝撰，《浙西水利書》（臺北：臺灣商務印書館，四庫珍本三集），卷下，〈松學生金藻三江水學〉，頁20。

> 國朝洪武初，命所在有司，遇圩岸壩堰坍缺，溝渠壅塞，不時築治
> 開通，以備旱潦。本縣三十一區，向有田園築之備水者，每歲，區
> 各以糧長正副一人，督圍（圩）長興工茸之。……〔註37〕

又史鑑〈水利議〉：

> 永樂年間，凡興建水利，庶事皆責成糧長，而官則自為節度之……
> 糧長管其都，圩長管其圩。〔註38〕

可知，都區之水利興建皆由正副糧長督率里長、圩長等興工修建之，而官府
則居於監督、策劃之地位。

2. 塘長：每區設立一人或二人，從每里中派該年之里長或甲首戶擔任，
督率民夫興修本區之水利。

關於塘長設置之時間，有二種不同之看法：一是洪武年間；二是景泰五
年。前者是日本學首星斌夫等之主張。後者為森田明之看法。本文採後一觀
點，因前者所依據之史料頗有商榷之處，如引用《天下郡國利病書》，〈揚州
府興化縣〉：

> 每塘甃石以為斗門，而塘長、塘夫是設，故洪武永樂間軍器、商塩、
> 皇木，三資故塘之便，及弘治以來日漸倒塌。〔註39〕

該文可議之處有二：一是上述之事例是在江北地區，所以不一定與江南地區
相同。二為其塘長設置之標準是按每塘用甃石做斗門（水門）來設置，此與
按里甲制之塘長、糧長管理一區水利者不同。

景泰五年，塘長取代糧長支配水利之後，糧長從此專辦賦稅之徵解。按
《天下郡國利病書·松江府志》：

> 今制，以里長，老人主一里之事，如宋之里正、耆長，以糧長督一
> 區賦稅，以塘長修理田圍修河道，其餘雜役。〔註40〕

從其他史料尚有助於瞭解塘長之水利功能，《天下郡國利病書·松江府》：

> 每鄙（里）歲輪該年一名，率作人夫，協力浚築，有六、七鄙為一
> 區者，有十餘鄙為一區者。區有該年數名，該年之內，經充領區總

〔註37〕胡震亨撰，《海塩縣圖經》（明天啟二年刊本），卷五，〈食貨篇上〉，頁41。
〔註38〕史鑑撰，《西村集》（臺北：臺灣商務印書館，四庫珍本三集），卷六，〈吳江水利議〉，頁14。
〔註39〕《天下郡國利病書》，原編十二冊，〈揚州府興化縣〉，頁105、106。
〔註40〕同前引書，原編六冊，《蘇松》，頁91。

催、即塘長，專主督率各鄙人夫，輪修本區水利。〔註41〕

又《川沙廳志・水道》：

> 如華亭縣，有八十區，區管數圖（里），共計六百餘圖，區有塘長，
> 職在督率該年，任一區之水利。圖有該年，職在督率細夫，任一圖之
> 水利，其法每年輪一人主之。一月上役及期而代，此常規也。〔註42〕

可知一區管數鄙或圖；而每鄙、圖由該年一名率作人夫。如此一區就有該年
數名，塘長之產生是從該年中推選丁糧較多者充之，而統率諸該年。

明末，塘長由於里甲制之數壞，負擔甚重。官府需要賄賂，不然撥調遠
區開河，高鄉派往低鄉，低鄉派往高鄉，蓋一區塘長只有一人，該年亦不過
數人，率民夫一區不下百人，小民朝夕營生，豈能離開田畝，供役於數百里
外。〔註43〕加上豪紳弄權逃避勞役，導致應役人少，應役人少，工重費多。
如此導致民夫不堪而舉家逃亡，而承辦該役之塘長必需賠貼工費，常有不堪
賠貼和官府勒索，而破產毀家者。同時，塘長不堪賠累，開始腐化，收取賄
賂，賄重則派工少，賄輕則派工多，奉公不法，督役需索，為弊多端。〔註44〕
如此惡性循環，水利隨之敗壞。

（二）里、甲——里長、里老人、圩長

一里水利責成於里長、里老人，一甲水利責成於圩長。

1. 里長：初是協助地方官編定黃冊，所謂「董一里一甲之事」，「管攝一
里之事」，〔註45〕後來又兼有維持治安、徵收上供及慶賀、鄉飲酒禮、官府開
支與祭祀等費用。

從前段糧長、塘長之水利支配中，已有甚多資料提及「一圖（里）水利
省視在里長」。然就鄉村水利支配角色來論，里老和里老人似乎居於會辦之地
位，其上有糧長或塘長，下有圩長，對於水利之興建較為積極和直接。如資

〔註41〕前同引書，同冊，頁76。

〔註42〕陳方瀛修纂，《川沙廳志》（臺北：臺灣學生書局，民國五十七年五月，據清
光緒五年刊本影印），卷三，〈水道〉，〈華亭知縣聶紹昌濬築成規〉，頁181。

〔註43〕同前引書，同卷頁，〈周孔教濬築河圩公移〉。

〔註44〕見《天下郡國利病書》，原編六冊，〈蘇松〉，頁77，〈崇禎己巳華亭鄭公友玄
塘長議〉：「槃縣塘長八十名，受賄免差，則應役人少，役少而費益增，此點
差之弊也。如百丈河十名役，以九丈派坐一名，以九名派分十丈一，視賄之
多寡為上下，而愚者橫家重累，此派段之弊也……。」

〔註45〕《明太祖實錄》，卷一三五，頁4，洪武十四年正月條。

料中「高鄉溝渠，糧耆同里老，相勘本區該開河渠幾處。」〔註46〕又「河道有淤塞者，岸塍有坍塌者，該管官吏糧里人等，隨即修築疏通。」〔註47〕皆可體會出里長雖省視一里之水利，但其身兼數職，事務繁重，對於水利之興修不比糧長、塘長或圩長來得積極。

2. 里老人：里編老人一名，得參議民間利害及政事得失，後漸負起竊盜、詐偽等司法案件。在里中與里長同負修濬水利之責，然里長似乎偏於戽水和溝岸；里老人財是築壩和河港。里老人監督水利之命令，見之於教民榜文：

> 民間或有某水可以灌漑田苗，某水為害可以隄防，某河壅塞可以疏
> 通，其當里老人，會集踏看丈量見數計較，合用人工，併如何修築，
> 如何疏通，定畫計策，畫圖帖說，赴京來奏，以憑為民興利除害。
> 〔註48〕

3. 圩長：洪武初年，江南農村遇有圩岸壩堰之坍塌，溝渠之壅塞，需不時開通。這些工程每年大部份都由正副糧長督圩長率民夫來興修。所謂「塘長管其都，圩長管其圩。」〔註49〕圩長與糧長之關係，是直接受其督率，而不受里長、里老人之指揮。

圩之單位，按姚文〈申飭水利事宜條約〉所論：

> 各圖（里）圩岸，俱著排年分管，若本圖原有十圩，則每甲一圩，
> 若不及一圩，則將大圩分轄之，若十圩以上，則并小圩分管……。
> 〔註50〕

又按《農政全書》：「塘長之設，舉一區而言之也。一區之中，各有數圩，若不立甲，何以統率而集事也。」〔註51〕可知，圩等於甲，故圩長亦稱圩甲，是農村自治體中，最基層之水利督率者。

圩長之派任是從圩中選擇二位身家善良，家道殷實者充之。〔註52〕必需

〔註46〕《吳中水利全書》，卷十五，〈姚文灝申飭水利事宜條約〉，頁23。
〔註47〕況鐘著，《況太守集》（清道光六年刊本），卷十二，〈嚴革諸弊榜示〉，頁43。
〔註48〕《吳中水利全書》，卷一一，〈詔命〉，洪武三十一年，頁二。
〔註49〕史鑑撰，《西村集》，卷六，〈吳江水利議〉，頁14。
〔註50〕《吳中水利全書》，卷十五，〈姚文灝申飭水利事宜條約〉，頁23。
〔註51〕徐光啟著，《農政全書》（臺北：明文書局，民國七十年九月初版），卷十四，
〈水利‧林應訓，修築河圩以備旱澇，以重農務事文移〉，頁348。
〔註52〕同前註與註42。萬曆三十六年，巡撫周孔教〈修築圩岸公移〉：隨於本圩中，
擇有身家善良二人，充為圩長，令其朝夕督工，不許生事科派。又林應訓，
〈設圩甲以齊作止〉：「一區之中，各有數圩，若不立甲，何以統眾而集事也？

親身充當，不可由別人代替，否則查出枷號示眾，其設置是專為本圩修濬而立，屬臨時性，完工即罷；因此，沒有「里長有勾攝之苦」，亦沒有「塘長有奔走之煩」。〔註53〕沈啟讚賞圩長之水利功能云：

> 塘長、圩長之說，即周官土均稻人之意，嘗觀稻人，以瀦蓄水，以防止水，以溝蕩水，以遂均水土，均為掌其平水土之政，而率以治水。〔註54〕

江南農村水利興建體系，已如上述。糧、塘長管修一都或區；里長、里老人管修一里；圩長管修一甲。此是就自治體來論。官府方面，各縣治農官或主簿提督一縣，各府治農官或通判提督一府。〔註55〕府之上，朝廷另派巡撫統轄之，如明前期，夏原吉治水江南功成之後，即委通政司左通政趙居任負責水利之興建。其後繼者有成鈞、周忱等巡撫江南並負水利之責。因此，明代江南地區整治水利之組織體系是：

巡撫→府→縣→糧長（都、區）→里長、里老人（里）→圩長（甲）。

五、明代前期（1368～1505）里甲制之水利負擔

從上節已知，濬治河道，修築圩岸是由糧長、塘長、里長、里老人等鄉居地主來擔任。而里長則在糧長或塘長和治農官監視下從事工作。

糧長，塘長等如何徵調民夫。勞役之分擔，在明代前期將分整治幹河和濬浚枝河、修築圩岸二方面。前者是按里甲為單位來科派勞役；後者是實施「田頭制」。於茲分別討論之。

首先討論，大規模整治河道工程，其科派夫役之原則。明初江南水利大規模整治計有：①永樂元年夏原吉整治蘇松水患；②宣德七年（1433）周忱疏浚蘇松；③景泰五年，李敏請濬白茆、鹽鐵等塘；④弘治八年（1497），徐貫濬蘇州河港。

這些大規模整治工程，所需勞役之供應主要來自有二、一為賑濟系統，亦就是供應糧食給災民而要求他們從事整治工作，如此解決了賑饑和整治兩問題，此是北宋范仲淹所創立。另一為里甲科派。以永樂元年，夏原吉整

計當僉舉殷實之家充之……是圩之有甲也，專為本圩修濬而立。」
〔註53〕徐光啟著，《農政全書》，卷十四，〈水利‧林應訓，修築河圩以備旱潦，以重農務事文移〉，頁348。
〔註54〕《吳中水利全書》，卷二一，〈沈啟塘長圩長論〉，頁23下。
〔註55〕《川沙廳志》，同卷頁，〈周孔教濬築河圩公移〉。

治蘇松為例說明之，共計動用民役十萬餘人，賑饑給粟達三十萬石。〔註56〕
此外，衛所軍士，儘管沒有整治水利之組織，但有時亦被命令從事整治工
作。

　　役夫之來源已如上述。然本即所要探論之重點是如何從里甲徵調民夫。
按弘治，金藻〈三江水學〉：

> 往年開河，每里起夫二、三十名，傷于太多，在家人戶，又無所助，
> 雖或有之，亦是弱者官府給米，不過數斗。〔註57〕

可知，每里起夫二、三十人，對於應役之家庭，沒給津貼，有之亦不過數斗。
又按〈楊主事謙治水紀績碑文〉：

> 公（徐實）乃與巡撫（何鑑），度地計工，當用人二十萬，乃足事，
> 因創差夫之法，一甲三人，而以其餘為資給。又別給米人一石，先
> 食後役。〔註58〕

由於可得較詳細之數字，每甲三人，每里則有三十人。若再徵調，給予工食，
每人又給米一石，計此次發口糧十五萬三千五百七石。〔註59〕又按嘉靖，呂
光巡〈水利工計款示〉：

> 先期明示曉諭，每都各圖，限名開報，官為雇募，假如一圖十甲，
> 每甲報夫二名，通圖該夫二十名。即以蘇州合府計之，一州七縣，
> 為里三千八百七十有六，是為三千八百七十六圖，應出夫七萬七千
> 五百二十名。〔註60〕

可知，每甲出二名，蘇州府即得役夫七萬七千五百二十名。

　　從以上之史料，每甲大約科派二、三名左右，沒有定制，按工程之需要
來徵調，在明代役法中屬於「雜役」。〔註61〕由於民夫從事開河，必需暫離農

〔註56〕夏原吉撰，《忠靖集》（臺北：臺灣商務印書館，四庫珍本四集），附錄，〈夏
　　　　忠靖公遺事〉，頁14。
〔註57〕《吳中水利全書》，卷二一，〈金藻三江水學〉，頁8。
〔註58〕《浙西水利書》，卷下，〈楊主事謙治水記績碑文〉，頁15。
〔註59〕張懋等修撰，《明孝宗實錄》（臺北·中央研究院歷史語言研究所，民國五十
　　　　七年二月二版，校印本），卷九九，頁二，弘治八年四月甲寅條。
〔註60〕《吳中水利全書》，卷一五，〈呂光洵水利工計款示〉，頁74。
〔註61〕明代科於民戶之力役，計有三：里甲，均徭、雜泛。糧長、塘長屬於雜役、
　　　　里長屬於里甲正役。致於按里甲徵派民夫修濬水利工程是屬雜役；因雜役
　　　　是非經常之使役科派，皆屬臨時編僉。例如修河、脯淺夫、修倉、斫薪……
　　　　等。

事，有時被派至遠方興修水利，於是豪紳等有力之士勾結「里書」、「官吏」等，〔註62〕竄改「黃冊」，降避賦役。如此不僅造成「里甲制」之敗壞，而且本來應由大戶負擔之勞役，卻由小戶來承擔，造成一般百姓之不滿，從下列之史料可探知。按姚文灝〈導河夫奏議〉：

> 近歲役夫，皆臨期取於里甲，而無經制，小民勞擾，吏緣為姦，富者累年不役，貧者無歲不役。〔註63〕

又按正德，吳巖〈條上水利事宜疏〉：

> 凡遇工程，一概科斂，則未免府縣派之里甲，里甲派之細民，騷動鄉村，鮮有不怨。〔註64〕

又按嘉靖，顏如環〈分理水利條約〉：

> 或令十排年出夫，有每里三十名、六十名之例，而勞力者多非有田之家，享利者反無供事之勞，以為欠當。〔註65〕

因此，從里甲徵派役夫之制，於明中期之後，由於官吏之貪污，豪紳之弄權，發生弊端，為謀改善，弘治十年，姚文灝曾奏：「導河夫奏議」，計劃按照運河設立「導河夫」，經費由「均徭銀」內撥出，名之「導河夫銀」；而人員乃從每里科派一名，每夫辦納工食銀三兩。〔註66〕此法獲得朝廷之同意「酌量地方緩急，僉點備用，可省之不可濫設。」〔註67〕然推行不及數年，於嘉靖時，「導河夫銀」被地方政府挪為他用，不再僱募人夫，故無法大興水利。按嘉靖，翁大立云：

> 府縣原有治農官，歲編導河夫銀兩。軍興以後官或裁革，銀亦借支。民間貧難，豈能自濬。〔註68〕

又按嘉靖，呂光洵〈水利工程議〉：

> 數年以前，各縣尚有導河夫銀，後皆視為不急之務，雖在官者亦為有司別項支銷，而導河民不復僱募，沿襲既久，卒使畫一無法，經

〔註62〕里書是書手、算手等籠統之名稱。書手即是：編制黃冊時管抄錄謄寫的人。算手就是管計算事產和稅糧的人。
〔註63〕《三吳水考》，卷一〇，〈主事姚文灝治水奏〉，頁14。
〔註64〕《吳中水利全書》，卷十四，〈吳巖條上水利事宜疏〉，頁27。
〔註65〕同前引書，卷一五，〈顏如環分理水利條約〉，頁42。
〔註66〕《三吳水考》，卷一〇，〈主事姚文灝治水奏〉，頁14。
〔註67〕《三吳水考》，卷一〇，〈主事姚文灝治水奏〉，頁14。
〔註68〕《吳中水利全書》，卷十四，〈翁大立請設治水部臣疏〉，頁五七。

制失宜，是焉足以與大事修大工也耶？〔註69〕

其次討論，濬治枝河，修築圩岸，所施行之「田頭制」。田頭之意為：與枝河與圩岸相連接之田地。因此，興修水利是以田地究竟與枝河或圩岸相連接有多長為標準來計算。亦是說：各業戶各就田頭修築，不論田有多少，但以田頭闊狹為準則。例如與枝河或圩岸之田頭有五尺，即濬治或修築五尺。假使有田頭屬於逃戶，則共同修築之。

田頭制之實施，初視之似乎覺得不公平，為何獨擁有田頭者必需修濬圩岸和枝河，位於圩內者卻不必。如果探就擁有圩田之結構和面積，可知它是一合理的勞役分配方法。金藻〈三江水學或問下〉為田頭制辯護云：當時有客人問他：隨其田自修溝岸不若「照田派役」來得平均，因為田有長倚涇者，有橫出涇者，有不出涇者，敝使實施「田頭制」，則長倚涇者用工太多，橫出涇者用工太少，不出涇者無工可作，這豈是公平。但是金藻卻辯之曰：實施照田派役，終是甲治乙田，丁修丙岸，不是修濬自己之圩岸和枝港，誰肯盡力為之。況且，位於圩內之田，澇則不得洩，旱則不得溉，糞則難於入。凡是擁有此田者，多是貧難小戶，應當優恤之；反之位於「田頭」者，旱則易於灌，澇則易於洩，糞則便於入，有此田者，多是殷實有力者。〔註70〕

從金藻之答辯，擁有「田頭」之地者，多屬殷實上戶。尚可從其他史料證之，刑部主事張衍於總論水利中說：「凡小河曲港，每年九月半為始，皆令有田之家自行開濬。……所開之泥停積兩岸者，不許大戶取築房基，止許小民挑修阡陌。」〔註71〕可知大戶人家之房屋多位於臨河之旁。張衍又更進一步說：

> 茭蘆宜于湖蕩之濱，每年種之，可以當白浪之衝岸，又使小民之得魚。今雖小河曲港，多被大戶占種覓利，一遇水旱則阻河道。大戶田在河口者，車身得所，則民田在中心者，勻水無求，此茭蘆之利與害也。〔註72〕

在此，更明白之表示，張衍之觀點與金藻相同，臨枝港，便於灌溉之田，多屬上戶所有。

〔註69〕《吳中水利全書》，卷十五，〈呂光洵水利工計款示〉，頁80下～81上。
〔註70〕同前註引書，卷二一，〈金藻三江水學或問下〉，頁11。
〔註71〕《三吳水考》，卷九，〈刑部主事張衍總論水利〉，頁20下。
〔註72〕《三吳水考》，卷九，〈刑部主事張衍總論水利〉，頁20下～21上。

金藻之〈三江水學或問下〉中亦舉出「曹憲副定菴」和「上海陸宗愷」二人，是田頭制之積極支持者。他們皆是鄉居地主，本身親務農務，對水利興修事業非常重視。由這二人之表現，可以反應出，當時鄉居地主對農田水利之關切。

曹時中，松江華亭人，號定菴，宣德七年生（1432），卒於正德十六年（1521）。成化五年中進士，任刑部主事，後累進至浙江按察副使（憲副），弘治初年致仕。三十餘年間居住華亭，戴笠為農：

> 先生結屋三泖東，良田沃壤生計濃，布衣不愛卿相印，白駒卻至深巖中，方春東作急布穀，荷鋤戴笠攜兒童，不耕而穫吾所恥。〔註73〕

陸沔，上海人，號時中，生於正統三年（1438），卒於正德十六年（1521）。正德七年（1516）敕封翰林院編修。擁有大規模之土地，本身致力於修築圩岸，濬浚枝河：

> 祖居百有餘年，皆自府君充拓，鑿池種柳，鬱然為林泉之盛，因田之高下，以修水利，皆為膏腴。……遠近化之，故一方無惰農，至今環浦而東，雞鳴犬吠機杼桔橰之聲，相間作，人比之桃源焉。
> 〔註74〕

鄉居地主開發農地，興修水利，形成良田美池，尚可從下列史料探知。《息園存稿》：「宗胤兄弟……殖豐美田產，多買奴僕芟辟灌莽，廣其水利，無風雨暑寒，身自臨視其下，人人效功能，生息遂十倍于昔。」〔註75〕又《震澤集》：「吳人多逐什一之利，君（陳輿）獨課童僕、力耕稼。久之，收入滋多，開闢浸廣，腴田沃壤，彌跨湖埭。」〔註76〕《容春堂後集》：「君諱珵……數年而田野益闢，食指至千餘。」〔註77〕、「會通君姓華氏諱燧……倣古井田之制，溝恤之、疆界之。」〔註78〕又《歸震川集》：「府君，姓歸氏，諱椿，字天秀……

〔註73〕屠勳撰，《屠康僖文集》（明萬曆四十三年刊本），卷一，〈題曹時中乃兄西蕳卷〉，頁21。
〔註74〕陸深撰，《儼山文集》（明嘉靖間刊本），卷八一，〈敕封文林郎翰林院編修先考竹坡府君行實〉，頁3上。
〔註75〕顧璘撰，《息園存稿》（明嘉靖間刊本），卷五，〈華亭何隱君墓誌銘〉，頁11。
〔註76〕王鏊撰，《震澤集》（臺北：臺灣商務印書館，四庫珍本五集），卷二六，〈陳封君墓表〉，頁15。
〔註77〕邵寶撰，《容春堂後集》（臺北：臺灣商務印書館，四庫珍本五集），卷四，〈明光祿寺署丞進階文林郎華君墓誌銘〉，頁12。
〔註78〕同前註引書，卷七，〈會通君傳〉，頁41。

府君相水遠近，通溪置閘，用以灌溉……晚年諸子用其法，其治數千畝……。」
〔註79〕

明前期之鄉居地主，他們或是曾當官而致仕之「鄉宦」，或是飽學詩書，而不願任官之「市隱」，或是已通過科舉考試，但尚未派任之「士子」，在地方自治體中經由里甲組織握有相當大之影響力。握有政治支配（調解糾紛，維持公共秩序，管理賑濟等）；文化支配（教育、文化與鄉評）；和經濟支配（勸農、控制市場）。〔註80〕因此，在農田水利上，鄉居地主之田土多臨近河旁，即握有水利支配之權，且親務農事、興修水利；帶動了整個鄉村農田水利之發達。

明代前期，關於江南地區整治水利所需勞役負擔，問題的探討，已如上述。整治大河川，主要是從里甲中科派夫役，後里甲制敗壞，為謀水利之正常功能，弘治年間，設置「導河夫銀」，由里甲中募夫修濬，然不及數年，此一經費被地方政府挪為他用，水利興修亦逐漸荒廢；必需另謀改革之道。整治枝河和圩岸方面，實施「田頭制」，責成凡是田臨圩岸、枝港者，自行修濬之。

六、正德、嘉靖時代水利之荒廢

明代前期，鄉居地主支配著以里甲為根本之江南鄉村。然至明中葉之後，傳統農業經濟結構，在人口不斷成長，而耕地面積與農業生產量未見提高下，發生變化，導致商品經濟之發展。〔註81〕在此潮流中，鄉居地主在地方上之地位，受到波及，而漸趨沒落。代之而起的是擁有大量土地，卻住在城市之

〔註79〕歸有光撰，《歸震川集》（臺北：世界書局，民國五十二年四月二版），卷一九，〈歸府君墓誌銘〉，頁255。
〔註80〕MORI Masao "The Gentry in Ming-An outline of the Relations Between the shih ta fu" (ACTA ASIATICA:38, THE Istitute of Eastern Culture, 1980), p.33.
〔註81〕劉石吉著，〈明清時代江南地區的專業市鎮〉《食貨復刊》八卷六、七、八期，民國六十七年九、十、十一月）：「中國之人口至一七五〇年已達二億至二億五千萬，到一八五〇年更超過了四億，就江南地區觀察，一八二〇年，蘇松二府之人口密度每平方哩分別達於三〇三六與一三〇一人，高居全國首位。耕地面積方面，一八一二年全國每人平均只有二‧一九畝的耕地，而江浙兩省則分別只有一‧九與一‧七七畝。如以每人四畝耕地為維持最低生活水準。那麼十九世紀，顯然全國大多數地區，都不能達到這目標。而江浙地區，可能是全國最嚴重。再就單位面積生產量，十八世紀以來，蘇松地區的每畝產量（米）平均大致只有二石左右。顯示出嚴重之糧食缺乏和人口壓力。」

「鄉紳地主」。他們本身不務農事，田地租與佃農耕種，坐收田租，對於水利之興修漠不關心，且又享有優免勞役之特權。田土大量被他們所擁有，成為加速里甲制崩潰的原因之一。

里甲制，在明初是一役制組織，和供應賦役的最基層管理單位。為確保國家徵調力役之需要，盡可能將全國人口都編入里甲組織，而所有里甲人戶之情況又要詳細登載於「黃冊」之內，每里之戶數以一百一十戶為準，盡量維持此數不變動，並付予里長管理之責。可知黃冊是明代管理戶口、徵調賦役之重要制度之一，而里甲是推行黃冊制度之基石，否則即無劃一之編制戶口之單位為根據，亦無最基層組織負責編制和查核任務。

明弘治以後，黃冊制度逐漸敗壞，賦役分擔之不均是根本問題之一，〔註82〕造成之原因很多，諸如鄉紳地主兼併土地，優免賦役制度濫行，地主富戶大量欺隱田土、人丁，推避稅役等等。其中，地主富戶利用在黃冊上作弊之方法來逃避賦役，也是造成此一現象直接原因之一。

在這一方面，他們所採取之方法很多。成化二年（1466）八月，給事中邱宏疏曰：

> 今也均徭既行，以十里之人戶，定十年之差徭，官吏、里書乘造冊而取民財，富豪奸滑通賄賂以避重役。以下作上，以亡為存。殊不思民之貧富何常，丁之消長不一，只憑籍冊，漫定科差。孤寡老幼皆不免差，空閑人戶亦令出銀。此一里之中，甲無一戶之閑，十年之內，人無一歲之息。〔註83〕

嘉靖六年，明世宗在詔書亦說道：

> 民間差徭不均，多由飛詭稅粮為害，有等奸豪富民大戶田地本多，賄囑官吏、里書虛捏名字，花分詭寄，一人之田，分為數戶，規避重差。又有將田地隱寄鄉官勢要之家，托稱典賣，假立文卷，勢家貪其厚賂，田主利于免差，作弊多端，以致靠累小民，困苦日甚。
> 〔註84〕

〔註82〕韋慶遠著，《明代黃冊制度》（北平：中華書局，一九六一年十二月），五章，〈黃冊制度的瓦解〉，頁181。

〔註83〕清高宗敕撰，《續文獻通考》（臺北：新興書局，民國五十三年六月一版，影印本），卷一六，〈職役考〉，頁2915。

〔註84〕傅鳳翔編纂，《皇明詔令》（臺北：成文出版社，民國五十九年九月臺一版，影印本），卷二〇，〈寬恤詔〉，頁1746。

嘉靖九年（1530），戶部亦指出：

> 祖宗立法不為不嚴，而法亂民奸，弊端百出，那移、詭寄、飛走、
> 洒派及故為破析寄頓，妄作畸零帶附，或投官以供名，或稱絕戶以
> 影射。〔註85〕

這說明，賦稅負擔輕重之標準，不是依據田產和人丁之多少，而是有無權勢。地主富戶以金錢賄賂官吏、里書、或勢家，以飛洒、詭寄、那移、虛懸、寄庄……等方法，竄改黃冊，降低戶等，將自己應負擔之賦役洒到小民身上。因此，黃冊不再是政府平均賦役之工具，而成為豪強訛詐貧弱之根據。

地主富戶逃避賦役，轉由小民來負擔，在無法承擔下只好舉家逃亡。大量人戶逃亡之後，更加重未逃亡者之負擔，亦只好相率逃亡，造成惡性循環。如此，黃冊不再是全國戶籍之總登記簿，而里里制亦趨於崩潰。按明代之戶口，洪武二十六年（1393），根據黃冊戶口統計，戶已達二千零六十五萬二千八百七十，口有六千零五十四萬五千八百一十二。但至弘治四年（1491），造冊時，戶反而減至九百一十一萬三千四百四十六，口減至五千三百二十八萬一千一百五十八。〔註86〕按常理推論，弘治之戶口應較洪武為多，但事實上，反而減少。究其原因，可大體上歸納為二；一為農民被迫逃亡；一為地主階層欺隱人丁，而二者又相互關連。

在鄉紳地主大量兼併土地，又以非法手段逃免賦役下，不僅促使里甲制之崩潰；而本身又與鄉居地主不同，不親務農事，對水利之興修不關心，亦使明代基層水利維護體制，產生變化。

塘長，位居水利修濬之綱領，本由大戶充任。如今，大戶多逃避，每以小戶充之，然位卑權輕，農民皆不聽其召呼，尤其是大戶人夫；而且家境本屬清寒，衙門胥吏又常按慣例索取費用，往往不能負擔，破產逃亡。按陳仁錫〈圍田議〉：

> ……反使區圖塘長，小民為之，夫塘長之役，不過廿畝之家充之，
> 其家計幾何？而況水利衙官需其常例，衙門書皂索其酒貲，所費已
> 不能堪，若之何而能辦此役也。〔註87〕

〔註85〕張溶等修纂，《明世宗實錄》（臺北：中央研究院歷史語言研究所，民國五十七年二月二版，校印本），卷一一一，頁5，嘉靖九年三月戊戌。
〔註86〕《明會典》，卷一九，〈戶口總數〉，頁491。
〔註87〕《吳中水利全書》，卷二二，〈陳仁錫圍田議〉，頁119。

可知塘長由小民就役,而他們擁有之土地有不及「二十畝」者,《太倉州志》載:

> 若夫塘長一役,原挨點排年首名輪充,責以債督散戶,今區窮戶小,
> 致首名有不及數十畝者,難上難下,累苦百端。〔註88〕

鄉紳地主除避免擔任塘長等雜役之外,他們住在城市,土地由佃戶耕種,為何對水利之修濬不關心,耿橘〈大興水利申〉中,對於常熟縣之岸塍,多坍塌而不修,詢問故老,計有下列五點原因。〔註89〕

1. 人民困於工力難繼,則苟且目前而不修。

2. 大戶之田地和小民之田相鄰,若小民之圩岸有一處坍塌而不修,則大雨來臨,將累及百丈,故大戶亦徘徊四顧而不修。

3. 小民佃大戶之田耕種,認為此非己業。大戶亦僅坐收田租,彼此耽誤而不修。

4. 大戶或肯出工本,但佃戶擔心修成圩岸,轉租予他人,竟虛應故事而不實修。

5. 有時工程浩大,望助於官。官府又以錢糧無著,命由民間修濬。公私推委,因循苟且而不修。

此五點中,以第三點「佃戶認非己業,大戶坐收田租」影響最大。甚多資料,共同認為此一因素對江南之水利造成破壞。嘉靖,周鳳鳴〈條上水利事宜〉云:「小民佃種大戶之田,謂非己業。在大戶,止圖取租,彼此耽誤,更不葺理。」〔註90〕又萬曆,林應訓云:「至於殷實之家,將田佃與小民耕種,歲收田租,而本田之圩岸溝池,任其頹廢湮塞。」〔註91〕又陳仁錫〈圍田議〉亦云:「所可恨者,業主坐享田中之利,而至於修築之費,茫然不加之意。」〔註92〕

鄉紳地主即漠視水利之修濬,於是圩岸坍塌,河道淤塞,一遇大雨,必然氾濫成災。故呂光洵〈請治田圍疏〉曰:

> 臣嘗詢問故老,以為二、三十年以前,民間足食無事,歲時得因其餘力,營治圩岸,而田益完美。近年空乏勤苦,救死不贍,無暇修

〔註88〕張倉等修,《太倉州志》(明崇禎十五年刊本),卷七,〈水利志〉,頁35。
〔註89〕《農政全書》,卷一五,〈水利〉,〈耿橘大興水利申〉,頁375。
〔註90〕《吳中水利全書》,卷一四,〈周鳳鳴條上水利事宜疏〉,頁44上。
〔註91〕《三吳水考》,卷一三,〈水移考上〉,〈巡按直隸監察御史林條約〉,頁39。
〔註92〕《吳中水利全書》,卷二二,〈陳仁錫圍田議〉,頁119。

繕，故田圩漸壞，而歲多水災。〔註93〕

水利失修中，以常熟、太倉、嘉定等高鄉為甚。境內之塘浦涇港沙土日積，逐漸壅塞，終不宜種稻，而改種木棉和花豆，由於棉豆之穫利較稻穫為高，農民亦樂於種植。所以經濟作物之推廣，水利亦愈加荒廢。

江南為全國財政重心，朝廷必不能坐視里甲制之崩壞，鄉居地主之沒落，所帶來之水利荒廢，而民間亦盼望政府能重整水利維護體系。因此，明末江南地區在政府權力督導下，實施「照田派役制」。

七、照田派役制之實施

如前所述，新制度隨著鄉居地主之沒落，和里甲制之崩潰，而被政府所提倡，此一新制度是以照田派役為基礎，嚴算力役是按擁有土地面積多寡計算。然而，此一制度導入運作時，有兩個問題被視為反對地主即有之利益。

第一：大部份土地被擁有優免特權之地主所有。可知，照田派役若仍完全保留優免，整治水利所需之勞役僅從「庶民地主」之田科派，所得將極有限，故照田派役制要有效推行，基本上必須限制優免特權。

第二，鄉紳地主居住城市，已完全不再從事於生產，即使將勞役置於他們身上，亦無法提供勞動力。為解決此一問題，一種稱之「業食佃力」之制度被導入，就是：承租地主耕種之佃戶代替地主服勞役，而地主給予糧食或金錢補償。

如此，明末賴政府之改革，而推行之整治水利新制度，可分之為三：照田派役、優免特權、業食佃力。茲分別討論之。

（一）照田派役

從金藻之《三江水學》和其他著作中，可以知道弘治時已有主張照田派役者，「隨其田旁自修溝岸，不若計其田畝，鈞其工程為善。」同時期之蘇州府通判應能亦有相同之看法：「必擇農隙，就於有田之家，每百畝修築三丈，淘沙亦然。」〔註94〕至正德年間，主張實施者漸多，都御史俞議云：

酌量緩急，先將高鄉淤塞涇漕淒浜，低鄉坍沒圩岸堤防，逐一查勘，照田多寡，分派丈尺，督令得令之人，趁時浚築……。〔註95〕

〔註93〕《吳中水利全書》，卷一四，〈呂光洵請治田園疏〉，頁54下。
〔註94〕同前註引書，卷一四，〈蘇州府通判應能申明水利職掌疏〉，頁4。
〔註95〕同前註引書，同卷，〈俞諫請留關稅濬白茆疏〉，頁22。

又工科給事中吳巖云：

> 凡遇工程，一槩科斂，則未免府縣派之里甲，騷動鄉村。臣以為水
> 利為田，而興財力亦必計田，而凡有田之家，不拘民官，每田一畝
> 科錢一文，每田一頃科錢百文，不但積少成多，抑且眾輕易舉，實
> 為經久之計。〔註96〕

可以知道，正德之前，關於照田派役，雖有應能之「每百畝修三丈」、俞諫之
「照田多寡，分派丈尺。」吳巖之「每田一畝科錢一文」。但是都沒有付諸實
施。吳巖之主張，於嘉靖元年，仍受到刑部主事李充嗣之反對：「查照給事中
吳巖奏，奉欽依，每田一畝，科錢一文……適當民窮財盡之秋，若復如此，差
役愈加繁重。」〔註97〕

　　嘉靖朝，仍常辯論是否實施。但是政府第一次明白表示想要建立照田派
役，是在嘉靖四十五（1566），工部覆奏凌雲翼〈請設水利臺臣疏〉中表示：
「如一圩之中，塘埠溝池不須多費者，即令得業之家，量田多寡，出人修築
修濬。」〔註98〕而被朝廷採納是出之於萬曆四年（1576），給監察御史林應訓
之詔諭中：「責令水利官帶同塘長人等……如一圩之中，塘岸溝池等項，不煩
多費者，即令得業之家，量田多寡出力修濬……。」〔註99〕林應訓雖奉朝命
明確指示執行照田派役，然實行時，由於鄉紳地主所享有之優免特權必需廢
除，而群起反對，因此不得不稍妥協。視工程之大小，行田頭制和照田派役
制。〔註100〕

　　因此，從嘉靖至萬曆，使田頭制轉變成照田派役，此一方法之特徵是不
論水利遠近，不拘官戶小民，不問花分詭寄，不論田數奇零，一概按田畝通
融計算派工。

〔註96〕同前註引書，同卷，〈吳巖條上水利疏〉，頁 27。
〔註97〕同前註引書，同卷，〈刑部主事李充嗣請預處開濬工費疏〉，頁 31。
〔註98〕同前註引書，卷一四，〈凌雲翼請設水利臺臣疏〉，頁 65。
〔註99〕同前註引書，卷一，〈萬曆四年敕巡按直隸巡視下江監察御史林應訓〉，頁 11。
〔註100〕參考《農政全書》，卷一四，巡按林應訓〈修築河圩，以備旱潦，以重農務
　　　　事文移〉第二條；一定夫役，以杜騷擾。各鄉溝洫圩岸，雖有長短廣狹不齊，
　　　　然不過為一圩之田而設也。故田少則圩必小，田多則圩必大，而環圩之溝洫
　　　　因之。此水利此圩之田，則當役此圩有田之戶矣。各縣即令塘長備開，某圩
　　　　周圍若干丈，外環溝洫若干丈，圩內之田若干畝，某人得業若干畝，共該圍
　　　　岸若干丈。不論官民士庶（1）隨田起役各自施工。（2）如田橫闊一丈者、
　　　　築岸一丈，橫闊十丈者，築岸十丈。（3）開河亦然，對河兩家，各開其平。
　　　　（4）溝頭岸側，非一家所能辦到者，計畝出夫，眾共協力。

照田派役第一次被強制執行，是由常熟知縣耿橘於萬曆三十二年（1604），大興常熟水利時所實施，其水利規約見之〈大興水利申〉中，計九條，有關照田派役者要點如下：

> 宋臣范仲淹曰：荒歉之歲，召民為役，日以五升，因而賑濟，蓋老成長慮之見如此。常熟民素驕侈，傭趁之人頗少。況挑河非重其直不應。故莫善於照田起夫，量工給銀之法。……派夫之法，先弔黃冊，查明該區該圖坐圩田地總數，隨令區書，將業戶一一註明。然後通融算派，某河應役田若干畝，每田若干畝坐夫一名。田多者領夫，田少者湊補足數，名曰：協夫。其勘明坍江板荒田地，俱豁免。

> 所用工費，驗田均派，如某區某圖，應建閘若干座，合用物料銀若干兩，利得某圩某字號田若干畝，驗法每畝該銀五釐以下者，民力自為之，一分者官助二釐，壩堰法同此。〔註101〕

可知，此一嚴格之規定，整治幹河和枝河所需民役及築閘之費，均按土地面積計算。耿橘實施時，亦受到鄉紳地主之反對。然從《常熟水利全書》所收〈與邑縉通紳書〉，此是耿橘改革之前，寫給鄉紳要求他們共同合作實施照田派役的信。此信之後，附有全體鄉紳之答覆，保證合作整修水利。〔註102〕但從張鼐為耿橘所寫之墓誌銘〈瀛海紳公墓誌銘〉可知當時之實況。此文大意說：鄉紳每年坐收佃戶繳納之田租，漠視水利之興建，並藐視知縣耿橘所頒佈之水利規定。因此，耿橘因不能處罰鄉紳，只好強制囚禁不合作鄉紳之奴僕，作為警告。〔註103〕

耿橘強制執行，才使常熟水利恢復功能，從此以後江南幾次大水，常熟所遭破壞甚微，可知其績效。所以耿橘之方法被當作治水之典範。而照田派役制亦在江南廣泛推行。

（二）優免限制

優免之限制或廢除，在明末江南地區由於它構成均田均法之重心產生嚴重之政治、社會衝突；而且在水利支配上，亦有摩擦。

〔註101〕《農政全書》，卷一五，〈水利〉，〈大興水利申〉，頁375。

〔註102〕濱島敦俊著，《明代江南農村社會の研究》（日本・東京大學出版會，一九八二年二月初版），第一部，〈明代江南の水利慣行〉，頁153。

〔註103〕張鼐撰，《寶日堂初集》（明崇禎二年刊本），卷一六，〈瀛海耿公墓誌銘〉，頁43。

　　鄉紳地主之優免特權之限制，吳巖於正德十三年（1522）首次主張，他認為：整治水利是為了灌溉農田，因此不論官民，都應擔負費用和勞役。〔註104〕然而，至萬曆四年，林應訓之水利規約中才有明文之規定，其第二條說：不論官民，隨田起役，各自施工，如田橫闊一丈築岸一丈；〔註105〕又第三條：鄉宦之田，必須田主出食，佃戶出力，計工給發。〔註106〕

　　雖有這些規定，但鄉紳不可能積極地接受按田地面積覈算所應負擔之整治水利之責任。如常熟縣之鄉紳，黃澹吾、蕭復觀等諸家，在實施照田派役之初，每家只許修濬二十五丈。

　　但是，至萬曆三十二年耿橘大興常熟水利時，不僅照田派役成為後世之典範，而且完全廢除優免特權。其〈大興水利申〉，開河法第二款：〈水利不論優免〉云：

　　　　濬河以備旱澇，便轉輸也。論田而士大夫之田多於小民，河成而灌運之利，當亦多於小民。故同心協力，舉地方之大利，在士夫原有此意矣。職客歲開濬福山河，以此意白之本縣士夫，士夫咸各樂從。興工之日，倡率鼓舞，工反先於百姓，而百姓蒸蒸，無不子來趨事，爭先恐後，已有恐後，已有成績矣。今後凡濬河築岸之事，必如往規，庶勞逸均而上下悅服也。〔註107〕

此一新法在常熟確已獲得成效，若以整個江南地區評論優免特權之廢止，可知進行頗不順利。主因在於積弊甚深，鄉紳與庶民相互推委，若責之按畝修濬，不僅百般阻擾，且多以情面討免。〔註108〕

（三）業食佃力

　　關於明代江南水利之議論和規範中，佃力一辭首次出現於吳巖之〈興水利以充國賦疏〉中，他說：希望自今以後，每年農閒之時，治農府州縣官，督

〔註104〕《吳中水利全書》，卷一四，〈吳巖條上水利疏〉，頁27。

〔註105〕《農政全書》，卷一四，〈林應訓修築河圩，以備旱澇，以重農務文移〉，頁345。

〔註106〕《農政全書》，卷一四，〈林應訓修築河圩，以備旱澇，以重農務文移〉，頁345。

〔註107〕《農政全書》，卷一五，〈水利〉，〈耿橘大興水利申〉，頁360。

〔註108〕見《崇禎・太倉州志》，卷二，〈營建志〉，頁17：「年來水利不講，幹河積淤，致坐困，迺士大夫迄庶民猶泄泄，責之履畝開濬，則百方阻。」又《吳中水利全書》，卷二〇，嘉定知縣韓浚〈嘉定縣境水利說〉（萬曆二十年）：「顧小民胼胝，以勤其事，巨室拱手，而享其成。」

令田主、佃戶，各將圍田，取土修築。〔註109〕而且，嘉靖元年，顏如環之規定中，儘管佃力一辭雖不明確，但規定地主出食，佃戶出力，類似業食佃力之制度。〔註110〕

　　嘉靖三十年（1551），太倉，毛節卿，首次明白的提出業食佃力制。當時太倉之鄉紳極力反對照田派役，認為儘管地主擁有很多土地。但是無法提供所需之勞力。節卿辯之曰：假如地主擁有一千畝地，至少控制一百名佃農。若每三十畝科派一人，總數不會超過三十人。在此，節卿雖沒有明確表示地主需提供工食給佃戶，但這幾句話無疑是首次主張，地主將派佃戶代服勞役。〔註111〕

　　萬曆元年，林應訓之條約中亦敘述鄉紳需提供工食給佃戶，其文云：「鄉宦之田，須是田主出食，佃戶出力。」〔註112〕然而，業食佃力又被耿橘有系統的規定於條約之中，開河法第一款載：

　　　　常熟之人素驕侈，傭趁之人頗少，況挑河非重其直不應，故莫善於
　　　　照田起夫，量工給食。

又築岸法第五款：

　　　　除一等難修之岸，另行查議外，其二、三等易修者，即令業戶各于
　　　　秋成之後，出給工本，俾佃戶出力修築。〔註113〕

該文之後並附有「佃戶支領工食票」如圖（二），領取工食之程序是：各區公正將地主應開浚河道或築圩岸之數目，及應給佃戶多少工食，註明工食票內。當佃戶從公正獲得此票後，可往地主處換取工食。若有地主假佃戶曾向其借長期貸款，拒不給，如此，佃戶可將工食票退還公正，而公正造冊報給官府。逢納租之日，許佃戶雙倍扣除。〔註114〕

　　與耿橘同時之周孔教，亦設計相同之「工食票」，領取手續亦類似。〔註115〕因此，由於鄉紳地主居住城市，不務農業，所造成地主和佃戶關係之喪失。如今，經由政府力量介入，使地主和佃戶在水利支配上，建立起新的關係。

〔註109〕《農政全書》，卷一四，〈吳巖興水利以充國賦疏〉，頁430。
〔註110〕《吳中水利全書》，卷一五，〈顏如環分理水利條約〉，頁43。
〔註111〕同前註引書，卷二二，〈毛節卿水利議〉，頁六八。
〔註112〕《農政全書》，卷一四，〈林應訓修築河圩，以備旱潦，以重農務文移〉，頁345。
〔註113〕《農政全書》，卷一五，〈水利〉，〈大興水利申〉，頁375。
〔註114〕《農政全書》，卷一五，〈水利〉，〈大興水利申〉，頁375。
〔註115〕《川沙廳志》，卷三，〈周孔教濬築河圩公移〉，頁181。

以上已經探討明末實施業食佃力之過程。然此一制度並非明代首創，在宋元都曾實行。若能與宋元之業食佃力相互比較，更能反應出明末實施業食佃力之歷史意義。

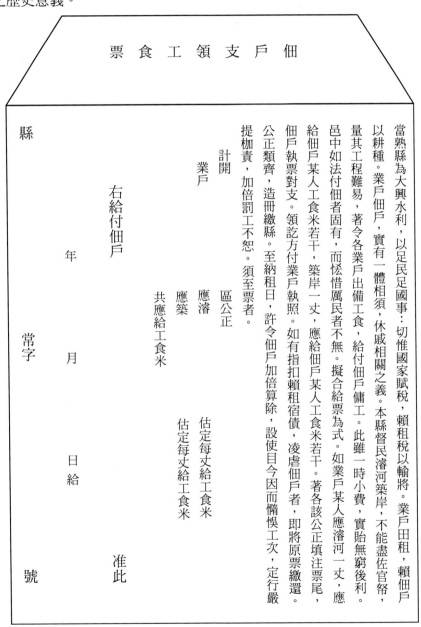

佃戶支領工食票

縣　　　　　　　　　　　　　　當熟縣為大興水利，以足民足國事：切惟國家賦稅，賴租稅以輸將。業戶田租，賴佃戶以耕種。業戶佃戶，實有一體相須，休戚相關之義。本縣督民濬河築岸，不能盡佐官帑，量其工程難易，著令各業戶出備工食，給付佃戶備工。此雖一時小費，實貽無窮後利。邑中如法付佃者固有，而恡惜厲民者不無。擬合給票為式。如業戶某人應濬河一丈，應給佃戶某人工食米若干，築岸一丈，應給佃戶某人工食米若干。著各該公正填注票尾，佃戶執票對支。領訖方付業戶執照。如有指扣賴租宿債，凌虐佃戶者，即將原票繳還。公正類齊，造冊繳縣。至納租日，許令佃戶加倍算除，設使目今因而惰慢工次，定行嚴提枷責，加倍罰工不恕。須至票者。

計開

業戶

區公正

應濬　　估定每丈給工食米

應築　　估定每丈給工食米

共應給工食米

右給付佃戶

年　　　月　　　日　給　　　准此

常字　　　　　　　　　　　　　號

圖二：佃戶支領工食票

（採自《農政全書》，徐光啟撰，臺北，明文書局）

　　一般而言，明末之地主趨向於住在城市；然而宋元地主大部份住在農村。除此不同外，最重要的一點是，明末之佃戶從事於手工藝生產，是他們賺錢維持生計的必要方法，因農業之所得不足為生。因此，濬浚枝港和修築圩岸，剝奪了佃戶從事手工藝生產的寶貴時間，所以地主需提供工食補償佃戶。松江人陳繼儒對於佃戶困於勞役責任和手工藝生產之間，有詳細之描寫：

> 夫東南與西北，非特地勢之高下不同，抑且有災、無災之截然迥別……皆數十百人，共踏大朋水車，男罷耕，女罷織，甚者皮穿腳腫矣。〔註116〕

> 天降時雨，花稻勃然，田婦農夫，舍桔槔而就紗布，摘瓜茄而易薪米，又增一番活潑生機。〔註117〕

雖然上述是描寫松江府紡織之情形，但此情必與其他生產蠶絲和紡織品地區相似。佃戶從事水利之興建，阻礙賺錢之機會，此是與宋元最大差異處。所以明末手工藝之發展，促使業食佃力之實施。

八、結論

　　里甲是明代最基層之行政區劃，政府所需之勞役都由此徵調。明代維護水利之組織體系，在縣與里甲之間，尚有都、區之劃分，各級皆有鄉居地主督率民夫整治水利，在都、區責之於糧長，後由塘長代之；里屬里長和里老人，甲為圩長。其中塘長與圩長可謂專業水官。

　　明前期整治水利所需之役夫，若是幹河及重大工程是從里甲按其戶等徵調之。若是枝河，實施「田頭制」，責岸旁田地之所有者，自行修濬。由於里甲制之健全和鄉居地主贊助田頭制，親務農事，關心水利建設，以致明前期水利大興。

　　至明中期之後，商品經濟發達，造成鄉居地主沒落。鄉紳地主代之而起，擁有大部份之土地，卻居住城市，不親務農事，土地由佃戶代耕。同時，地主為逃避賦役，與官吏，里書等竄改黃冊，造成勞役不均，本屬大戶之役卻由小民承擔。小民不堪，不得不舉家逃亡，里甲制亦因此而敗壞。在此情勢下，河道淤塞，圩岸坍塌都無人督率修濬；一遇大雨，即氾濫成災。

〔註116〕陳繼儒撰，《陳眉公先生全集》（明崇禎間刊年間刊本），卷五九，〈儲荒議〉，頁43。

〔註117〕同前註印書，卷五四，〈與轟韓兩使君〉，頁17。

　　政府為謀改革，於萬曆年間實施照田派役，按土地之多寡科徵勞役。為謀獲有成效，必需廢除鄉紳地主優免勞役之特權，不然僅按庶民地主之田地科徵所獲勞役將極有限。而地主本身無法應役，政府又推行業食佃力，由佃戶代其地主服役，而地主提供工食給佃戶，以補償佃戶因水利之修濬而喪失從事手工藝製造賺錢維生之時間。所以廢止優免和業食佃力，是照田派役制獲得成效必需同時進行者。

　　以上是本文探討之重點，可知明代整治水利基層組織之敗壞，及徵調民夫由里甲制和田頭制轉為照田派役制，皆事在人為。前期水利之大興是獲鄉居地主之支持，中葉之後，由於鄉紳地主居住城市，漠視水利之興建，又竄改黃冊，以謀逃避賦役，造成里甲制之敗壞。至於照田派役，是否能貫徹推行，必需視主其事者之決心，如耿橘在常熟之水利改革，儘管大地主反對，仍毅然行之，終使水利大興、其餘地區有因地主之阻擾，而無法順利進行者。因此，制度之興廢，首在人為。

明代五朝元老夏原吉治水江南

一、前言

夏原吉，字維喆，湘廣湘陰縣人（湖南湘陰），生於元至正 26 年（西元 1363 年），卒於明宣德 5 年（1430），享年五十六歲，賜太師，諡忠靖。

夏原吉一生宦程均在戶部，長達三十九年。於明太祖洪武 25 年（1392），從戶部主事做起（時年二十七歲）。由於個性溫柔端謹，德量寬宏，處事又善斷，受到明惠帝的拔舉，進陞為戶部右侍郎，曾任採訪使巡撫福建，探訪民間疾苦。「靖難」後（1420），明成祖入繼大統，夏原吉轉戶部左侍郎，不久高陞為戶部尚書。其掌理戶部，熟知天下錢糧，籌措經費以供明成祖勤遠略（六出西洋、北征漠北、南討安南）之所需；深受委任，參與軍國大計。至仁宗、宣宗二朝，更以元老重臣為中外所重，「外掌臺省，內參閣務。」

夏原吉的宦途，可謂步步高陞，深受五朝皇帝的信任。論其一生事功最為顯著者有二：一為治水江南，二是反對明成祖北征漠北。

明成祖是位雄材大略之主，在位期間南征北討，又遣鄭和下西洋，使中國文化光被遐荒，聲威遠播。但當永樂 19 年（1421），明成祖決定發動第三次親征漠北時（征討韃靼），卻遭到夏原吉、兵部尚書方賓、刑部尚書吳中等的反對，認為此時不宜再出兵漠北，所持原因有三：（一）經濟上：為支應勤遠略的需要，大量發行紙幣，導致通貨膨脹。（二）軍事上：明成祖放棄明太祖在中國北方沿邊據外設險的政策，而改採積極打擊的策略，結果只能得到暫時性的勝利。（三）健康上：明成祖晚年，從永樂 15 年（1417）既患有「風

痺症」和「陰症」，靠祈神求藥來醫治，結果病情更加嚴重。〔註1〕基於以上三項理由的嚴重性，生性忠誠的夏原吉決定「死諫」。結果其建言未獲接納，反而招致明成祖的大怒；方賓畏罪自殺，夏原吉和吳中被逮捕入獄，又抄夏原吉家。但明成祖於永樂22年（1424）第五次親征漠北，在歸途上，卻病死於榆木川（多倫西北）；臨死前，回想起夏原吉等人的建言，告訴左右說：「夏原吉愛我」〔註2〕。此句話充份表現出明成祖對夏原吉的信任及其忠誠的肯定。

夏原吉另外一項事功，即為治水江南。永樂初年，蘇州、松江兩府，因河道淤塞，逢雨成災，夏原吉奉命治水，歷經三年，二次的疏濬，終於平息水患，穩定國家財政和百姓生活，深得江南人士的敬重，乃於地方建置祠廟予以奉祀。因此本文將以夏原吉治水江南為主題，探討江南水利與明代財政的關係，江南地區興修水利的基本組織，以及夏原吉治水方策的得失。

二、江南水利與明代初年財政

從隋唐以來，江南地區水利發達，良田美地遍佈；因農產豐盛，成為全國財政經濟的重心。

明代財賦重心在江南，江南的財賦重心則在蘇州、松江二府。按《明會典》的記載：洪武26年（1393），全國稅糧總數為二千九百四十四萬二千三百五十石，其中蘇州、松江二府的稅糧米麥是四百零三萬三百八十六石，〔註3〕佔全國稅糧總數的百分之十三點六八；此一數目比山西省的二百八十萬九百三十七石、浙江省的二百七十五萬二千七百二十七石、江西省的二百六十六萬四千三百零六石都來的多。可知全國的財政重心在蘇州、松江二府，此地區每年所繳出的大量稅糧，支持明代政府經濟上的需要。

蘇松一帶既為全國的財賦重心，一旦此地區發生水旱災，必然對國家財政，構成重大影響，明成祖曾對夏原吉說：「兩京供億多出於此，比年水旱相繼，民罹飢寒，朕深憂之。」〔註4〕以永樂元年（1403）至3年（1405）為例，

〔註1〕《朝鮮世宗實錄》，卷12，頁6，3年5月戊子條。

〔註2〕王琦，《寓圃雜記》（臺北：民智出版社，民國54年10月台一版，紀錄彙編卷之203），頁17。

〔註3〕龍文彬，《明會要》（臺北：世界書局，民國52年4月2版），卷24，〈稅糧一〉，頁634。

〔註4〕夏原吉等，《明太宗實錄》（臺北市：中央研究院歷史語言研究所，民國57年2月2版），卷168，頁4，永樂13年9月癸丑條。

蘇州、松江等府因年年罹患水災，蠲免稅糧即高達三百九十九萬五千六百餘石。其所造成的影響，以永樂 2 年，公、侯、伯、駙馬等高官的俸祿，由全支米改為米鈔兼給即可得知，依《明太宗實錄》載：「永樂二年六月，……蘇州水患，……祿米五千石至三千石，支米二千石。……四百石者，支米二百五十石。餘并準支鈔，惟二百石以全支米。」〔註5〕

　　江南地區的稅賦，對國家財政既有重大影響，因此永樂初年，此地區因水利失修，河道淤塞，逢雨成災，明成祖鑒於屢次派人整治，均未獲成效下，特派夏原吉前往治理。

三、太湖地區水利分佈

　　太湖，古稱「震澤」或「具區」，位於蘇州西南三十里，湖廣約「三萬六千頃」。其水源主要歸納西北（常州、鎮江）、西南（杭州、湖州）二地的溪流水，如荊溪、苕溪等；再從湖泊東岸的「三江」疏洩入江海。所謂「三江」，即吳淞江、劉家河及大黃浦。此三條幹河的源流：

　　吳淞江（古稱松江）：從吳江縣（江蘇吳縣）長橋，東北納龐江湖，流入長洲縣（江蘇吳縣），東經崑山縣、嘉定縣（江蘇嘉定）至上海縣（上海市），合黃浦江入海。

　　劉家河（古稱婁江）：從臨太湖的吳江縣鮎魚口，北入運河，經蘇州府城的婁門，過崑山縣的至和塘納新洋江，至太倉縣的劉家港入海。

　　大黃浦（古稱東江）：從白蜆江經澱山湖的三泖，至黃浦入海。〔註6〕（見圖二、三）

　　雖然《禹貢》說：「三江既入，震澤底定」〔註7〕。然太湖流域的地勢低窪，湖水瀰漫，為維護農田水利，尚須修建塘、浦等支河，以便分洩湖水入海；或疏導各地的河水歸納入「三江」。浦塘的設置隨各地區的地勢高低而有不同功能。

〔註5〕同前書，卷32，頁3，永樂 2 年 6 月戊子條。

〔註6〕陳仁錫，《皇明世法錄》（臺北市：臺灣學生書局，民國 54 年元月初版，影印本），卷41，〈東吳水利〉，頁8；楊慎，《升庵外集》（臺北市：臺灣學生書局，民國 60 年 5 月景印初版），卷5，〈地理部〉，頁 373；顧炎武，《天下郡國利病書》（臺北市：臺灣商務印書館，上海涵芬樓景印），原編第四冊，〈蘇上，歷代水利〉，頁5。

〔註7〕朱鶴齡，《禹貢長箋》（臺北市：臺灣商務印書館，四庫全書珍本三集），卷5，頁 14。

圖一：東南水利七府總圖

（採自張國維，《吳中水利書》，明崇禎九年刊本）

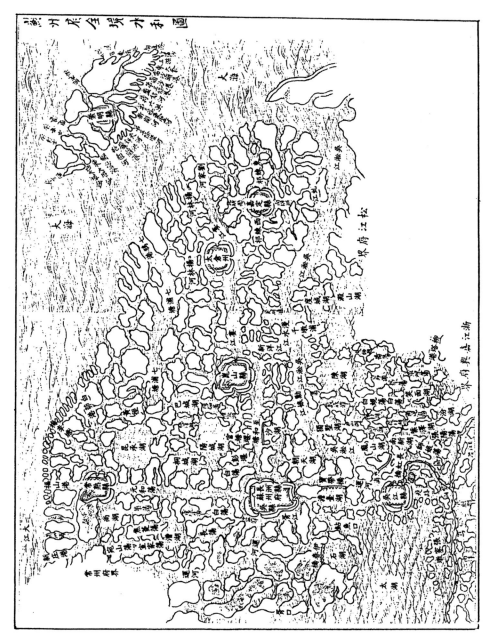

圖二：蘇州府全境水利圖

（採自張國維，《吳中水利書》，明崇禎九年刊本）

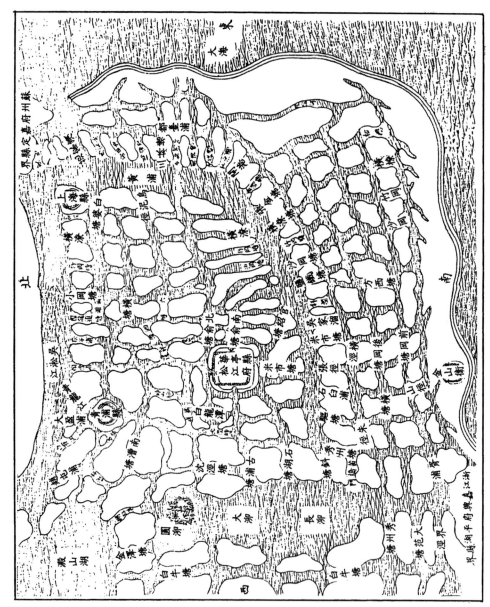

圖三：松江府全境水利圖

（採自張國維，《吳中水利書》，明崇禎九年刊本）

　　太湖流域的地勢，如同盆形。位於盆底的太湖一帶，地勢最為低窪，而其西北山區及北、東二面臨大江、大海處，則較高。因此江南地區的田地分二種：（一）高田：即位於岡磧地區的農田。依《三吳水考》的記載，從崑山縣（江蘇崑山）以東至大海間，「岡隴東西百里，南北三百里，其地東高而西

下。」從常熟縣（江蘇常熟）以北至大江，岡隴「南北八十里，東西二百里，其地皆北高而南下。」由於高田的地勢較高，區內河水不易停蓄，常易罹患旱災。（二）水田：位於低窪地區的農田。其分佈區，從崑山縣以西至常熟縣，約一百五十里；從常熟縣以南至湖州（浙江吳興）、秀州（浙江嘉興），約二百里。水田地區，在其西南方，已有盈盛的太湖水；其東、北二方，又有從崑山、常熟二縣高地，流洩而下的河水，以致此地區容易發生水災。〔註8〕

為防患高田、水田的弊病，需開濬塘浦等支河，來潴蓄或疏洩河水：

（一）低地的塘埔：環太湖周邊的低窪處，需開濬南北向的縱浦，以利疏導河水入吳淞江；又挑挖東西向的橫塘，來分洩水勢。塘浦的形式，「闊者三十餘丈，狹者不下二十餘丈；深者二、三丈，淺者不下一丈。」開挑塘浦所挖出的泥土，則用來修建圩岸，高約二丈或一丈五不等。農田周邊有圩岸的保護，如是逢大水，洪水不能侵犯農田，且經由塘浦分洩入吳淞江。（見圖二、三）

（二）高地的塘浦：沿江海的高地，為引取江水和海潮灌溉農地，須於沿江海處，相距五里或七里，開挑一道縱浦；又相距七里或十里，開挖一道橫塘。塘浦的形式，如同低田，但其深度則超過之。至於地勢傾下之處，為防止河水西流或南下，則需設置閘門節蓄河水。如是雖逢乾旱，高地仍有足夠河水從事耕作。（見圖二、三）

另為防堵太湖西北方的水源（常州、鎮江諸府的河水）流入太湖，則於溧水縣（江蘇溧水）建置五堰，將該區河水導入蕪湖。〔註9〕

太湖流域的水利分佈，已如前述。若三江（吳淞江、劉家河、大黃浦）、諸塘浦的河道能寬深，水流通暢，則太湖流域必能遠離水患。宋代單鍔曾評論太湖與各河道的關係，他說：「震澤則腹也，旁通太湖眾瀆則脈絡眾竅也，吳江則足也。」〔註10〕

四、整治江南水患工程

（一）興修水利的基層組織

為維護江南地區的水利，首在保持三條幹河（吳淞江、大黃浦、劉家河）

〔註 8〕張內蘊，《三吳水考》（臺北市：臺灣商務印書館，四庫全書珍本三集），卷2，〈水利大綱〉，頁2。

〔註 9〕同前書，卷8，〈郟亶水利書〉，頁10。

〔註10〕同前書，卷8，〈單鍔吳中水利書〉，頁48。

及所屬支河（塘浦）水流的暢通。

明代主管全國水利興修事業屬於工部，工部尚書、左右侍郎掌理天下的營作、山澤、河渠等政令；在工部之下設有水部，後改為都水清吏司，設郎中、員外郎分掌川瀆、陂池、橋道、舟事之事。至於地方政府，治水官員的設置則依各地區而有所不同，如江北運河和江浙海塘有職司水利的專官；江南各州縣則沒有設置，常由治農官兼理；明中葉之後，儘管某些府增置通判或水利僉事，專門負責治理水利，但其位卑權輕，不能如同宋代的都水監及元代的都水庸田使，具有督派水利興修的實權。

因此，江南一帶對幹河的整治，由於工程浩大，朝廷常派朝臣出治；至於平時支河的維護和圩岸的修築，則委託鄉居地主（糧長、塘長、里長、里老人）管理，但不論疏濬幹河或支河，在明代前期或中葉以後，鄉居地主在官府和百姓之間，均負起實際督率民夫整治水利的工作。如永樂元年至 3 年，江南大水，夏原吉奉朝命，整治蘇州、松江二府的河道，其「車水嘆」一文中，即可了解治水時，朝臣、鄉居地主與民夫在工作時的情形：

> 集車分佈田週槽，車分既集人分少。點檢農夫下鄉保，婦男壯健記
> 姓名。盡使踏車車宿潦，自朝至暮無停時。足行車轉如星馳，糧頭
> 里長坐擊鼓。載星載月夜忘歸。〔註11〕

從「糧頭、里長坐擊鼓」，可知他們負有親身參與的責任。

江南農村水利興修體系，糧長、塘長管理一都或一區的水利；里長、里老人負責一里；圩長則是一甲。至於官府方面，各縣的治農官或主簿提督一縣，各府的治農官或通判掌理一府。〔註12〕府之上，朝廷另派巡撫統轄之。因此明代江南地區整治水利的組織體系如下：

巡撫→治農官或通判（府）→治農官或主簿（縣）→糧長（都、區）→里長、里老人（里）→圩長（甲）→民夫。

（二）整治水患的開濬工程

永樂初年的江南水患，其所造成的災情，依蘇州、松江、湖州、嘉興等四府志及其所屬州縣志的記戴：

蘇州府：轄有長洲、吳縣、吳江、常熟、太倉、崑山、嘉定、崇明等八州

〔註11〕顧洪範，《上海縣志》（明萬曆 16 年刊本），卷 10，〈祥異〉，頁 9。
〔註12〕陳方瀛，《川沙廳志》（臺北市：臺灣學生書局，民國 57 年 5 月，依清光緒 5 年刊本影印），卷 3，〈水道，周孔道濬築河圩公移〉，頁 181。

縣。於永樂初年有水患者，為吳、吳江及常熟三縣，其災情，吳縣：「永樂二年（一四〇四）五月，大雨田禾盡潲。」〔註13〕常熟縣：「永樂三年五月，大水。」〔註14〕吳江縣：「永樂二年五月，大雨低田盡沒，農民車水救田，腹飢力竭，仰天而哭，小兒呼父母，索食繞車而哭，壯者相率借糠雜菱霑荇藻食之，老幼入城乞行不得，多投於河。」〔註15〕

松江府：轄有上海、華亭（江蘇松江縣）、青浦（江蘇青浦縣）。此三縣的災情，上海縣：「永樂初，連歲大水；乙酉（永樂3年）夏六月朔，雨至於十日，高原積水，窪下丈餘。」〔註16〕華亭縣、青浦縣：「永樂初年，連歲大水。三年夏六月朔，雨至十月不休，高原水數尺，窪下積丈餘。」〔註17〕

另湖州府、嘉興府的災情，湖州府：「永樂二年六月，嘉、湖水飢。永樂三年，嘉、湖水災，久雨太湖溢。」〔註18〕嘉興府：「永樂二年六月，……水飢。永樂三年，水。」〔註19〕

從以上災情可知：永樂元年有水患地區，以吳淞江以南的松江、嘉興、湖州三府最為嚴重；永樂2年、3年的水患則氾濫於蘇州、松江、嘉興、湖州等府。

因江南地區連續三年發生水災，明成祖屢次要求相關單位修治水利，但都未獲成效；因此怒責蘇州知府湯宗坐視水患，將其逮捕入獄。〔註20〕明成祖為表示對江南水患的重視，於永樂元年4月特派戶部尚書夏原吉前往江南治水，不久又派工部侍郎李文郁協助辦理。夏原吉首先開濬松江府的河道，

〔註13〕吳秀之等，《吳縣志》（臺北市：成文出版公司，民國59年台一版），卷55，〈祥異考〉，頁6。

〔註14〕鄧韍，《常熟縣志》（明嘉靖18年刊本），10卷，〈災異〉，頁38。

〔註15〕陳和志，《震澤縣志》（臺北市：成文出版公司，民國59年，台一版），卷27，〈災變〉，頁8。

〔註16〕顧洪範，《上海縣志》，卷10，〈祥異〉，頁9。

〔註17〕揚開第，《重修華亭縣志》（臺北市：成文出版公司，民國59年5月，台一版），卷23，〈雜志〉，頁14。陳其元，《青浦縣志》（臺北市：成文出版公司，民國59年5月，台一版），卷29，〈雜記〉，頁2。

〔註18〕宗源瀚，《湖州府志》（臺北市：成文出版公司，民國59年，台一版），卷44，〈祥異〉，頁11。

〔註19〕許瑤光，《嘉興府志》（臺北市：成文出版公司，民國59年，台一版），卷33，〈祥異〉，頁10。

〔註20〕張廷玉，《明史》（臺北市：國防研究院明史編纂委員會，民國52年4月，台初版），卷150，〈湯宗傳〉，頁1841。

如疏濬上海縣的運鹽河、曹涇分水港、以及金山衛（金山縣）的閘港。〔註21〕
同時，為防堵太湖西北上源的河水，流入太湖，以致湖水過於盈盛；工部另
於溧水縣設置廣通閘，導引固城湖、臙脂河等河水，流向大江。〔註22〕

　　前述諸工程歷經四個月的整治，仍無法平息水患。明成祖為使夏原吉能
早日理出有效的治水方案，派都御史俞士吉攜《水利書》給夏原吉參考。夏
原吉親自勘查江南的地理形勢，並尋訪當地耆老的意見後，在永樂元年 8 月，
提出其全盤的治水計畫：

> 臣奉職不稱，重貽宵旰之憂，夙夜競惕，惟勤咨訪，欽承　聖諭，
> 愧感交集，臣與共事官屬及暗曉水利者，參考與諭得梗概。蓋浙西
> 諸郡，蘇松最居下流，嘉湖常三郡土田，下者少，高者多。環以太
> 湖綿亙五百餘里，納杭湖宣歙諸州溪浦澗之水，散注澱山等湖，以
> 入三泖，頃為浦港壅塞，匯流漲溢，傷害苗稼。整治之法，要在浚
> 滌吳松諸浦港，泄其壅遏以入于海。按吳淞江舊長二百五十餘里，
> 廣一百五十餘丈。西接太湖，東過大海，前代屢疏導之，然當潮汐
> 之衝，沙泥淤積，屢浚屢塞不能經久。自吳江長橋至下界浦（夏駕
> 浦）約一百二十餘里，雖云疏通多有淺窄之處。自下界浦抵上海南
> 蹌浦口可一百三十餘里，潮汐壅障，菱蘆叢生，已成平陸。欲即開
> 浚，工費浩大，且灆沙游泥泛泛動盪，難以施工。臣等相視得嘉定
> 之劉家港，即古婁江徑通大海，常熟之白茆港徑入大江，皆係大川
> 水流峻急，宜浚吳淞江南北兩岸，安亭等浦港以引太湖諸水入劉家、
> 白茆二港，使直注江海。又松江大黃浦乃通吳松要道，今下流壅塞
> 難於疏浚。傍有范家濱至南蹌浦口，可徑達海，宜浚令深闊，上接
> 大黃浦以達泖湖之水。此即禹貢三江入海之跡。即開通相度地勢，
> 各置石閘以時啟閉，每歲水涸之時，修築圩岸，以禦暴流，如此則
> 事成有功，於民得便。〔註23〕

　　從這篇治河疏可知：這時吳淞江的河道已淤塞嚴重，從吳江縣的長橋至
崑山縣的夏駕浦，約一百二十餘里，雖曾派工挑濬，仍有淺窄之處；從夏駕

〔註21〕陳如琳，《松江府志》（臺北市：成文出版公司，民國 59 年 5 月，台一版），
　　　　卷 10，〈山川志〉，頁 29。
〔註22〕《明太宗實錄》，卷 19，頁 5，永樂 2 年 4 月丁卯條。
〔註23〕同前書，卷 22，頁 4，永樂元年 8 月丁未條。

浦至上海的南蹌浦口（縣東北三十里），約一百三十里，因受海潮挾帶泥沙的浸灌，河床已淤積如同平地，以致蘆葦叢生；雖曾多次督工開挑，不久又遭填淤。由於疏洩太湖水入江海的三條幹河中，因吳淞江的中下游和大黃浦下游等河道已淤塞嚴重，夏原吉認為若再興工開濬吳淞江及大黃浦，不僅工程浩大，所費也不貲，且也未能維持水流的長期暢通。因此夏原吉主張應另開其它河道以疏洩太湖諸河水：

1. 開挑位於吳淞江中段的安亭浦（崑山縣與嘉定縣交界）、夏駕浦、新洋江等，引太湖水經嘉定縣的劉家河（港）入大海，或由常熟縣的白茆河（港）入大江。

2. 大黃浦下游河道已遭泥沙淤塞，因施工困難，故另開濬上海縣范家濱至南蹌浦口的新河道，以替代大黃浦原下游河道。

夏原吉為疏通太湖水入江海，其以白茆河、劉家河、大黃浦為主要幹道，也稱為「禹貢三江入海之跡」。其整治這三條幹河的工程如下：

1. 白茆河：此河位於常熟縣東七十里，其西接昆城湖（常熟縣東南五里，長三十六里，寬十八里）。夏原吉在給事中姚善的襄助下，疏濬黃徑（南通太倉州，北至昆承湖）、尤徑（南通陽城湖，北達西山徑）〔註24〕、耿徑（南通梅李塘，北達大江）〔註25〕、福山塘（出常熟縣，經四十里入大江），以利疏導昆承湖的湖水，由白茆河入大江。〔註26〕

2. 劉家河：因崑山縣夏駕浦、千墩浦（縣東南二十六里）、顧浦（縣東南十里）等處河道淤塞，無法疏洩吳淞江上游的河水。〔註27〕於是夏原吉在太常寺少卿袁復、崑山知縣芮鮎的協助下，首先徵調崑山、嘉定、長洲、吳縣等處的民夫，開濬夏駕浦、新洋江，引吳淞江的河水，向北流入劉家河。〔註28〕又開挑顧浦，南引吳淞江水，北入吳塘（太倉州西二里）。〔註29〕又疏通千墩埔，引太湖水由劉家河入海。（見圖四）因夏原吉、袁復分別負責開挑夏駕浦和千墩浦，因此這二條支河的名稱，當地百姓為感激其恩德，也以其職銜命

〔註24〕同前書，卷34，頁4，永樂2年9月戊辰條。
〔註25〕《嘉靖・常熟縣志》，卷4，〈水利〉，頁15。
〔註26〕同前書，卷1，〈水志〉，頁19。
〔註27〕張國維，《吳中水利全書》（明崇禎9年原刊本），卷2，〈水利〉，頁9。
〔註28〕《天下郡國利病書》，原編六冊，〈蘇松〉，頁4。
〔註29〕張采，《太倉州志》（明崇禎15年刊本，清康熙17年修補本），卷7，〈開濬〉，頁13。

名，夏駕浦別稱尚書浦，千墩浦則為少卿浦。〔註30〕（見圖四）

圖四：夏原吉整治蘇州水利圖

3. 大黃浦：位於上海縣東。夏原吉採納華亭縣人士葉宗行和張賓暘的建議，於永樂2年挑濬范家浜，總計開挖河道長一萬二千丈。〔註31〕（見圖五）

〔註30〕周世昌，《崑山縣志》，（明萬曆4年刊本），卷2，頁14。史鑑，《西村集》（臺北市：臺灣商務印書館，四庫珍本三集），卷6，〈三吳水利議〉，頁9。
〔註31〕《明太宗實錄》，卷22，頁4，永樂元年8月丁未條。

4. 築堤防：夏原吉慎選各州縣的官吏，於春季召集民夫依式構築圩岸，其高廣均有一定規範，務令堤土堅實，增廣其基址。並允許百姓於堤上種藍菜，但不許植豆類，因「種藍則必增土，久而日高；種豆則土隨根去，久而日低。」所以此後二、三十年間，此地區雖有水患，而不至於大害農田，均賴圩岸的禦水功能。〔註32〕

以上諸河道的開濬，及圩岸修築，為夏原吉在永樂元年4月和永樂2年4月，兩次至江南治水的成績，在其日夜策劃下，終於平息水患。

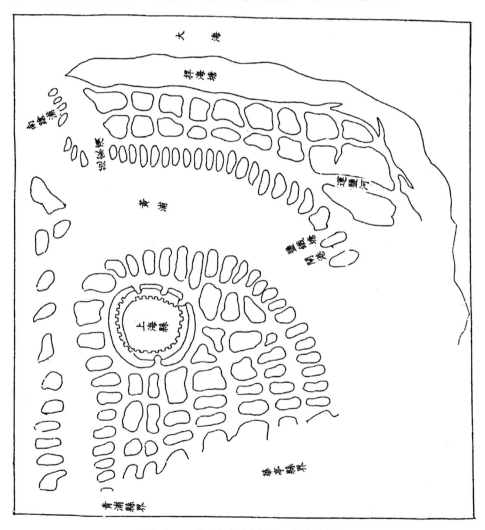

圖五：夏原吉整治松江府水利圖

〔註32〕《吳中水利全書》，卷14，〈謝琛興修水利疏〉，頁20。

五、治水方法的檢討

　　夏原吉的治水功績，後世的水利專家，多人予以肯定，如明正德 5 年（1510），謝琛的〈興修水利疏〉：

> 國朝永樂間，夏原吉奉命專理其事，區畫經度如開白茆、劉家港，其命古人之法，自後七、八十年，朝廷之貢賦不虧，百姓賴以安堵者，先朝任用夏原吉之力也。〔註33〕

又明嘉靖 4 年（1525），凌雲翼〈請設水利臺臣疏〉：

> 先朝如尚書夏原吉、侍郎周忱，皆久任地方，累歲經畫，伊時百姓樂業，庫藏充盈。〔註34〕

又明嘉靖 38 年（1559），翁大立〈請設治水部臣疏〉：

> 國初遣尚書夏原吉疏水道、周忱定田租，東吳之民，世享其利。
> 〔註35〕

以上三例，可知夏原吉的治水功績顯著，帶來往後七、八十年，「朝廷之貢賦不虧，百姓賴以安堵。」；為明代初期，江南士民最為尊敬的朝臣之一。因河道疏通，農田水利大興，蘇州、松江二府士民為表達他們的感念之情，特在地方興建祠廟奉祀之。如蘇州府治胥門外有二尚書祠，即祭拜夏原吉與工部尚書周忱；〔註36〕又崑山縣有夏忠靖公祠，〔註37〕另松江府治西南有夏周二公祠（夏原吉、周忱）。〔註38〕這些祠廟的建置，均為江南士民感念夏原吉治水江南的具體表現；其尊敬之誠，從明弘治 12 年（1499），蘇州府奉祀夏原吉的祭文中可知：

> 東南數郡，國賦所先，昔有名臣，來蒞茲土治水，效平成之，績理財畫，經制之宜，人雖亡而政則存，歲愈久而澤不替，輿情上訴，秩典下頒，序方屬于仲，禮並陳于明薦，統祈歆格，以慰瞻依，欽命特賜祭田二十六畝。……嗚呼我先忠靖公自筮仕，即受知于太祖高皇帝，逮事文皇、仁宣三聖，托以股肱心膂之寄，建大功而躋大

〔註33〕《吳中水利全書》，卷 14，〈謝琛興修水利疏〉，頁 20。
〔註34〕同前書，卷 14，〈凌雲翼請設水利臺臣疏〉，頁 71。
〔註35〕《三吳水考》，卷 10，〈翁大立請設治水部臣疏〉，頁 52。
〔註36〕《吳縣志》，卷 33，〈壇廟祠宇〉，頁 519。
〔註37〕《松江府志》，卷 17，〈壇廟〉，頁 382。
〔註38〕李賢，《明一統志》（臺北市：臺灣商務印書館，四庫珍本七集），卷 9，〈松江府〉，頁 10。

位，始終幾四十年，幸蒙累朝寵眷，特賜誥敕、宸翰、御祭文若干軸，照耀千古，真世守之珍寶也。〔註39〕

夏原吉治水成功，分析其原因有二：一是人為因素，二為治水方法，茲分別予以論述：

（一）人為因素：以明成祖重視水患及夏原吉能體恤民命最為關鍵：

明成祖重視水患：觀這次江南水患，明成祖派赴江南輔助夏原吉治理水患的朝臣，有大理寺少卿袁復、通政司通政趙居任、陝西參政宋性、〔註40〕給事中姚善等四人；另又專派都御史俞士吉攜《水利書》予夏原吉參考，故明嘉靖23年（1544），呂光詢〈興修水利再疏〉即說：「臣查永樂初為災，特命尚書夏原吉治之，又遣都御史俞士吉齎《水利集》賜原吉，其專且重如此，故得彈力成功。」〔註41〕夏原吉獲得明成祖的充份授權，此次治水工程，方能順利完成。

夏原吉體恤民命：江南治水工程總共徵調民夫十萬餘人開挖河道，夏原吉雖貴為戶部尚書，其巡查工地時，若逢烈日當空，有人為其撐傘，為表達其與百姓同甘共苦之心，乃婉拒說：「民勞，吾何忍獨適。」「眾皆赤體暴日中，吾何忍求涼。」〔註42〕這種實幹負責精神，也可從其治水時所吟的詩文中可知：

踏遍姑蘇山與水，又將揆掉問雲間，岸花汀鳥休相笑，自是吾生不愛閑。〔註43〕

為客東吳郡，民艱日轉深，撫躬慙食祿，汗顙愧腰金，願廣乾坤澤，均濡草木心，萬方歌至治，永叶太平音。〔註44〕

東吳之地真水鄉，兩岸澇漲非尋常，稻疇決裂走魚鱉，居民沒溺乘舟航，聖皇勤政重農事，七札頒來須整治，河渠無奈久不修，水勢縱橫多阻滯，爰遵圖誌窮源流，經營相度嚴咨諏。太湖天設不可障，

〔註39〕夏原吉，《忠靖集》（臺北市：臺灣商務印書館，四庫珍本四集），附錄，〈祭文〉，頁10。

〔註40〕王鏊，《姑蘇志》（臺北市：臺灣商務印書館，四庫珍本十集），卷41，頁50。

〔註41〕《吳中水利全書》，卷14，〈呂光詢興修水利再疏〉，頁64。

〔註42〕《明史》，卷149，〈夏原吉傳〉，頁1833；及《姑蘇志》，卷42，〈夏原吉〉，頁49。

〔註43〕《忠靖集》，卷6，頁4。

〔註44〕同前書，卷2，頁7。

> 松江沙過艱為謀，上洋鑿破范家浦，常熟姚開福山土，滔滔更有白
> 茆河，浩渺委蛇勢稍住，洪荒從此日頗銷，只緣田土仍齊腰，丁寧
> 郡邑重規劃。……悶倚蓬窗發長嘆！噫嘻我嘆誠何如？為憐車水工
> 程疏，生足底不暇息，塵垢滿面無心除，數內疲癃多困極，飢腹桮
> 桮體無力，紛紛望向膏粱家，忍視飢寒那暇卹，會當朝覲黃金官，
> 細將此意陳重瞳，願令天下游食輩，扶犁南畝為耕畝。〔註45〕

前引諸文均表達夏原吉任事負責及體恤民艱的情景。不然，其初至江南，徵
調民夫治水時，也遭江南士民的抵制，幸賴其妥善安撫，堅持其治水方策，
終能順利完成，故《冷廬雜識》記載：「明夏尚書原吉治水吳中，民初不便，
詢諸父老；父老對曰：『相公開河，功多怨多；千載之後，功在怨磨』，公斷而
行之，功施至今。」〔註46〕

　　夏原吉治水成功的二大人為因素，已如前述；可知在明成祖和夏原吉的
同心協力下，治水工程雖浩大，終能民勞而無怨。

　　（二）治水方策：夏原吉的治水方策，是捨棄開濬吳淞江中下游河道；
為疏洩吳淞江上游的湖水，卻擇開濬吳淞江中游的夏駕浦、新洋江、顧浦、
千墩浦等支河，引吳淞江上游的河水向北流，於劉家河入海。但疏洩太湖水
流入江海的三條幹河，是以吳淞江為主流，大黃浦和劉家河則為分流。茲夏
原吉捨棄主流，而取分流是否適當？又其開濬夏駕浦等支河，橫截吳淞江的
河水，向北流入劉家河，會導致何種後遺症？茲引後世水利專家對夏原吉治
水方法的批評，即可得知：依《天下郡國利病書》載：

> 原吉北挈吳淞江之水入于劉家河，是矣。然徒浚其流而不開其源，
> 七十二水門之堙塞如故。則吳淞之流不加迅疾，夏駕與四顧（顧浦），
> 潮汐之入者，不能敵住，奈何而不塞也。必須大開吳江長橋有大洪
> 者三、五處，以其石砌水門，三并為一，除其占塞，決其壅滯。與
> 寶帶橋急流無異。則吳淞入於夏駕浦、顧浦可也，決無壅塞之氾矣。
> 〔註47〕

又〈金藻三江水學〉：

〔註45〕《萬曆‧上海縣志》，卷10，頁7。
〔註46〕陸敬安，《冷廬雜識》（臺北市，新興書局，民國62年4月，筆記小說大觀二
　　　　十八編第八冊），卷6，頁3。
〔註47〕《天下郡國利病書》，原編第四冊，〈蘇上〉，頁24。

人以為劉家河可泄太湖之水，殊不知此雖通，但能復此婁江之半節
耳，其南來之半節，所謂新洋江與夫夏駕浦，反被橫衝淞江之腰
腹，而為害莫除此，則舉其一而遺其二，安於小成而不務久遠者
也。〔註48〕

又明嘉靖6年（1522），工部郎中顏如環〈經理新洋江議〉：

吳淞江一帶流至新洋江、夏駕浦口二處交會，二處因通婁江，潮水
倒入江內，淀積泥沙，又因地勢卑近，遂引江水順趨北下婁江，以
致吳淞江易淤淺，累經開濬，不久復塞。或謂此江出海一百餘里，
因而疏濬深闊，因此江中水并入婁江出海，以為便易。不知此江，
仍三江之一，與婁江各自通洩，當夫乾旱，因可合而為一，及至水
溢則婁江自洩所受之水，方且不暇，又安能併吳淞之水而皆洩乎？
故昔人有言：「使三江可併為一，則神禹先併之矣，何必又有三江」，
此誠不易之論。〔註49〕

　　前引三則資料反應出，夏原吉的治水方法，乃是「詭時達變」。〔註50〕
論其原因有三：1. 自古以來，為疏洩太湖水入江海，必須依賴吳淞江、大黃
浦、劉家河（婁江）三條幹河。現夏原吉捨棄吳淞江中下游河道，為疏洩吳
淞江上游的水量，開濬夏駕浦等，引吳淞江的河水北行經劉家河入大海，如
是劉家河與吳淞江合和為一，三條幹河變成二條，因此顏如環評論說：「使
二江（吳淞江、劉家河）可併為一，則神禹先併之矣，何必又有三江。此誠
不易之論。」2. 吳淞江的河水循劉家河入海，因吳淞江上游的水勢微弱且地
勢低窪，因此海潮挾帶泥沙灌入劉家河，南流淤積於吳淞江，使得吳淞江的
淤積情勢更加嚴重。3. 為避免海潮的泥沙填積於吳淞江，應疏濬吳淞江上游
長橋一帶的壅塞，以增進吳淞江上游水勢，使其足與海潮相對抗，如是可避
免河道的淤塞。

　　夏原吉為何採用此一治水方法？明成祖曾賜《水利集》予夏原吉參考，
卻無法得知此本《水利集》的書名。但依據夏原吉的治水方法，《天下郡國利
病書》認為：

永樂初，戶部尚書夏公原吉治水吳中，決新洋、夏駕二口，北注江

〔註48〕《三吳水考》，卷8，〈金藻三江水學〉，頁100。
〔註49〕同前書，同卷，〈經理新洋江議〉，頁96。
〔註50〕《天下郡國利病書》，原編第六冊，〈蘇松〉，頁4。

水於劉家河,又南濬范家浜,入海之口,上接黃浦,而棄直東百二
十里之地不復濬,此時水氾孔殷,蓋祖周文英遺策。〔註51〕

可知夏原吉的治水方法,乃是遵循元代周文英的水利議。周文英的治水方法
為何?從其水利議得知:

太湖會入吳淞江之處,固有長橋的橫阻,以致水勢緩慢,泥沙淤積,河
床日益增高。此一情勢,乃為自然現象,無法以人力克服;若想以人力強行,
終非持久之計。所以善於治水者,先要洞識其河川的水源,然後依其水流方
向,疏導河水歸向大海。劉家港南方有一河港,名為「南石橋」,幅員深闊,
北通劉家港;西南過橫塘,以至夏駕浦入吳淞江。其間河道迂迴淺窄,若能
開濬深闊,將成為疏洩太湖水的另一幹道。今日治河議有主張捨棄吳淞江下
游已增高的河道,是否當行,姑且不論。若能著力開挑劉家河、白茆河等河
道,使之通達大海;如是劉家河(古婁江之一)將成為江南地區東北方疏洩
河水入海的要道。〔註52〕

但明代張內蘊對周文英的治水觀,有如下評論:

按文英此書,考察地宜,熟悉形便,節源疏委,多可采行,獨以吳
淞江湮塞,歸之天數,顧欲別從間道開濬并入婁江(劉家江),不無
少偏,蓋震澤浩瀚,無涯之水,非一婁江所能洩,而夏駕、新洋通
利,卒遺永世之痼疾,則皆此說之誤者也。〔註53〕

總之,夏原吉能迅速平息江南水患,其治水之方法,可謂:捨難就易,
治標非治本,給江南地區留下一個難與解決而未解決的水利問題。但江南有
句童謠說:「要開吳淞江,需是海龍王。」〔註54〕可知要濬通此一河道有多麼
困難。

六、結論

江南為明代財富之區,僅蘇州、松江二府的稅糧即高達四百零三萬五百
八十六石,佔全國總稅糧的百分之十三點六八。此地區一旦發生水災,必然
嚴重衝擊國家的財政經濟。

〔註51〕《天下郡國利病書》,原編第六冊,〈蘇松〉,頁4。
〔註52〕《三吳水考》,卷8,〈周文英水利書〉,頁88~95。
〔註53〕同前書,同卷,頁96。
〔註54〕朱國幀,《湧幢小品》(臺北市:新興書局,民國62年4月影印本,筆記小說
　　　　大觀二十二篇第七冊),卷23,頁3。

　　環太湖周邊的地理形勢，如同水盆，因其中間低而四邊高。為輸洩太湖諸河水入江海，自古以來主要藉三條幹河——吳淞江、劉家河（婁江）、大黃浦，以及縱橫其間的無數支河（塘浦）。明代永樂初年，吳淞江中下游河道淤塞嚴重，大黃浦下游河道也遭淤積。以致每逢天降大雨，因太湖水氾溢，諸河道又失去輸洩功能，江南地區即成澤國。

　　明成祖重視江南災情，特派戶部尚書夏原吉前往治水。夏原吉親勘災區，參考元代周文英整治江南水利所提的方案。其認為吳淞江整條河道既淤塞嚴重，已失去疏洩河水功能，決議捨棄；因此為疏洩吳淞江上游的河水，則於其中段的北岸，開挑夏駕浦、新洋江等支河，引河水向北流，經劉家河入海。至於整治大黃浦下游河道，則採納葉宗行、張賓暘的建言，認為其河床已淤塞成平地，施工困難；另於范家浜，開挑新河道以取代之。

　　此一治水方案，雖能速息水患，百姓得過安定生活，但原有疏洩太湖諸水入江海的三條幹河，因吳淞江藉劉家河的河道入海，而形成兩條，此必然影響及太湖周邊的自然生態，於明代中後期將產生嚴重後遺症。此即江潮或海潮所挾帶的泥沙，逆灌入劉家河，循夏駕浦等支河，淤塞於吳淞江中游河道。使吳淞江的淤塞程度更加嚴重。吳淞江原為疏洩太湖水入海的最主要幹河，一旦完全失去疏洩河水的功能，必然給江南地區帶來無窮的水患。

　　若對夏原吉的治水江南，作一評價，其對當時的國家和江南百姓，可謂功績甚著，因其能速息水患使水利大興，百姓能安居樂業的生活，也增進國家的財稅收入。但若就治水方法言，則屬「詭時達變」，非上策。其所捨棄的吳淞江下游河道，留給後世水利家為整治江南水患，必須面對的問題，如巡撫侍郎周忱、工部尚書李充嗣、巡撫海瑞、都御史林應訓等。

明代吳淞江下游河道變遷新考

摘要

　　明永樂二年（1404），夏原吉治水江南，當時吳淞江下游從昆山縣夏駕浦至上海縣南蹌浦口 130 餘里，因淤塞嚴重，遂放棄整治；為導引黃浦的河水，流入大海，另開浚范家浜，於南蹌浦口會入吳淞江，於吳淞海口入海。

　　范家浜與南蹌浦口的地理位置，目前學界的研究，多認為：范家浜位於今黃浦江從蘇州河口至復興島間的河段，因此南蹌浦口位於今復興島一帶（虬江與黃浦江的交會處）。

　　本文的考述，范家浜應位於今黃浦江從松江區東 12.4 公里北至蘇州河口，如此，南蹌浦口也應位於今蘇州河口（蘇州河與黃浦江交會處，明代稱之宋家橋口）。至於淤塞的吳淞江下游河道，本文認為永樂時期此一河道所流經之處，並非虬江，而是今蘇州河的河道；故從正統五年（1440）以後，歷經 7 次的疏浚，於隆慶四年（1570）終被海瑞重新開通。

關鍵詞：吳淞江、黃浦江、范家浜、南蹌浦口

一、前言

上海於至元29年（1292）設縣，至明代，其社會經濟日益繁榮，蘊育此一地區發展的搖籃，主要有兩條河川，明初以前係吳淞江，明代中葉以後，則是黃浦。黃浦於清代，才改稱黃浦江；鴉片戰爭後，上海開埠，因吳淞江通往蘇州，外人又將吳淞江下游河段稱為蘇州河（北新涇至黃浦江一段）。

吳淞江與黃浦這兩條河川的變遷，於明初以前，黃浦原為吳淞江下游南岸的一條支流，其河道寬度不及吳淞江的一半；明中葉以後，黃浦的水勢日益壯闊，「自是數倍于松江矣」，〔註1〕成為排放太湖水入海的主要幹道，至於吳淞江反而變成其西岸的一條支流。雙方主從地位轉換的關鍵時期係在永樂二年（1404）夏原吉治水江南時期。當時，夏原吉認為吳淞江下游河道淤塞嚴重（從昆山縣夏駕浦口至南蹌浦口），遂放棄整治，為導引黃浦的河水入海，另開挑范家浜，南接黃浦，於南蹌浦口會入吳淞江，於吳淞海口入海。

南蹌浦口位於黃浦（范家浜）與吳淞江的交會點，此一地點在何處，不僅涉及范家浜的地理位置，也關係到夏原吉治水前後吳淞江的下游河道，從嘉定縣以東，是循流於虬江（吳淞舊江），抑或是今日的蘇州河。語於夏原吉的治水疏中對於范家浜與南蹌浦口的地點，沒有很明確的註明，以致清代的地方志與當代歷史地理學者對於此一問題有著不同的論述。

清代地方志有主張南蹌浦口位於今日復興島附近，吳淞江下游河道在夏原吉治水以前係循經虬江入海，（見圖1）如《同治上海縣志》：

> 舊江即舊吳松江也，亦名虬江。今為吳松江岸北套河，分隸於嘉、青、上、寶四邑境轉而東北出吳松口，名西虬江，以對岸有東虬江也。前志分舊江、虬江為二，今按虬江即舊江，以其屈曲如虬，故名，非有二也。欲訪吳松江故道，在未開范家浜以前，其必由此矣。〔註2〕

又《同治上海縣札記》：

> 元初置縣時形勢，其時吳松江迤東北，由今西虬江道，至南蹌浦口入海，范家浜近環今縣治東北，與江浦兩通。……昔也，江、浦合流於南蹌口；今也，江、浦合流於陸家嘴對岸（今蘇州河口），其地

〔註1〕清·宋如琳，《嘉慶松江府志》（中國方志叢書華中地方第10號，清嘉慶二十二年刊本影印，臺北：成文出版社，1970年），卷10，〈山川志〉，頁48下。

〔註2〕清·應寶時，《同治上海縣志》（中國方志叢書華中地方第169號，清同治十一年刊本影印，臺北：成文出版社，1975年），卷3，〈水道上·江〉，頁8上。

南徙三十餘里。〔註3〕

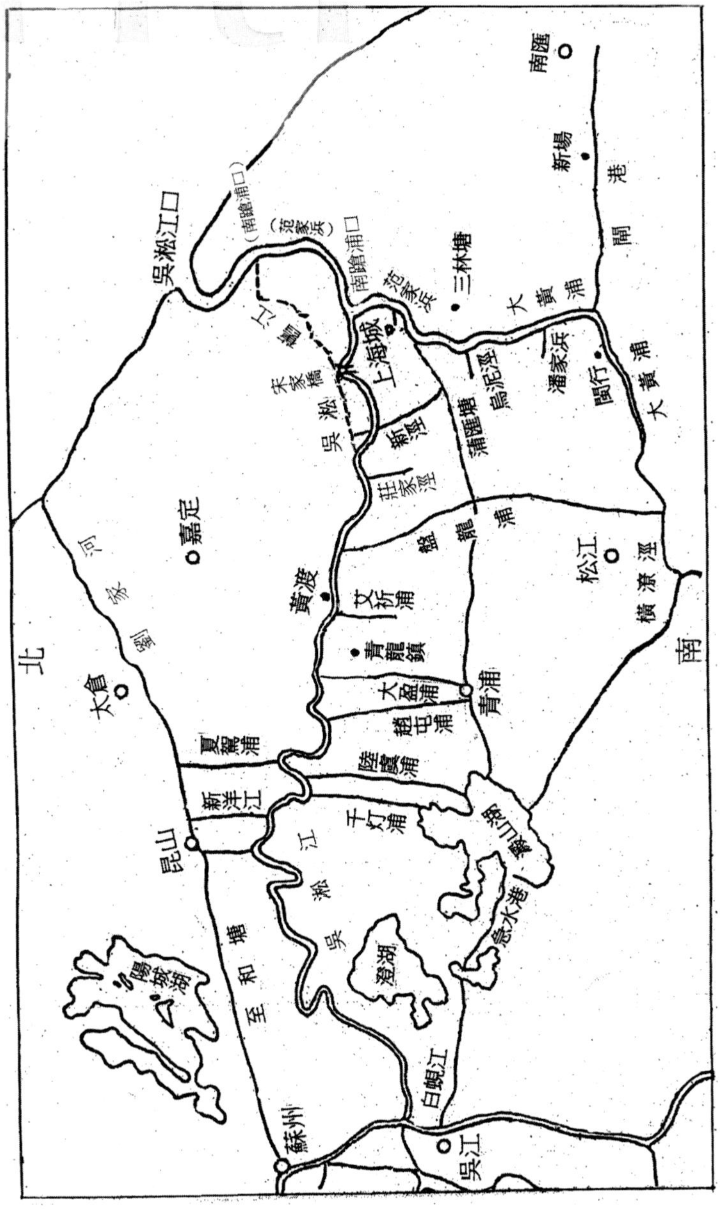

圖1：明代吳淞江、黃浦河道變遷示意圖

附註：范家浜：位於今松江區東12.4公里至蘇州河口。南蹌浦口：今蘇州河口。
（范家浜）：位於今蘇州河口至復興島。（南蹌浦口）：復興島。

〔註3〕清・秦榮光，《同治上海縣札記》（清末排印本），卷1，〈古上海縣全境圖〉，
頁1下；同卷，〈黃浦〉，頁13下。

前述內容，於《光緒松江府續志》、《民國上海縣志》等志書都有相同的記載。
〔註4〕

　　當代歷史地理學者，大多秉持清代志書的觀點，不僅論述明中葉以前吳淞江下游循經虬江，（見圖1）而且論定范家浜這條河道的起迄點，即是今黃浦江從蘇州河口北至復興島的河段。〔註5〕也有少數學者認為吳淞江下游河道雖行於虬江但南蹌浦口是位於今浦東新區最北端的長江畔。〔註6〕

〔註4〕清・博潤等，《光緒松江府續志》（中國方志叢書華中地方第143號，清光緒9年刊本影印，臺北：成文出版社，1974年），卷6，〈山川志〉，頁38上：「北舊江，即舊吳松江也，亦名虬江，以其屈曲如虬，故名。欲訪吳松江故道，在未開范家浜以前，其由此矣。」又民國・吳馨，《民國上海縣志》（中國方志叢書華中地方第160號，民國24年鉛印本，臺北：成文出版社，1975年），卷1，〈川流〉，頁4上：「虬江者舊江也，蓋吳淞故道。」

〔註5〕如王文楚，〈試探吳淞江與黃浦江的變遷〉，《文匯報》（微縮資料，漢鑫圖書縮影出版公司），1962年8月16日：「永樂初黃浦江自上海縣東北改從今流入海，吳淞江下流改道今流始自天順二年，終于隆慶三年。……而以上海縣東北至南蹌浦口達海的一段，亦即夏原吉疏浚直接黃浦通海的為范家浜。」褚紹唐，〈歷史時期太湖流域主要水系的變遷〉，《復旦學報》，社會科學版增刊歷史地理專輯（1980年8月），頁50：「明初就疏浚下游的范家浜至南蹌口，……范家浜即今自外白渡橋至復興島東（即古南蹌口）一段。」滿志敏，〈黃浦江水系：形成和原因——上海經濟可持續發展基礎研究之一〉，《歷史地理》第15輯（1999年10月），頁137、139、140：「事實上范家浜在今陸家嘴至慶寧寺（今浦東），……古吳淞江河床原是東西走向，在今高橋地區入海。這可從兩方面予以證實：其一，今高橋地區有北虬江、中虬江和東虬江等河道，當是古吳淞江的殘道。其二今高橋地區舊名清浦。……范家浜即今黃浦江從蘇州河口至慶寧寺的河段。」繆啟愉，《太湖塘浦圩田史研究》（北京：農業出版社，1985年），頁86：「今黃浦江下游自蘇州河口以下至南蹌浦口的一段是范家浜故道，為明初所開。」陳征林等，《上海地名志》（上海：上海社會科學院，1998年），第1章，〈海、河、湖・范家浜〉，頁82：「范家浜，亦名范家浦，約南起今黃浦江與蘇州河匯合處北，北至復興島附近。明初，吳淞江下游雍塞，浚范家浜至南蹌浦口以達海，上接黃浦，范家浜后遂成為黃浦的一段。」熊月之，《上海通志》（上海：上海人民出版社，2005年），第1冊，第2卷，〈自然環境・黃浦江〉，頁588：「明永樂元年（1403年），蘇松水患，戶部尚書夏原吉治水，採納葉宗人（行）建議，開通范家浜，上接大黃浦，下接南蹌浦口（今吳淞口），引導澱山湖一帶泖淀湖水由大黃浦入范家浜東流，在今復興島附近同吳淞江匯合，折向西北至吳淞口入長江。」

〔註6〕李敏、段紹伯，〈吳淞江的變遷和改道〉，《學術月刊》1996年7期（總第326期），頁107：「南蹌浦口既是吳淞舊江的江口，也是南蹌浦往北入長江出口，今已湮沒；但其支流東溝、西溝仍存，故南蹌浦口應在今浦東新區最北端長江畔。……十五世紀初，范家浜南起南廣福寺，北經上海舊縣城東，往東北流同吳淞舊江（虬江）在南蹌浦口相會，並非在吳淞口進長江。」

　　1998 年，傅林祥〈吳淞江下游演變新解〉，其將前述清代以來的論述，歸為「傳統的觀點」：

> 清代以來，傳統的觀點認為在明以前，古吳淞江沿今虬江河道，在今復興島附近截過范家浜（今黃浦江外白渡橋至復興島段），經今浦東新區高橋鎮南的老界浜、東虬江、北虬江一線向東入海；明永樂初年夏元（原）吉治水後，吳淞江沿今虬江河道至復興島折北，改沿今黃浦江入海段至吳淞口入海。也就是明永樂以前吳淞江入海口在今浦東新區東北部，永樂後改道至今吳淞口。
>
> 傳統觀點揭示了吳淞江入海口演變的某些過程，因為上海地區的虬江確是古吳淞江的一部分。但入海口變動的年代，則歷來引起人們的爭議。〔註7〕

因此傅文對吳淞江的入海口及下游河道，有四項研究成果：（一）至遲在南宋初年，吳淞江已至今吳淞口入海；（二）從今復興島至吳淞口的黃浦江，即洪武年間及以前的吳淞江；（三）夏原吉〈治水疏〉中的吳淞江下游就是今蘇州河河道；（四）元代，吳淞江下游河床出現河沙匯（今市區西北部）等沙洲，將吳淞江下游河床分隔成南北兩支，沙洲間枝叉眾多，主泓成為明初的吳淞江（今蘇州河），殘存河道成為今虬江及小溝小浜。〔註8〕本文認同以上四項見解，並引用於文內；惟該文另有二項觀點需要再探討：（一）其既然指出夏原吉治水時，吳淞江下游河道就是今蘇州河，卻認為范家浜河段是今黃浦江從蘇州河口（今外白渡橋）至復興島，如此南蹌浦口的地點是位在今復興島，（見圖1，此一論點，值得商榷，因其無法解說夏原吉開浚范家浜，南引大黃浦，與吳淞江交會於南蹌浦口；（二）其引用嘉靖元年（1522）李充嗣開浚吳淞江時，「下游自嘉定縣舊江口起，至上海縣黃浦口，俱通利無礙」；以及天順二年（1458）崔恭、弘治七年（1494）徐貫的治理吳淞江，均沒有開濬吳淞江巡檢司（上海縣治西北 30 里，今潭子灣）以下河道，因此立論從永樂二年至嘉靖元年間，吳淞江下游（今蘇州河）均暢通無礙；〔註9〕可是夏原吉治水時，業已指出：從昆山縣夏駕浦至上海縣南蹌浦口 130 餘里的河道，潮沙淤塞嚴好，如同平陸，難於施工，所以放棄開浚。可知永樂初年，吳淞江從夏駕

〔註 7〕傅林祥，〈吳淞江下游演變新解〉，《學術月刊》，1998 年 8 期，頁 89。

〔註 8〕傅林祥，〈吳淞江下游演變新解〉，《學術月刊》，1998 年 8 期，頁 90、93、94。

〔註 9〕傅林祥，〈吳淞江下游演變新解〉，《學術月刊》，1998 年 8 期，頁 93。

浦至南蹌浦口的下游河道，其所流經地方，若是今蘇州河，如此，此段淤塞河道，於明代，係在哪一時期被浚通？

本文旨在探討三個問題：（一）明初范家浜、南蹌浦口的地理位置；（二）夏原吉所放棄整治的吳淞江下游河道於明代中晚期如何浚通；（三）今黃浦江從松江區一帶至復興島的河段是如何構成。為闡明前述諸問題，除廣徵文獻外，尚須借助明代刊行的上海縣志、松江府志及相關水利志書等所刊載的地圖。

二、夏原吉治水江南

要論述范家浜與南蹌浦口的地理位置，首須瞭解夏原吉的治水疏中，對這二個地點的描述。

永樂元年至永樂三年，環太湖周邊的蘇州、松江、湖州、嘉興等府，連續三年發生大水災，如松江府所屬的上海縣、華亭縣、青浦縣，均有「永樂初年，連歲大水；乙酉（永樂三年）夏六月朔，雨至於十日，高原積水，窪下丈餘」，相同內容的記載。〔註10〕由於災情嚴重，明成祖於永樂元年四月特派戶部尚書夏原吉前往江南治水。夏原吉首先挑浚華亭縣、上海縣的運鹽河、曹涇分水港，以及金山衛的閘港。〔註11〕經四個月的整治，仍無法平息水患，明成祖乃派右僉都御史俞士吉攜帶《水利集》給夏原吉參考。夏原吉於永樂元年八月，提出其全盤的治水計畫：

> 按吳淞江舊袤二百五十餘里，廣百五十餘丈，西接太湖，東通大海。前代屢疏導之，然當潮汐之衝，沙泥淤積，屢浚屢塞，不能經久。自吳江長橋至下界浦（夏駕浦），約百二十餘里，雖云疏通，多有淺窄之處。自下界浦抵上海縣南蹌（蹌）浦口，可百三十餘里，潮沙壅漲，菱蘆叢生，已成平陸；欲即開浚，工費浩大，且灟沙游泥，泛泛動盪，難以施工。臣等相視，得嘉定之劉家港，即古婁江，徑

〔註10〕清・李文耀，《乾隆上海縣志》（希見中國地方志匯刊第1冊，據清乾隆十五年刻本影印，北京：中國書店，2007年），卷12，〈祥異〉，頁2下。清・楊開第，《重修華亭縣志》（中國方志叢書華中地方第45號，據清光緒四年刊本影印，臺北：成文出版社，1970年），卷23，〈雜志〉，頁14下：「永樂初，連歲大水，三年夏六月朔，雨至於十日，高原水數尺，窪下丈餘。」清・陳其元，《青浦縣志》（中國方志叢書華中地方第16號，清光緒五年刊本影印，臺北：成文出版社，1970年），卷29，〈雜記〉，頁上2：「永樂初年，連歲大水。永樂三年夏六月朔，雨至十日不休，高原水數尺，窪下積丈餘。」

〔註11〕清・宋如琳，《嘉慶松江府志》，卷10，〈山川志〉，頁29。

通大海；常熟之白茆港，徑入大江，皆係大川，水流峻急。宜浚吳
松江南北兩岸安亭等浦港，以引太湖諸水入劉家、白茆二港，使直
注江海。又松江之大黃浦，乃通吳松要道，今下游壅塞，難以疏浚，
傍有范家濱（浜）至南蹌浦口，可徑達海，宜浚令深闊，上接大黃
浦，以達洳湖之水，此即《禹貢》三江入海之跡。〔註12〕

可知吳淞江原為排放太湖水入海的主要幹道，全長 250 里（123.8 公里），寬
度曾達 150 丈（495 公尺），但從元代以來，此一河道已淤塞嚴重，成為江南
地區多水患的原因。至明初，其淤塞詳情，據夏原吉的勘查：其下游從吳江
縣長橋至昆山縣夏駕浦，長約 120 餘里（59.4 公里），雖曾派工疏浚，但仍有
淺窄地方。至於其下游從夏駕浦至上海縣南蹌浦口，約 130 里（64.4 公里），
因主要受海潮挾帶泥沙的浸灌，河床已淤成平地，以致蘆葦叢生；若要開浚
此一河段，不僅工程浩大，而且浮泥泛盪，難予施工。因此夏原吉採納元代
周文英的方策，〔註13〕決議放棄吳淞江下游河段的整治，為疏洩太湖水入長
江與大海，夏原吉另開創三條排水幹河，即所謂的「新三江」：〔註14〕嘉定縣
的劉家港、常熟縣的白茆港，以及松江府的黃浦。此一導水工程，實際執行
方策如下：

（一）吳淞江上游河道，雖「多有淺窄之處」，尚可通流太湖水，為導引
該段的河水入江海，夏原吉於吳淞江中段，開挑夏駕浦（昆山縣）、新洋江（昆
山縣），以及安亭浦（昆山縣與嘉定縣交界）等枝河，北調太湖水，一路由劉
家港入大海，另一路循白茆港入長江。（見圖 1）此一「挈淞入劉」方策，論

〔註12〕明・夏原吉，《明太宗實錄》（央央研究院歷史語言研究所校勘國立北平圖書館
　　　　紅格本，臺北：中央研究院，1966 年），卷 22，頁 1 上下，永樂元年 8 月戊申。
〔註13〕清・顧炎武，《天下郡國利病書》（臺北：廣文書局，1979 年），卷 20，〈江南
　　　　五・嘉定縣水利考〉，頁 2 下。
〔註14〕據鄭肇經，《太湖水利技術史》（北京：農業出版社，1987 年），第 2 章，〈太
　　　　湖主要水系的歷史變遷〉，頁 21、24、33：太湖平原在發育過程中，因受海灣
　　　　內外潮汐漲落的影響，自然地保留著幾個大缺口，最後形成為通向大海的三
　　　　大河流，後人總稱為太湖三江。《禹貢》有「三江既入，震澤底定」的記載。
　　　　但自漢代以來，對「三江、的解釋，眾論紛紜，說法不一。直到晉代（公元
　　　　320 年左右）庾仲初作《揚都賦》在自注中才明確指出，太湖東注為松江，東
　　　　北入海為婁江，東南入海為東江。……北宋水利家郟亶論太湖水利，指出婁
　　　　江、東江已經淤塞，只存吳淞一江了。可知婁江的湮廢，大約在八世紀後
　　　　期。……婁江的淤塞是由於東北海岸線的向外伸漲，而東江的消失，則與東
　　　　南海塘的修築有密切關係。

其目的，除排水的原因外，另有一說係為濟注劉家港的水量，因當時南糧北運採行海運，海運的啟航港口，即是太倉州的劉家港，故《河渠紀聞》載：「蓋其時，猶循海運，自元以來，劉河為總運出海之道，鑿夏駕浦、顧浦引淞江之水，皆入劉河助運，蓋重在運，而不在河也。」〔註15〕

（二）既然放棄開浚吳淞江下游河道（夏駕浦—南蹌浦口），原會入吳淞江下游的南岸各塘浦的河水，則改匯流於黃浦，依《讀史方輿紀要》載：「明初，吳淞江淤塞，自上海關橋（縣治西北約 30 里）以西之水，悉壅入三泖，而黃浦當其下流。」〔註16〕黃浦原本係吳淞江下游南岸較大的一條支河，故稱「大黃浦」，但於永樂初年，其下游會入吳淞江處，也遭泥沙「壅塞」，導致河水泛溢，造成松江府的災情。此段淤塞河道，疑為上海浦，〔註17〕依《東吳水利考》載：

> 上海浦，即大黃浦下流合江處。〔註18〕

又《三吳水考》：

> 上海浦，在縣治東北，即大黃浦下流合江處。〔註19〕

上海浦位於上海縣治東北方，係屬吳淞江下游南岸的一條支河。（另詳見三節三項〈南蹌浦口的方位〉）在北宋時期，依郟亶所述當時吳淞江南岸的 27 條

〔註15〕清‧康基田，《河渠紀聞》（中國水利要籍叢論第 2 集，臺北：文海出版社，1970 年），卷 8，頁 18 下～19 上。

〔註16〕清‧顧祖禹《讀史方輿紀要》（臺北市：洪氏出版社，1981 年），卷 24，〈上海縣‧黃浦〉，頁 1146；又同書，卷 24，〈嘉定縣‧吳淞江〉，頁 1121：「永樂二年，夏原吉奉命治水，……復濬上海縣范家浜掣江水南達黃浦入海，而故道直流百里之江，遂棄而不治。」明‧張國維，《吳中水利全書》（中國水利志叢刊第 50 冊，明崇禎十年刻本，揚州：廣陵書社，2006 年），卷 26，〈袁黃東南水利策對擬〉，頁 10 下：「自華亭開黃浦，掣三泖以達范家浜，而泄吳江。」

〔註17〕鄭肇經，《太湖水利技術史》，第 2 章，〈太湖主要水系的歷史變遷〉，頁 46：「夏原吉所說的黃浦下流過塞難浚的河段，疑即原黃浦下游接通吳淞江的上海浦。」滿志敏，〈黃浦江水系：形成和原因——上海經濟可持續發展基礎研究之一〉，《歷史地理》第 15 輯（1999 年 10 月），頁 137：「黃浦江水系形成初期的黃浦是指今黃浦江龍華到閘港附近的這一河段。……其中黃浦之北又接上海浦入當時的吳淞江。」

〔註18〕明‧王圻，《東吳水利考》（中國水利志叢刊第 59 冊，明刻本，揚州：廣陵書社，2006 年），卷 6，〈松江府水利圖說〉，頁 8 上；清‧史彩，《康熙上海縣志》（清康熙 22 年刻本），卷 2，〈諸水〉，頁 16 上：「上海浦，即大黃浦下流合江處。」

〔註19〕明‧張內蘊，《三吳水考》（文淵閣四庫全書史部地理類第 577 冊，臺北：臺灣商務印書館），卷 4，〈上海縣水道考〉，頁 30。

大浦，〔註20〕以及明代歸有光《三吳水利錄》引用北宋仁宗嘉祐年間吳淞江南岸47條大浦中，〔註21〕都沒有列出黃浦或大黃浦，但均有上海浦。可知在黃浦的水系發育過程中，其初期河道僅指今閘港至龍華（上海縣治西南18里）這一段；龍華以北，則籍由上海浦北入吳淞江。〔註22〕

夏原吉考量黃浦的下游段（上海浦）淤塞嚴重，也「難以疏浚」，於是採納華亭縣人士葉宗行等人的建言，在此段壅塞河道的旁邊，另開挑范家浜，以南接黃浦，以導引太湖、三泖的河水，至南蹌浦口會入原吳淞江河道，直接由吳淞海口入海。〔註23〕經一個多月的整治，開浚後的范家浜，其寬度30丈（99公尺），〔註24〕至於長度，夏原吉於永樂二年九月的完工疏中，僅籠統敘述：「浚松江大黃浦、赤鴈浦、范家浜共萬二千丈（39.6公里），而下游疏通矣」；〔註25〕對於范家浜起迄點，雖無明確敘述，但從原本黃浦的下游河道係屬上海浦，從其旁開浚范家浜，取代已遭淤塞的上海浦，可推知：范家浜的流向，應與上海浦相同，屬於南北向；且上海浦係位於龍華港以北至吳淞江，（見圖7）則范家浜河道，似也應在龍華港一帶，北至南蹌浦口。

明永樂二年九月夏原吉雖呈上完工疏，但從永樂三年松江府仍有大水患發生，可知各項治水工程能發揮防洪作用，當在永樂四年以後。黃浦既成為新三江之一，其河道係由三段河道所構成：黃浦、范家浜、南蹌浦口以下至吳淞海口的原吳淞江河道，（見圖1、圖2）所發揮的疏洩功能，有利於減緩太湖東南方松江府所屬州縣的水患，依《西園聞見錄》載：「松江（府）澤國，水利為重，……黃浦之開。則自永樂四年，葉錢塘（宗行）發之，夏忠靖（原

〔註20〕明・王鏊，《正德姑蘇志》（天一閣藏明代方志選刊續編第11集，上海：上海書店，1990年），卷11，〈水利上・郟亶又上治田利害〉，頁15上下。
〔註21〕明・歸有光，《三吳水利錄》（中國水利志叢刊第61冊，清別下齋校本，揚州：廣陵書社，2006年），卷4，頁10下。
〔註22〕滿志敏，〈黃浦江水系：形成和原因——上海經濟可持續發展基礎研究之一〉，《歷史地理》第15輯（1999年10月），頁137。清・史彩，《康熙上海縣志》，卷1，〈鎮市〉，頁7上：「龍華鎮，在二十六保，縣治西南十八里，以龍華古剎著名。」
〔註23〕清・顧祖禹《讀史方輿紀要》，卷24，〈上海縣・黃浦〉，頁1146：「永樂初，夏原吉乃導黃浦綠范家浜，以達吳淞江，其入江處曰南蹌浦口，自是匯流以入海。」
〔註24〕明・王圻，《東吳水利考》，卷7，〈水道第一〉，頁下：「永樂元年，邑人葉宗行，上書言，浚江通海，引流直接黃浦，闊三十丈。」
〔註25〕明・夏原吉，《明太宗實錄》，卷34，頁4下～5上，永樂2年9月戊辰。

吉）成之，其利甚大。去年水潦，聞父老言，較之永樂三年之水，今年尚少三、四尺。然永樂三年，以連雨十日而大潦，今年連雨月餘而潦，何昔之水反多，今之水反少耶。蓋昔以黃浦未開，洩水之道隘；今以黃浦既通，而洩水之道徑耳，使洩水斯便而少潦矣。」〔註26〕

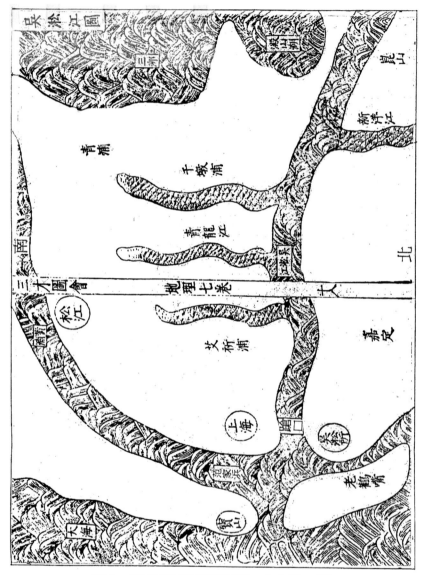

圖 2：明代范家浜與吳淞江交會蹌口圖

資料來源：明・王圻，《三才圖會》，卷 7，〈地理〉，頁 18。

〔註26〕明・張萱，《西園聞見錄》，卷 90，〈工部四・水利〉，頁 19 下～20 上。

三、范家浜與南蹌浦口的地理位置

從前述夏原吉的治水過程，可知范家浜與南蹌浦口的地理位置，事關吳淞江、黃浦二河道的變遷，可惜夏原吉的治水疏中，並未明確說明，因此要探討此一問題，先須瞭解永樂初年吳淞江下游河道的流向。

（一）永樂初年吳淞江下游河道流向

明初，吳淞江下游河道，從嘉定縣黃渡鎮（縣西南 36 里）以下，流經何處，依正德七年（1512）撰修的《松江府志》：

> 今松江，自吳江長橋，東流至尹山，北流至甫里，東北流至澱山（湖），北合趙屯浦，又東合大盈浦，又東合顧會浦，又東合崧子浦、盤龍浦，凡五大浦，至宋家橋，轉東南流，與黃浦會而入海，其將入海處，別名滬瀆。〔註27〕

又嘉靖三年（1524）撰修的《嘉靖上海縣志》：

> 宋家橋，當黃浦松江交會處。〔註28〕

又《三才圖會》：

> 按吳淞江，禹貢三江之一也。松陵江其源自吳江長橋，東流至尹山，北流至甫里，東北流至澱山，北合趙屯浦，又東合大盈浦，又東合顧會浦，又東合松子浦，凡五大浦，至宋家橋，與黃浦合流入海，是淞江洩太湖之水。〔註29〕

吳淞江自吳江縣長橋（太湖入水口），東經趙屯等五大浦，至上海縣宋家橋，在何處與黃浦交會，明代史料，如《正德松江府志》、《正德華亭縣志》〔註30〕、《王侍類稿》〔註31〕；《吳中水利全書·侯峒曾開濬吳淞江考略》

〔註27〕明·顧清，《正德松江府志》（天一閣藏明代方志選刊續篇第 5、6 冊，上海：上海書店，據明正德壬申刻本影印），卷二，〈水上〉，頁 2 上。

〔註28〕明·鄭洛書，《嘉靖上海縣志》（民國 21 年傳真社影印吳興周越然刊本），卷 3，〈建置·橋〉，頁 10 上。

〔註29〕明·王圻，《三才圖會》（四庫全書存目叢書子部類書類 190 冊，北京大學圖書館藏明萬曆三十七年刻本，濟南：齊魯出版社，1995 年），卷 7，〈地理〉，頁 19 上。

〔註30〕明·沈德錫，《華亭縣志》（域外漢籍珍本文庫第三輯，據正德十六年序刊本影印，重慶市：西南師範大學出版社，2012 年），卷 2，〈水上〉，頁 1。

〔註31〕明·王圻，《王侍御類稿》（四庫全書存目叢書集部別集類第 140 冊，據明萬曆四十八年王思義刻本影印，臺南：莊嚴文化出版社，1997 年），卷 9，〈開濬吳淞江議〉，頁 40 上：「松江，又名松陵江，其源出震澤，自吳江長橋東

〔註 32〕；清代史料，如《嘉慶松江府志》〔註 33〕、《光緒青浦縣志》〔註 34〕、《肇域志》等，〔註 35〕均載「至宋家橋，轉東南流，與黃浦會而入海。」但明代史料，如《嘉靖上海縣志》、《東吳水利考》〔註 36〕、《續文獻通考》〔註 37〕，及清代史料《天下郡國利病書》等，〔註 38〕則載：「至宋家橋，與黃浦合流入海」。為何黃浦與吳淞江交會處，有這兩種不同的記載，茲論述如下：

宋家橋（約今福建路橋附近）位於上海縣治西北，此地為宋氏家族居住地，故橋樑名稱乃以姓氏來命名，依《正德松江府志》載：

> 宋家橋，以大姓名，當黃浦、松江會合處。弘治間，潮沙衝激，浦徙而東南，遂廢。有過客留題云：「黃浦中流陳氏墓，吳松平宋家橋」；陳氏，謂陳參政質也。〔註 39〕

又《同治上海縣志》：

> 《明史·河渠志》、齊召南《水道提綱》屢言：吳松江東至宋家橋，橋以大姓名，當黃浦、松江會合處。宏（弘）治間，潮沙衝激，浦徙而東南，遂廢。有過客留題云：「黃浦中流陳氏墓，吳松平地宋家橋」。陳氏謂參政質也，此則宋家橋在舊吳松江上，自江南合於浦，舊址為平陸，故其時橋在陸地，今並其址，不可考矣。〔註 40〕

流，……至澱山北合趙屯浦，東合大盈浦，又東合顧會浦，崧子浦、盤龍浦，凡五大浦，而至宋家橋東南流，與黃浦會而入海。」王圻提出此議是在萬曆年間，當時吳淞江與黃浦交會於宋家橋東南，故有如是的記載。至於王圻其它 3 本著作《三才圖會》、《東吳水利考》、《續文獻通考》對於吳淞江與黃浦的交會處，則是記載「至宋家橋，與黃浦合流入海」。

〔註 32〕明·張國維，《吳中水利全書》，（中國水利志叢刊），卷 19，〈侯峒曾開濬吳淞江考略〉，頁 44 下：「至宋家橋東南流，又納黃浦之水，以入海。」

〔註 33〕清·宋如琳，《嘉慶松江府志》，卷 8，〈山川志·松江〉，頁 6 上。

〔註 34〕清·陳其元，《光緒青浦縣志》，卷四，〈山川〉，頁 5 下。

〔註 35〕清·顧炎武，《肇域志》（續修四庫全書第 588 冊，史部地理類，據上海圖書館藏清抄本影印，上海：上海古籍出版社，2002 年），〈江南九·松江府〉，頁 32。

〔註 36〕明·王圻，《東吳水利考》（中國水利志叢刊），卷 2，〈松江歷代濬治考〉，頁 56 上下。

〔註 37〕明·王圻，《續文獻通考》，（京都：中文出版社，1979 年），卷 10，〈田賦考·三江考·松江〉，頁 10 下～11 上。

〔註 38〕清·顧炎武，《天下郡國利病書》，卷 16，〈江南四·吳江縣〉，頁 8 上。

〔註 39〕明·顧清，《正德松江府志》，卷 10，〈橋樑·上海縣市諸橋〉，頁 20 下。

〔註 40〕清·應寶時，《同治上海縣志》，卷 3，〈水道上·橋樑〉，頁 24 下～25 上。

可知：1. 宋家橋跨座在吳淞江上，其地點依《東吳水利考》卷七〈吳淞江圖說〉，此幅地圖上，在上海縣治西北，臨吳淞江南岸，地名稱為「二壩」地方，有圖說註明「此處有宋家橋跨江」。（見圖 3）此地稱為二壩的源由，係因嘉靖元年工部尚書李充嗣為防潮沙湧灌，淤塞河道，建置吳淞江石閘於頭壩的關橋（今曹家渡以東，靜安寺以西的吳淞江上）；（見圖 3）後毀壞，嘉靖三十六年巡撫翁大立又建議在宋家橋再建石閘，隆慶初年，海瑞予以完成，故此地稱為二壩。〔註 41〕2. 在弘治朝以前，黃浦與吳淞江係交會於宋家橋，後因「潮沙衝激」，黃浦稍徙向東南，江浦交會處，東移至今蘇州河口，西距宋家橋約3、4 里。〔註 42〕此後至清代，就吳淞江的立場，習慣爆仍稱宋家橋為「吳淞江口」，如《三吳水考・題請開江工費疏》：「自上海縣江口宋家橋，至嘉定縣艾祁八十里，曾經前巡撫都御史海瑞開濬。」〔註 43〕《皇朝經世文編・濬吳淞江建閘議》：「似宜於江口宋家橋為始，迆西至滬瀆以東，置閘三座。」〔註 44〕《皇朝經世文編・劉河建大閘記》：「吳淞江大胹，設於江口宋家橋者，率相倣云。」〔註 45〕3. 為敘述弘治年間，黃浦小改道後，此一地區地理形勢的變遷，《正德松江府志》引用過客的詩句，「黃浦中流陳氏墓，吳松平地宋家橋」，來述說：原位於河道上的宋家橋變成陸地，原安葬在平地上的陳氏墓則變為河道。陳氏即是陳質（宣德 4 年進士），上海人，累官至山東左參政，卒於成化 5 年（1469）。〔註 46〕

〔註 41〕清・應寶時，《同治上海縣志》，卷 3，〈水道上・堰胹〉，頁 22 下。

〔註 42〕此 3、4 里的數據，出自清・陶澍著，許喬林編，《陶文毅公（澍）全集》（近代中國史料叢刊第 29 輯 281 冊，臺北：文海出版社，1968 年），卷 28，〈請拆除吳淞江口閘附片〉，頁 9 下：「緣閘（金家灣新閘）距吳淞黃浦合流之處，僅六、七里」；而民國・吳馨，《民國上海縣志》，卷 1，〈紀年〉，頁 32 下～33 上：「雍正十三年，移建吳淞石胹於金家灣（東距舊閘三里）。」舊閘在於宋家橋，故宋家橋距江口約 3、4 里。

〔註 43〕明・張內蘊，《三吳水考》，卷 11，〈題請開江工費疏〉，頁 9 下。

〔註 44〕清・賀長齡，《皇朝經世文編》（近代中國史料叢刊第 74 輯 731 冊，據清光緒十二年校本影印，臺北：文海出版社，1972 年），卷 113，〈工政 19・張宸濬吳淞江建閘疏〉，頁 17 上。

〔註 45〕清・賀長齡，《皇朝經世文編》，卷 113，〈工政 19・黃與堅劉河建大閘記〉，頁 18 下。

〔註 46〕明・顧清，《正德松江府志》，卷 29，〈人物三〉，頁 15 上下。

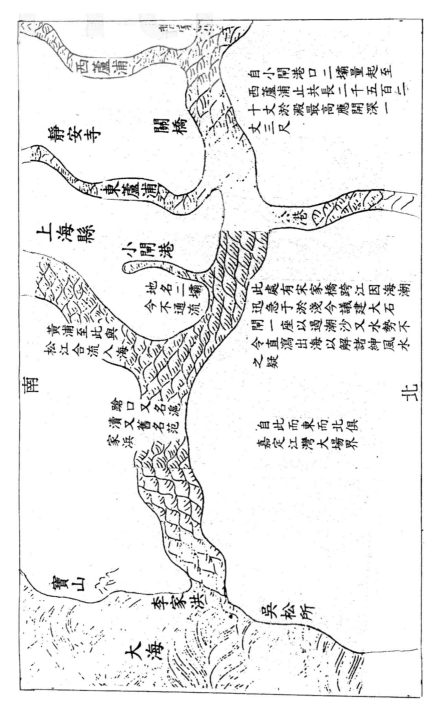

圖3：明代宋家橋、關橋、范家浜、蹌口、李家洪海口位置圖

資料來源：明‧王圻，《東吳水利考》，卷7，〈吳淞江圖畫〉，頁9下～10上。

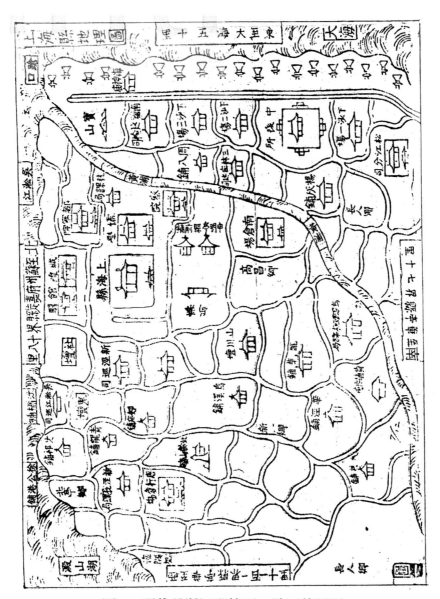

圖 4：明代吳淞江巡檢司、蹌口位置圖

資料來源：明・唐錦，《弘治上海志》，〈上海縣地理圖〉，頁 11、12。

　　另從《弘治上海志》所載〈上海縣地理圖〉，〔註47〕（見圖4）此幅圖中所繪的吳淞江，其河道係位於上海縣治北，並標示吳淞江巡檢司位在吳淞江南岸。吳淞江巡檢司位於縣治西北 30 里（高昌鄉二十七保），設置於洪武五

───────────────

〔註47〕明・唐錦，《弘治上海志》（天一閣藏明代方志選刊續篇第 7 冊，據明弘治刻本影印；上海：上海書店，1990 年），〈上海縣地理圖〉，頁 11、12。

年（1372）。〔註48〕又《東吳水利考》所載〈吳淞江圖說〉，該地圖於吳淞江下游的東蘆浦與西蘆浦之間，標示關橋（正名稱吳淞江橋）（見圖3）關橋位於宋家橋西側，南邊即是吳淞江巡檢司，故俗稱關橋；此橋係成化十九年（1483）上海知縣劉琬所建，因該橋位於「江口急流」，不出幾年即毀壞，於弘治、隆慶二朝，知縣郭經、張鏜都曾經修建過。〔註49〕

從以上的論證：弘治朝以前，吳松江與黃浦交會於宋家橋，弘治朝以後，轉會於宋家橋東南；以及宋家橋位於上海縣治西北的二壩地方，吳淞江巡檢司設於洪武五年，關橋建於成化十九年，以及《正德松江府志》、《嘉靖上海縣志》所載江浦交會於宋家橋，可知夏原吉治水時，當時吳淞江的下游河道，即是今蘇州河，而非今虹江河道；往後至隆慶四年（1570）海瑞開通吳淞江下游河道前（詳見本文第四節「開通吳淞江下游河道」），吳淞江主泓道仍指今蘇州河，故清康熙11年（1672），江蘇巡撫馬祐督浚吳淞江下游（今蘇州河），從徐公浦（位於關橋附近）至黃浦口，長72里（35.6公里），乃謂「復吳淞故道，而夏原吉之遺跡盡矣。」〔註50〕

（二）范家浜的方位

弘治朝以前，黃浦與吳淞江既交會於宋家橋，因此夏原吉開浚范家浜於南蹌浦口會入吳淞江的地理位置，即可推知：1. 南蹌浦口不可能位於今復興島一帶；2. 范家浜河道的起迄點，也不可能是今黃浦江從蘇州河口至復興島的河段。

夏原吉尚未開鑿范家浜之前，范家浜係屬黃浦東側的一條支流，〔註51〕要瞭其方位，依《讀史方輿紀要》：

〔註48〕明・唐錦，《弘治上海志》，卷5，〈建設志・公署〉，頁14下；明・鄭洛書，《嘉靖上海縣志》卷3，〈建置・巡檢司五〉，頁3下；清・顧祖禹，《讀史方輿紀要》，卷24，〈上海縣・吳淞江〉，頁1146。

〔註49〕明・顧清，《正德松江府志》，卷10，〈橋樑・上海縣市諸橋〉，頁20下；明・唐錦，《弘治上海志》，卷5，〈建設志・津梁〉，頁22下；清・應寶時，《同治上海縣志》，卷3，〈水道上・橋樑〉，頁25上。

〔註50〕民國・陳傳德，《民國嘉定關續志》（中國方志叢書華中地方第170號，民國十九年鉛印本，臺北：成文出版社，1974年），卷4，〈治蹟〉，頁14下。

〔註51〕明・顧清，《正德松江府志》，卷2，〈水上〉，頁34上：「馬家浜、東溝浦、西溝浦（在馬家浜左右）、范家浦、入海浦（在范家北，其東為大蹌浜），自馬家浜以下，並西入黃浦。」明・王圻，《東吳水利考》，卷6，〈松江府水利圖說〉，頁21上：「黃浦，……西流為楊淄港（在三林北），又有沈莊塘、周浦塘、馬家浜、東溝、西溝、范家諸浦，皆西入黃浦，其下流合江處，曰上海浦。」

范家浜，在今（松江）府東二十五里（12.4 公里），東北通上海之南
蹌浦口，達於吳淞江。明洪武中，吳淞江淤塞，郡人（華亭縣）葉
宗行上言：疏濬范家浜，可接黃浦入海，從之。……今亦名范家浦。
〔註 52〕

又《御定資治通鑑綱目三編》：

大黃浦，在松江府東南十八里（8.9 公里），首受三泖諸水，東流經
華亭諸縣，至上海縣東北，合吳淞江入海。

范家浜，在松江府東二十五里。〔註 53〕

又《明一統志》：

范家浦，在黃浦東北，舊名范家浜，本朝洪武間，浜因吳淞江淤塞，
潮汐不通，郡人葉宗行上言：疏浚，接黃浦入海，因改曰浦。〔註 54〕

又《東吳水利考》：

黃浦，在縣（上海縣）東。……其源受杭州、嘉興之水，……迤至
南廣福寺（今閘港一帶），則折而北趨於縣（上海縣），受東西兩涯
之水，稍北舊名范家浜，洪武間，吳淞江淤塞，潮汐不通，永樂元
年，邑人（華亭縣）葉宗行，上書言：浚江通海，引流直接黃浦，
闊三十丈，遂以浦名，今橫闊二里許，又折而東北，合于吳淞江以
達海。〔註 55〕

又《康熙上海縣志》：

范家浦，在縣（上海）東北，舊名范家浜。〔註 56〕

又《乾隆江南通志》：

范家浜，在上海縣東，即大黃浦，明尚書夏原吉所開。〔註 57〕

又《嘉靖上海縣志》：

（吳淞江）東流與黃浦會處，別名宋家港，又名減水河，又東為范

〔註 52〕清・顧祖禹，《讀史方輿紀要》，卷 24，〈華亭縣・黃浦〉，頁 1140。

〔註 53〕清・張廷玉，《御定資治通鑑綱目三編》（四庫全書珍本七集，本北：臺灣商
　　　　務印書館），卷 5，頁 4 下。

〔註 54〕明・李賢，《明一統志》（四庫全書珍本六集，臺北：臺灣商務印書館），卷 9，
　　　　〈松江府〉，頁 4 下。

〔註 55〕明・王圻，《東吳水利考》，卷 7，〈上海縣水利圖說・水道第一〉，頁 2 上下。

〔註 56〕清・史彩，《康熙上海縣志》，卷 2，〈諸水〉，頁 19 下。

〔註 57〕清・黃之雋，《乾隆江南通志》（中國省志彙編之一，據清乾隆二年重修本影
　　　　印，臺北：臺灣華文書局，1967 年），卷 12，〈輿地志・山川〉，頁 31。

家浜，以抵南蹌浦口，即永樂初，夏尚書原吉疏浚黃浦下流接濟達

海，時人概謂之江，以境內松江之始末也。〔註58〕

又萬曆六年松江府水利通判蔣守成〈查訪范家垞呈文〉：

查勘得該縣（上海）境內，並無范家垞，止有大黃浦口舊名范家浜，

見今深通，潮水迅急，隨訪土民言稱：先年縣治東南龍華港口大黃

浦中，漲出沙垞一段約計百畝，人擬此為范家垞。〔註59〕

又《皇朝經世文編·滬城水利考》：

今傍城赴東北出口之水，古之范家濱也。自元明以前，江甚闊，故

浦附江以入海。〔註60〕

依前述九則資料，可知：1. 建議開挑范家浜者，為松江府華亭縣人士葉宗行，

當地人對當地水文最為清楚，故夏原吉整治黃浦，即著重在華亭縣，依《吳中

水利全書》袁黃的〈東南水利策對擬〉：「永樂二年，夏原吉善言水利，得葰茲

土。……自華亭開黃浦，掣三泖，以達范家浜，而泄吳江。」〔註61〕2. 一條

河道不論大小均有長度，前三則引文內容係敘述范家浜的南端位置，後六則是

描述其北端位置，因此，從「在松江府東二十五里」、「在黃浦東北」，「大黃浦，

在松江府東南十八里」，可知范家浜，其南端位在松江府治東 25 里（今松江區

東 12·4 公里）。但經夏原吉開浚後，據「在上海縣東」、「上海縣東北」、「（吳

淞江）東流與黃浦會處，別名宋家港，又名減水河，又東為范家浜，以抵南蹌

浦口」、「今傍城赴東北出口之水，古之范家濱也」，可知范家浜，其北端係鄰

近上海縣治的東邊或東北方（南蹌浦口）。至於范家浜的河道長度，依《正德

松江府志》載：上海縣治，位在松江府城東北方 90 里（44.6 公里），〔註62〕而

范家浜位在松江府治東 25 里，可推知范家浜的長度約有 65 里（32.2 公里）。

明代有關上海地區的水利圖，有四幅明確標示范家浜的位置，即《崇禎松

江府志》所載〈松江府水利總圖〉、（見圖 5）〈三江圖〉，（見圖 6）〈上海縣水

利圖〉，（見圖 7）與《三才圖會》的〈吳淞江圖〉。（見圖 2）這四幅地圖如何呈

現范家浜的河道區位，其中〈松江府水利總圖〉，最為明確，它將黃浦的河道，

〔註58〕明·鄭洛書，《嘉靖上海縣志》，卷 1，〈山水〉，頁 3 上。

〔註59〕明·張內蘊，《三吳水考》，卷 13，〈查訪范家垞呈文〉，頁 18 下。

〔註60〕清·賀長齡，《皇朝經世文編》，卷 113，〈工政十九·褚華滬城水利考〉，頁 24
上。

〔註61〕明·張國維，《吳中水利全書》，卷 6，〈袁黃東南水利策對擬〉，頁 10 下。

〔註62〕明·顧清，《正德松江府志》，卷 1，〈沿革〉，頁 2 下。

南從竹岡塘（松江府治東約 60 里，上海縣十六保）一帶，北至上海縣治東（江浦交會口以南），約 30 里（14.9 公里）河段，標示為范家浜。另〈三江圖〉，也將江浦交會口以南，臨上海縣治東的黃浦段河道，註明為「范家浜故道」，並有文字說明「自夏忠靖（原吉）開范家浜，今成大黃浦。」（上海縣水利圖），係將江浦交會口的宋家港口（宋家橋）以南，上海縣治東的黃浦段，註明「黃浦即范家浜」。〈吳淞江圖〉也將江浦交會口以南的黃浦，標為范家浜。

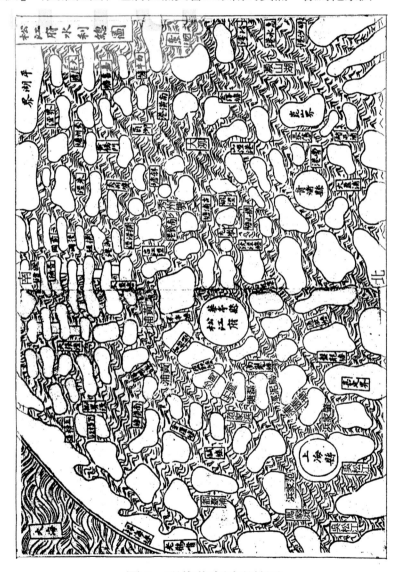

圖 5：明代范家浜形勢圖

資料來源：明・方岳貢，《崇禎松江府志》，卷 1，〈圖經・松江府水利總圖〉。

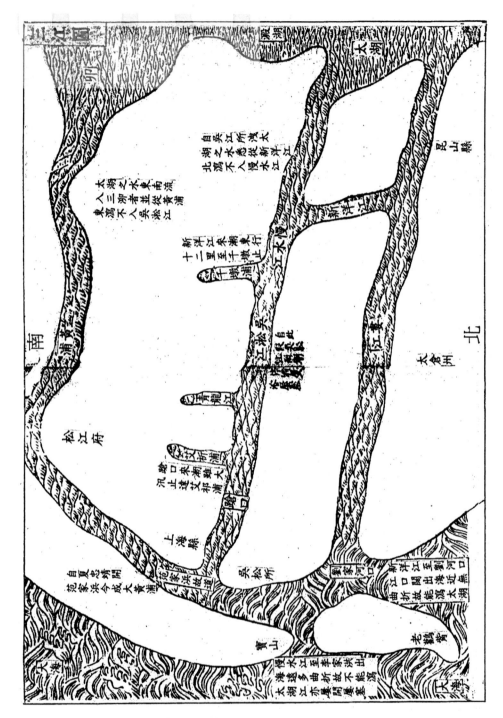

圖 6：明代蹌口、范家浜位置圖

資料來源：明・方岳貢，《崇禎松江府志》，卷1，〈圖經・三江圖〉。

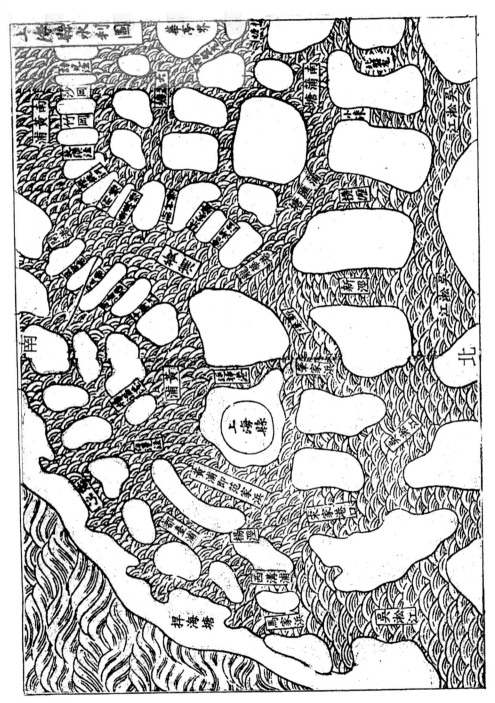

圖7：明代宋家港口、范家浜、馬家浜、西溝浦、都臺浦位置圖

資料來源：明·方岳貢，《崇禎松江府志》，卷1，〈圖經·上海縣水利圖〉。

從前述的論證，明初，范家浜河道，應南從松江府志東 25 里，北至上海縣治東北；以今黃浦江言，係從蘇州河口以南至松江區東 12.4 公里的河道，而非今蘇州河口以北至復興島的河段。於永樂二年剛開浚時，范家浜寬度約 30 丈（99 公尺），由於原會入吳淞江下游河道的水量，大多轉匯集於黃浦，於晚明，其寬度已擴增至「二里許」（990 公尺），〔註 63〕故《同治上海縣札記》記載：「范家浜，按府志，為潮衝沒，并入陸家嘴南大浦中。」〔註 64〕

（三）南蹌浦口的方位

范家浜與吳淞江交會於南蹌浦口，南蹌浦口此一名詞出現在文獻中，有多種不同字樣，《春明夢餘錄》：

> 又大黃浦充壅，傍浚范家浜，間道注蹌口，皆引水北流，以順其勢。
> 〔註 65〕

《吳中水利全書·呂光洵松江府境水利說》：

> 永樂初，夏忠靖公原吉以淞江淤塞，……又以黃浦為通江要道，度其旁有范家浜，至南蹌口可徑入海，乃濬令深廣。〔註 66〕

《大清一統志》：

> 永樂二年，夏原吉以黃浦為通江要道，其旁至南蹌口，可徑入海，乃濬令廣深，上屬黃浦，盡縱諸水入浦，不得東注淞江。〔註 67〕

《欽定續文獻通考》：

> 成祖永樂元年四月，命戶部尚書夏原吉治蘇松嘉湖水患，……今下流壅塞，難即疏浚，旁有范家浜至黃浦口、蹌浦口（黃浦口、蹌浦口，河渠志作南倉浦口），可徑達海，宜浚令深闊。〔註 68〕

可知蹌口、南蹌口、蹌浦口等名詞，均同為南蹌浦口的簡稱或別稱。

〔註 63〕明·王圻，《東吳水利考》，卷 7，〈上海縣水利圖說·水道第一〉，頁 2 下；明·方岳貢，《崇禎松江府志》（明崇禎四年刊本影印自日本內閣文庫，臺北：漢學研究中心，1990 年），卷 5，〈水·黃浦〉，頁 12 下。

〔註 64〕清·秦榮光，《同治上海縣札記》，卷 1，頁 18 下。

〔註 65〕清·孫承澤，《春明夢餘錄》（臺北：大立出版社，1980 年），卷 43，〈兵部二〉，頁 24 上。

〔註 66〕明·張國維，《吳中水利全書》，卷 20，〈呂光洵松江府境水利說〉，頁 31 下。

〔註 67〕清·穆彰阿，《大清一統志》（續修四庫全書 614 冊，史部地理類，上海：古籍出版社，2002 年），卷 82，〈松江府一·山川〉，頁 9 上。

〔註 68〕清·乾隆官修，《欽定續文獻通考》（杭州：浙江古籍出版社，2000 年），卷 3，〈田賦三〉，考 2803。

南蹌浦口在何處，首先探究南蹌浦的方位，其次再論述南蹌浦口的位置。

南蹌浦原係吳淞江下游東岸的一條支河，其方位的記載，如《紹熙雲間志》：

> 上海浦，在（華亭）縣東北九十里。南蹌浦在（華亭）縣東北一百里。〔註69〕

《至元嘉禾志》：

> 上海浦，在（松江）府東北九十里。南蹌浦在（松江）府東北一百里。〔註70〕

《東吳水利考》：

> 南蹌浦，按顧彧志，在上海東北三十六里，其支流為東溝浦、西溝浦、馬家浜。今（上海）縣東北有水曰蹌港，曰大蹌浜，其南近都臺浦，疑即南蹌浦之故跡也。〔註71〕

《康熙上海縣志》：

> 南蹌浦，在二十二保。按顧彧志，在上海東北三十六里，其支流為東溝浦、西溝浦、馬家浜。今縣東北有水，曰蹌浦，曰大蹌浜，其南近都臺浦，疑即南蹌浜之故跡也。〔註72〕

《吳中水利通志》：

> 上海浦，即黃浦上流。南蹌浦，在上海東北，其支流為東溝浦、西溝浦、馬家浜。今縣東北為蹌港、大蹌浜，其南都臺浦。〔註73〕

綜上可知：1. 從馬家浜（上海縣南，在二十二保，通都臺浦）、東溝浦（馬家浜右側）、西溝浦（馬家浜左側，在二十二保）原為南蹌浦東岸的支流，〔註74〕（見圖5、圖7）可知南蹌浦為一條大浦，且係南北流向。2.《東吳水利考》引用顧彧於洪武3年修撰的《上海縣志》（現已失傳），南蹌浦位在上海縣治東北36里，《紹熙雲間志》與《至元嘉禾志》，均記載南蹌浦是位在松江府治

〔註69〕宋‧楊潛，《紹熙雲間志》（宋視地方志叢書，清嘉慶十九年刊本，臺北：大化書局，1980年），卷中，〈水〉，頁25右。

〔註70〕元‧徐碩，《至元嘉禾志》（宋元地方志叢書，臺北：大化書局，1980年），卷5，〈松江府〉，頁3右。

〔註71〕明‧王圻，《東吳水利考》，卷6，〈松江府水利圖說〉，頁8上下。

〔註72〕清‧史彩，《康熙上海縣志》，卷2，〈諸水〉，頁16上。

〔註73〕明‧不著撰者，《吳中水利通志》（中國水利志叢刊第57冊，明嘉靖三年錫山安國銅活字本，揚州：廣陵書社，2006年），卷2，〈松江府〉，頁3下。

〔註74〕清‧史彩，《康熙上海縣志》，卷2，〈諸水〉，頁16上。

東北 100 里，與上海浦相距 10 里；從本文第二節，上海浦位在上海縣治東北
側會入吳淞江，而上海縣治又位於松江府治東北 90 里，據此推知南蹌浦源頭
係在上海縣治東北 36 里處，往南流，於上海縣治東北約 10 里處（即南蹌浦
口），會入吳淞江，故《東吳水利考》記載：上海縣治東北的蹌港、大蹌浜，
「疑即南蹌浦之故跡」。

南蹌浦最遲於晚明以前業已堙塞，其堙塞的原因，扶《東吳水利考》的
記載：

> 舊志不載水道之改易多矣，如都臺浦，乃曹家溝之易名；黃浦乃范
> 家浜之故道；連溝、馬家浜，本南蹌浦支渠，其勢俱大，而南蹌反
> 微。諸若此者甚眾，今並存之，以俟參考。〔註75〕

范家浜浚通後，水勢日益壯盛，取代吳淞江，成為太湖水排洩入海的主要幹
道；水文的變化，也促使馬家浜、東溝浦等水勢巨大，導致南蹌浦水勢轉趨
微弱而堙塞。或許在范家浜及其以下河道寬度不斷擴增的情勢下，已趨堙塞
的南蹌浦已沒入南蹌浦口以下的黃浦河道中，〔註76〕馬家浜、東溝浦、西溝
浦則成為黃浦東岸的支流。（見圖 7）

至於南蹌浦口的地點，依《正德松江府志》載：

> 大海，環府之東南二境，……松江與黃浦會而入焉，其會處曰：蹌
> 口。〔註77〕

又《吳中水利全書・許應逵議築海塘呈》：

> 照得三吳水利，吳淞為中江，所繇入海之路，而江身則崑山、青浦、
> 嘉定、上海四縣共之。若關橋迤東至蹌口，則專屬之上海，蹌口之
> 外是為黃浦，黃浦之外，是為大海。……詢之居民，每云近者海水
> 頗鹹，大異往時，蓋往時海水迂迴而入黃浦，其來遠其味啖，乃今
> 漸逼蹌口，夫安得不鹹，然猶未也。李家洪距蹌口尚四十里而遙，
> 鹹猶未甚。〔註78〕

〔註75〕明・王圻，《東吳水利考》，卷6，〈松江府水利圖說〉，頁34上下。

〔註76〕傅林祥，〈吳淞江下游演變新解〉，《學術月刊》，1998年8期，頁90：「南蹌
浦今已沒入黃浦江中。」滿志敏，〈黃浦江水系：形成和原因——上海經濟可
持續發展基礎研究之一〉，《歷史地理》第15輯（1999年10月），頁140：
「可見黃浦江從慶寧寺至虬江口河段的前身是南蹌浦。」

〔註77〕明・顧清，《正德松江府志》，卷2，〈水上〉，頁1上。

〔註78〕明・張國維，《吳中水利全書》，卷16，〈許應逵議築海塘呈〉，頁57上下、
58下。

可知：1.「蹌口」位於吳淞江與黃浦的交會處，此一內容尚見於《正德華亭縣志》〔註79〕、《吳中水利通志》〔註80〕、《東吳水利考》〔註81〕、《大清一統志》〔註82〕、《肇域志》等明清史籍。〔註83〕2. 從萬曆17年（1589）專督江南水利湖廣提刑按察司副使許應逵建議構築海塘的奏疏內容，「若關橋迤東至蹌口，則專屬之上海，蹌口以外是為黃浦」，「李家洪距蹌口尚四十里而遙」；因關橋跨座在上海縣治西北30里的吳淞江下游河道上，且上海縣治距離吳淞海口（李家洪海口）約50里，〔註84〕而南蹌浦口位於上海縣治東北約10里，故李家洪海口至南蹌浦口為40里，可知黃埔與吳淞江交會於「蹌口」，應為今日的蘇州河口一帶。

明代地圖有明確標示蹌口位置者，有《弘治上海志·上海縣地理圖》、《東吳水利考·吳淞江圖說》、《三才圖會·吳淞江圖》、《崇禎松江府志·三江圖》等四幅（見圖4、3、2、6），這四幅地圖所標示的吳淞江下游河道流向均與今蘇州河相同，至於蹌口的地點，前二幅，將蹌口標示在黃浦與吳淞江交會處，且《東吳水利考·吳淞江圖說》有文字說明：「蹌口又名滬瀆，又舊名范家浜。」後二幅，則將蹌口標示在吳淞江口上方，鄰近宋家橋之處。由於宋家橋也常被視為吳淞江口，故此四幅地圖所載地點雖有些微差異，但均表示蹌口係位在黃浦與吳淞江交會處，故《大清一統志》即載：「蹌口，即吳淞江口也。」〔註85〕

南蹌浦的源頭雖位於上海縣治東北36里處，且南蹌浦口（蹌口）則位在宋家橋一帶的吳淞江與黃浦交會口，也　是南蹌浦會入吳淞江之處。故《讀史方輿紀要》載：「明初，吳淞江淤塞，自上海關橋以西之水，悉壅入三泖，而黃浦當其下流，盤旋汎溢，不達江海。永樂初，夏原吉乃導黃浦繇范家浜，

〔註79〕明·沈德錫，《正德華亭縣志》，卷2，〈水上〉，頁1：「大海，環縣之東南二境，……松江與黃浦會而入焉，其會處曰：蹌口。」

〔註80〕明·不著撰者，《吳中水利通志》，卷2，〈松江府〉，頁1上：「大海，環郡東南，……陸游與黃浦會而入焉海處，其會處：蹌口。」

〔註81〕明·王圻，《東吳水利考》，卷6，〈松江府水利圖說〉，頁3：「大海，環府之東南二境，……吳淞江與黃浦會而入焉，其會處曰：蹌口。」

〔註82〕清·穆彰阿，《大清一統志》，卷82，〈松江府一·山川〉，頁7下：「上海縣東北為吳淞江，會黃浦入海之口，曰蹌口。」

〔註83〕清·顧炎武，《肇域志》，卷9，〈江南九·松江府〉，頁28：「大海，環府之東南，黃浦與吳淞江合流蹌口，以歸注焉。」

〔註84〕明·唐錦，《弘治上海志》，頁11，〈上海縣地理圖〉，「東至大海五十里」。

〔註85〕清·穆彰阿，《大清一統志》，卷82，〈松江府一·山川〉，頁9上。

以達吳淞江，其入江處曰南蹌浦口，自是匯流以入海。」〔註86〕

　　一條支河的源頭與其會入幹河的距離係有所差異，但有些明清史籍不查，卻將南蹌浦的源頭位置當作是南蹌浦口的地點，如《讀史方輿紀要》：

　　　　南蹌浦，舊志云：在縣東北三十六里，即永樂中，導黃河繇此入江處也。〔註87〕吳淞江，……合五浦（趙屯、大盈、顧會、崧子、龍盤等五浦），而入上海縣境（地名宋家橋，在縣西北），又東南流與黃浦合（合處在縣東北三十六里），又逶邐至吳松口（在嘉定縣東南三十六里，去上海縣五十餘里）入於海。〔註88〕

又《水道提綱》：

　　　　吳淞江，……入松江府境，合趙屯、大盈、顧會、崧子、盤龍之五大浦，流入上海縣西北境之宋家橋，又東南流至縣東北三十六里，與黃浦合，又逶邐為吳淞江入於海，海口在嘉定縣東南四十里，去上海縣五十餘里。〔註89〕

又《同治上海縣志》：

　　　　吳淞江，……東南流經澱山湖入府境，合趙屯、大盈、顧會、崧子、蟠龍五大浦，流入縣西北之宋家橋，經縣東北三十六里，與黃浦合流，出吳淞口（今屬寶山縣）東北入於海。〔註90〕

《讀史方輿紀要》等史籍受到《顧彧上海志》記載南蹌浦位在上海縣治東北36里的影響，因此錯誤認為吳淞江下游雖經由上海縣治西北的宋家橋，但吳淞江與黃浦合流處卻在上海縣治東北36里處（今復興島一帶），如此，也錯誤產生明初以前吳淞江下游係行於虹江河道，以及夏原吉治水時，所挑濬的范家浜，其河道係位於今蘇州河口至復興島之間，故吳淞江與黃浦交會在復興島一帶。

四、開通吳淞江下游河道

　　夏原吉治水後，當時吳淞江從南蹌浦口以東的河道，為黃浦所奪行，水

〔註86〕清‧顧祖禹，《讀史方輿紀要》，卷8，〈上海縣‧黃浦〉，頁1146。
〔註87〕清‧顧祖禹，《讀史方輿紀要》，卷24，〈上海縣‧南蹌浦〉，頁1147。
〔註88〕清‧顧祖禹，《讀史方輿紀要》，卷19，〈江南一‧三江〉，頁881。
〔註89〕清‧齊召南，《水道提綱》（中國水利要籍叢編，臺北：文海書局，1969年），卷15，頁10上。
〔註90〕清‧應寶時，《同治上海縣志》，卷3，〈水道上‧江〉，頁2上下。

勢日益壯盛；至於南蹌浦口以西至崑山縣夏駕浦 130 里的下游河道，則因淤塞嚴重，而被放棄整治。但 35 年後，乃逐步疏通此段河道，整治的原因及所循河道，依《江南經略》：

> 永樂二年，尚書夏公原吉，……江之東段，未曾施工。正統五年，廷臣奏言：江南賦稅多取於蘇州，其田卑下，常有渟溺之患，宜設法疏濬，以利民生。詔下巡撫侍郎周公忱兼總其事。〔註91〕

《東吳水利考》：

> 天順四年，巡撫都御史崔恭，……又鑿江自崑山下界浦至嘉定莊家涇出莊江一萬三千七百丈。（永樂初，引松江北入劉家河，江之東段，不曾施工。）〔註92〕

《河渠紀聞》：

> 按是時（弘治七年）蘇湖水溢，命（徐）貫疏濬水道，……港浦久不可疏浚，則塞農田失利。永樂初，夏原吉濬吳淞江，以鹵沙浮篟，猝不可去，鑿夏駕浦，掣江接浦，匯入劉家河歸海，猶非吳淞入江之正也。〔註93〕

《乾隆江南通志》：

> 隆慶三年，巡撫海瑞開吳淞江，……年來水道，臣曠職不修，以致潮泥日積，通道鎮淤。……時久潦震蕩，太湖因之奔湧四溢，渟浥禾敝，如嘉靖四十年，今隆慶三年是也。〔註94〕

《陶山文錄》：

> 前明夏忠靖疏劉河、三泖，前舍吳淞百二十里未濬，迨周文襄等始議重疏，至海忠介乃於平地開江，復吳淞經流之舊，民到於今稱之。〔註95〕

可知從正統五年起，至隆慶四年，這 130 年間，主要有 7 次對吳淞江下游河道的整治，各次所開浚河段，基本上都循著夏原吉當年未曾施工的吳淞江故

〔註91〕明・鄭若曾，《江南經略》，卷 1 下，〈吳淞江考〉，頁 75 下。
〔註92〕明・王圻，《東吳水利考》，卷 7，〈吳淞江圖考・開濬吳淞江考略〉，頁 14 上。
〔註93〕清・康基田，《河渠紀聞》，卷 8，頁 105 下。
〔註94〕清・黃之雋，《乾隆江南通志》，卷 64，〈河渠志・水利治蹟〉，頁 10。
〔註95〕清・唐仲冕，《陶山文錄》，（續修四庫全書集部別集類第 1478 冊，據浙江圖書館藏清道光二年刻本影印，上海：上海古籍出版社，2002 年），卷 7，〈碑記・重濬吳淞江碑〉，頁 1 上下。

道，故謂「永樂初，引松江北入劉家河，江之東段，不曾施工」；「迨周文襄等始議重疏，至海忠介乃於平地開江，復吳淞經流之舊。」至於重新開鑿的原因，雖有利於崑山、嘉定、青浦等縣農地的開墾，〔註96〕主要則在免除蘇州府崑山縣以東沿河州縣的水患。

此 7 次整治吳淞江，各次所疏通河段，詳見表 1：

表 1：明代開浚吳淞江下游河道

時　間	開浚者	開浚河段	資料來源
正統五年（1440）	巡撫工部右侍郎周忱	立表于江心，挑修崑山縣顧浦，自是水得疏洩。	明・王鏊，《正德姑蘇志》，卷 12，〈水利下〉，頁 25 上。
天順三年（1459）二月	右副都御史崔恭	自昆山夏駕浦至嘉定莊家涇，出舊江，1 萬 3 千 7 百丈。	明・張國維，《吳中水利全書》，卷 19，明・王圻〈開濬吳淞江考略〉，頁 28 下、29 上。
		分江為三段，崑山縣自夏界口至白鶴江挑 4 千 67 丈，上海縣自白鶴江至卞家渡挑 4 千 67 丈，嘉定縣自卞家渡至莊家涇挑 5 千 5 百 67 丈。江深 1 丈 1 尺，面闊 10 丈 2 尺，底闊 4 丈，出舊江，1 萬 3 千 7 百 1 丈（91.3 里）。	明・王鏊，《姑蘇志》，卷 12，〈水利下〉，頁 26 上。
		以為江之故道，雖濬必合，莫若從新地鑿之，力易為而功不壞。起自大盈浦，東至吳淞江巡司計二萬二千丈（146.7 里）。又自新涇西南至蒲匯塘入江，計四千丈，闊皆一十四丈，深皆二丈。	明・張內蘊，《三吳水考》，卷 16，明・錢溥〈濬松江蒲匯塘記〉，頁 15 上下。
成化七年（1471）	浙江提刑按察司僉事吳瑞	應挑西至夏駕口起，東至徐公港（浦）止，通長 1 萬 7 千 61 丈（130 里）。崑山縣西第一段該 5 千 3 百 53 丈 7 尺；嘉定縣中二段，共該 6 千 3 百 53 丈 6 尺；上海縣東第三段，該 5 千 3 百 53 丈 7 尺，面闊 14 丈 5 尺。	明・沈啟，《吳江水考》（中國水利志叢刊第 60 冊，清乾隆五年沈守義刻本，揚州：廣陵書社，2006年），卷 2，〈水治考上〉，頁 36 上下；卷 4，〈水議考中〉，頁 5 下、6 上。

〔註96〕明・歸有光，《震川先生集》（上海：上海世紀出版公司，2013 年），卷 8，〈論三區賦役水利書〉，頁 169。

成化十年（1474）正月	巡撫都御史畢亨	開吳淞江自夏界田口起至西莊家港，嘉定縣分挑 6 千 3 百 53 丈 6 尺，崑山縣分挑 5 千 3 百 53 丈 7 尺，共長 1 萬 1 千 7 百 7 丈 3 尺。	明・王鏊，《正德姑蘇志》，卷 12，〈水利下〉，頁 27 上。
弘治七年（1494）十一月～弘治八年（1495）二月	工部左侍郎徐貫	濬吳江長橋，導太湖散入澱山、陽城、昆承等湖，又開崑山東南之大石、青浦，西北之趙屯等浦，洩澱山湖之水，由吳淞江入海。	清・康基田，《河渠紀聞》，卷 8，頁 105 富。明・張萱，《西園聞見錄》，卷 90，〈工部四・水利〉，頁 25 下～26 上。
		開濬帆歸（浦）口（崑山南 40 餘里）至分莊嘴（青浦縣北 30 里），70 餘里。	明・鄭若曾，《江南經略》，卷 1 下，〈吳淞江考〉，頁 76 下。清・顧祖禹，《讀史方輿紀要》，卷 19，〈三江〉，頁 886。
正德十六年（1521）十月～嘉靖元年（1522）四月	工部尚書李充嗣	吳淞江上流，自吳江縣起至崑山縣夏駕浦；下流自嘉定縣舊江口起至上海縣黃浦口，俱通利無礙。惟夏駕浦至舊江口（龍王廟江口）止，俱淤塞，幾如平陸，開濬量長 6 千 3 百 36 丈（42.2 里），因其舊形，深之廣之，議開廣 18 丈。	明・沈啟，《吳江水考》，卷 5，〈水議考下〉，頁 3 上。清・黃宗羲，《明文海》（臺北：中華書局，1987 年），卷 68，〈王鏊吳郡治水之碑〉，頁 7。清・馮桂芬，《光緒蘇州府志》（中國地方志叢書華中地方第 5 冊，據清光緒九年刊本影印，臺北：成文出版社，1970 年），卷 10，〈水利二・李充嗣奏報開濬各項工完疏〉，頁 13 下～14 上。
隆慶四年（1570）	僉都御史海瑞	挑自上海江口宋家橋，至嘉定艾祁（縣東北 28 里），80 里。	清・張廷玉，《明史》，卷 88，〈河渠六・直省水利〉，頁 931。
		江面舊 30 丈，增開 15 丈，自黃渡至宋家橋，長 80 里。	清・張廷玉，《明史》，卷 88，〈河渠六・直省水利〉，頁 930。

疏上海南蹌口，至嘉定黃渡，平陸 60 餘里。	明・張國維，《吳中水利全書》，卷 21，〈張應武吳淞江疏濬論〉，頁 559。
以兩月間，疏縣（嘉定）之黃渡，至上海南蹌，並加深廣。	明・韓浚，《萬曆嘉定縣志》，卷 14，〈水利考〉，頁 3 下。
開濬吳淞江，自黃渡起，至宋家口，凡 70 餘里。	清・顧祖禹，《讀史方輿紀要》，卷 24，〈上海縣，吳淞江〉，頁 1146。
查勘舊跡，自王（黃）渡起，至宋家港口，共長 1 萬 1 千 5 百 71 丈，闊 30 餘丈，今議減半開河面 15 丈（38.2 公尺）。	明・王圻，《三才圖會》，卷 7，〈地理〉，頁 19 上。明・王圻，《續文獻通考》，卷 10，〈田賦考・三江考〉，頁 42 上。

依前表，此 7 次整治工程，將分三個時期論述：

（一）首次整治吳淞江下游雖在正統五年，巡撫右侍郎周忱親自督工，豎立水則於江中，但此次僅局部開濬夏駕浦東邊約 20 里的顧浦（嘉定縣西南）。因此大力開濬吳淞江下游，係在天順三年二月，當時右副都御史崔恭所疏通河段，有兩種不同的記載：

一為《明史》等史籍，從崑山縣夏駕浦口，東至莊家涇，出舊江，凡 13700 丈（45.2 公里），河面寬 10 丈（33 公尺）。

另一是錢溥所撰的〈濬松江蒲匯塘記〉，從大盈浦，東至吳淞江巡檢司，計「二萬二千丈」（72.6 公里）；又開濬新涇，西南至蒲匯塘入黃浦，約 4000 丈，河面均寬 14 丈（46.2 公尺）。（見圖 1）大盈浦（南岸）位於黃渡鎮（北岸）對岸，吳淞江巡檢司位於上海縣治西北 30 里（閘橋），其間距離不可能是「二萬二千丈」，應為誤植，合理估計其里程約為「一萬二千丈」（39.6 公里）。而且開濬此段河道時，基於原有故道難於施工，「雖濬必合」，遂於故道旁只鑿新河道。

前者資料，吳淞江下游開濬至莊家涇，此地屬於上海縣，東距江口宋家橋尚有 6934 懼（22.9 公里），因此下游河水如何排放入海；從「出舊江」，可知係將河水導入舊江，再會入黃浦，於吳淞海口入海。舊江即舊吳淞江，因

其河道「屈曲如虯」，也稱為虯江；〔註97〕依《萬曆嘉定縣志》；「虯江東南（真如鎮，縣東南60里）通吳淞江（即黃浦），西通孫基港」，〔註98〕可知虯江口位於孫基港，（見圖1）此地西距莊家涇1353丈（4.5公里），東距宋家橋約5581丈（18.4公里）。〔註99〕後者，吳淞江下游疏通至吳淞江巡檢司，此地東距宋家橋約1260丈（4.2公里）；〔註100〕因此其河水如何會入黃浦，從此次工程有同時開挑新涇（新涇口東距宋家橋約4351丈）與蒲匯塘，以連接吳淞江，可推知此段河水係經由新涇、蒲匯塘，於龍華港會入黃浦。〔註101〕（見圖1、7）

綜合前述二種施工河段，此次整治工程已浚通吳淞江下游從夏駕浦至吳淞江巡檢司；在下游河道尚未完全浚通之前，其河水主要藉由虯江與新涇、蒲匯塘會注黃浦，合流入海。

（二）成化七年按察司僉事吳瑞開挑夏駕浦——徐公港，17061丈（5.6公里）；成化十年巡撫都御史畢亨開挑夏駕浦——西莊家港，11707丈3尺（3.5公里）；弘治八年工部侍郎徐貫開挑帆歸浦口——分莊嘴，70餘里（34.7公里）；嘉靖元年工部尚書李充嗣開挑夏駕浦——舊江口，6336丈（20.9公里）。徐公港位於關橋附近，東至宋家橋約有2520丈（8.3公里）；〔註102〕西莊家

〔註97〕清·博潤，《光緒松江府續志》，卷6，〈山川志〉，頁38上。

〔註98〕明·韓浚，《萬曆嘉定縣志》（中國史學叢書三編，明萬曆三十三年刊本，臺北：臺灣學生書局，1987年），卷14，〈水利考〉，頁14上。

〔註99〕明·張國維，《吳中水利全書》，卷22，〈陳秉忠開浚吳淞江事宜經費條議〉，頁141下～144下；及同書，卷22，〈范純嘉定縣重修滬瀆龍王廟記〉，頁6上下：「天順二年，都察院左副都御史崔公，……起夏駕口至孫基浜共長一萬三千七百一丈。」明·韓浚，《萬曆嘉定縣志》，卷18，〈雜記考下·滬瀆龍王廟〉，頁21上～22上：「在黃渡鎮，……都察院右副都御史崔公奉命巡撫南畿，……起自下駕口至孫基浜出舊江，一萬三千七百一丈，江復通，迤邐入海。」

〔註100〕明·張國維，《吳中水利全書》，卷22，〈陳秉忠開浚吳淞江事宜經費條議〉，頁144下。

〔註101〕明·鄭洛書，《嘉靖上海縣志》，卷一，〈山水〉，頁4下、5上：「由新涇而出為蒲匯塘，其東即龍華港。……諸浦之中，在勝國時，則新涇為要，觀吳執中論順導水勢，注江達海，僅有上海之新涇，太倉之劉家港也。今盤龍（浦）以東，江以南水，唯在蒲匯、龍華二港，達于黃浦，入海為利耳。」

〔註102〕明·張國維，《吳中水利全書》，卷22，〈陳秉忠開浚吳淞江事宜經費條議〉，頁144下。

港礙為莊家涇，〔註103〕分莊嘴分於青浦縣北 30 里，〔註104〕舊江口即孫基港口，可知此四次吳淞江下游河道的整治，均位在吳淞江巡檢司以西的河段。雖然李充嗣〈奏報開濬各項工完疏〉，有提及「下流自嘉定縣舊江口至上海縣黃浦口，俱通利無礙。」此通暢無礙的河段，係指吳淞江下游，從舊江口（孫基港口），藉虬江入黃浦的河道，故此段文辭中的「上海縣黃浦口」，並非江口宋家橋或南蹌浦口，而是虬江與黃浦的交會口。

（三）隆慶朝以前，吳淞江下游的整治，雖已浚通至吳淞江巡檢司，但因其末端尚未開通，故下游河道的河水係循北岸的虬江，或南岸的新涇、蒲匯塘等會入黃浦入海。因此於成化朝至嘉靖朝之間，當地許多關心江南水利者，主張整治吳淞江，才能徹底解決江南水患問題，因此呼籲須浚通吳淞江下游河道至南蹌浦口，如成化年間上海縣金藻論治水：

> 又開松江之首尾，以正東西之綱領，則黃浦之勢又可分；而蹌口既通，吳江石竇增多，而松江可以不塞矣。……松江乃東西之水，其勢大而橫，譬則母也；黃浦乃南北之水，其勢小而縱，譬則子也。太湖之定位在西，大海之定位在東，必藉東西之江以泄之，則為順而駛，若藉南北之浦以泄之，則為逆而緩。蓋松江之塞，西由吳江石門之少，中由千墩浦等與新洋江之橫衝，東由黃浦竊權之盛，而蹌口所以不通也。〔註105〕

又嘉靖四十年（1561）崑山縣歸有光〈上兵備道熊桴水利書〉：

> 或用前人之法，召募饑民，浚導松江。姑且略循近世之跡，開去兩岸茭蘆，自崑山慢水江迤東至嘉定、上海，使江水復由蹌口入海。放今年淳瀦之流，備來年泝至之水，亦救時之策也。〔註106〕

又嘉靖末年〈光祿署丞孟君浚河記〉：

> 嘉靖初，朝廷嘗遣大吏來治，今四十年矣不治，古之三江其二不可

〔註103〕清‧顧祖禹，《讀史方輿紀要》，卷24，〈江南六‧嘉定縣〉，頁1121：「成化十年撫臣畢亨復自夏駕浦開至莊家涇。」清‧許鳴磐，《方輿考證》（清濟寧潘氏華鑒閣本），卷24，頁2040：「成化十年撫臣畢亨復自夏駕浦浚至莊家涇。」

〔註104〕清‧顧祖禹，《讀史方輿紀要》，卷19，〈三江〉，頁7下～8上。

〔註105〕明‧歸有光，《三吳水利錄》，卷3，〈周文英書一篇‧附金藻論〉，頁108、109。

〔註106〕明‧歸有光，《歸震川先生集》，卷8，〈奉熊分司水利集并論今年水災事宜書〉，頁162。

考。今惟吳淞一江，仰接太湖之水，古者江狹處，猶廣二里，今自夏駕以來，僅僅如綫，而茭蒲葭炎生其中，下游入海之蹌口，不復通矣。〔註107〕

縣學生金藻分析南蹌浦口之所以淤塞的原因，有三：1. 吳淞江下游因吳江縣長橋的阻礙，使太湖來水減少。2. 夏原吉開鑿新洋江、夏駕浦、千墩浦等，將上游來水引入劉家河，導致海潮經由劉家河、夏駕等浦灌淤其中下游河道。3. 放棄開浚吳淞江下游，導致黃浦水勢日益壯盛。因此金藻主張：「蹌口既通，吳江石竇增多，而松江可以不塞矣。」於嘉靖四十年，歸有光也上書蘇松兵備僉事熊桴請能開浚夏駕浦以東的下游河道，「使江水復繇蹌口入海」。往後，能實踐歸有光整治吳淞江計畫者，即是隆慶三年的海瑞。依《歸震川先生年譜》載：「隆慶三年歲禩，中承海忠介公瑞，得是書（三吳水利錄），因行其法，全活無算。」〔註108〕

海瑞所開浚的吳淞江下游河段，其查勘「舊跡」，計疏通 11571 丈（38.2 公里），闊 15 丈（49.5 公尺），起於嘉定縣黃渡鎮，至於終點，在明清文獻裡，出現三種不同的地名：

1. 宋家橋或宋家橋口。除表 1 所列《明史》外，另有《罪惟錄》、〔註109〕《王侍御類稿》、〔註110〕《天下郡國利病書》等〔註111〕均有相同記載。

2. 南蹌口。除表 1 所列《吳中水利全書·張應武吳淞江疏濬論》、《萬曆嘉定縣志》外，另有《天下郡國利病書》、〔註112〕《讀史方輿紀要》等〔註113〕

〔註107〕 明·陳子龍，《明經世文編》（北京：中華書局，1987 年），卷 295，〈歸太樸文集二·光祿署丞孟君浚河記〉，頁 15 下。

〔註108〕 張傳元，《明歸震川先生有光年譜》（新編中國名人年譜集成第 10 集，臺北：臺灣商務印書館，1980 年），頁 32。

〔註109〕 清·查繼佐，《罪惟錄》（四庫善本叢書續編史部，臺北：藝文印書館，志卷 13，〈太湖〉，頁 16 下：「隆慶中，巡撫海瑞浚王渡至宋家橋口七十里。」

〔註110〕 明·王圻，《王侍御類稿》，卷 10，〈三吳水利總論〉，頁 45 下：「隆慶四年，巡撫海岳關（開）王渡起至宋家橋口七十里。」

〔註111〕 清·顧炎武，《天下郡國利病書》，卷 15，〈江南三·歷代水利〉，頁 48 上：「隆慶三年，命巡撫都御史海瑞，……興工開吳淞江，自王渡起至宋家橋口七十里。」

〔註112〕 清·顧炎武，《天下郡國利病書》，卷 20，〈江南五·嘉定縣水利考〉，頁 2 下～3 上：「巡撫海公瑞議興開江之議，……以兩個月中，疏縣之黃渡至上海南蹌，並加深廣。」

〔註113〕 清·顧祖禹，《讀史方輿紀要》，卷 24，〈嘉定縣·吳淞江〉，頁 1122：「隆慶三年，撫臣海瑞又疏黃浦（渡）至上海南蹌。」

也有相同記載。

3. 宋家港、宋家港口或宋家浜。除表 1 所列《讀史方輿紀要》、《三才圖會》、《續文獻通考》外，尚有《吳中水利全書·侯峒曾開濬吳淞江考略》、〔註114〕《無夢園初集》、〔註115〕《明史紀事本末行》、〔註116〕《肇域志》等〔註117〕都有相同記載。宋家港（約今浙江中路以西的北京東路的南、北側）〔註118〕的名稱由來，依松江府水利通判蔣守成於萬曆六年五月的調查：「查吳淞江口，水通黃浦，南岸田地，俱宋家所占，故名宋萬曆六年五月的調查：「查吳淞江口，水通黃浦，南岸田地，俱宋家所占，故名宋家港。」〔註119〕可知宋家港並非吳淞江下游南岸支河的河道名稱，而是吳淞江末端會入黃浦一帶河道的別稱，因此處河道的南岸田地係屬於宋氏家族所有，故《嘉靖上海縣志》載：「（吳淞江）東流與黃浦會處，別名宋家港」，〔註120〕可知宋家港口即是吳淞江口。

前述三種地名，其實係指同一地點，因此地為吳淞江、范家浜、南蹌浦三條河道的交會處，就吳淞江的立場，係稱宋家橋口或宋家港口，若就南蹌浦與范家浜的立場，則稱南蹌浦口（南蹌口、蹌口）。由此可知，正統五年以來，能完全浚通吳淞江下游河道至宋家橋口（今蘇州河口）者，就是隆慶四年的海瑞；此時上距永樂二年夏原吉放棄整治該河段，已歷經 166 年。

〔註114〕明·張國維，《吳中水利全書》，卷 19，〈侯峒曾開濬吳淞江考略〉，頁 153 上：「隆慶三年巡撫海公毅然開濬，查勘舊蹟，自黃渡起至宋家浜口，長若干里，計一萬一千五百餘丈。」

〔註115〕明·陳仁錫，《陳太史無夢園初集》（續修四庫全書集部別集顧第 1382 冊，據明崇禎六年張一鳴刻本影印，上海：上海古籍出版社，2002 年），勞集四，〈東南水利議·一設官設末〉，頁 14 上：「自王渡起，至宋家港口，長一萬一千五百七十一丈。」

〔註116〕清·谷應泰，《明史記事本末》（臺北：三民書局，1956 年），卷 25，〈治水江南〉，頁 275：「穆宗隆慶四年」巡撫海瑞，……開浚王渡起至宋家港，共長一萬一千五百七十一丈。」

〔註117〕清·顧炎武，《肇域志》，〈江南九·上海縣諸水〉，頁 57：「東自宋家港口，西至黃渡鎮，浚及六十里；黃渡以西四十餘里，功未及施而止。」

〔註118〕滿志敏，〈推測抑或明證：明朝吳淞江主道的變化〉，《歷史地理》第 26 輯（2012 年 5 月），頁 267。

〔註119〕明·張內蘊，《三吳水考》，卷 13，〈查訪范家垞呈文〉，頁 81 下。

〔註120〕明·鄭洛書，《嘉靖上海縣志》，卷 1，〈山水〉，頁 3 上。

五、結論

黃浦的水勢日益壯盛，吳淞江水道卻日漸萎縮，此係永樂二年夏原吉治水時所造成。適時夏原吉的治水方策，是放棄整治吳淞江下游河道（從崑山縣夏駕浦至上海縣南蹌浦口），其放棄的原因，在於該段河道淤塞嚴重。此段河道之所以嚴重淤塞，主要係海潮所造成，〔註121〕海潮入灌方向，從元代以來主要有二：一為吳淞海口，潮泥淤積河段，主要位於南蹌浦口至黃渡鎮之間；二為劉家河口，淤積地方，則在夏駕浦口至黃渡鎮之間。（見圖1）故為防範潮泥淤塞吳淞江河道，明代中晚期，於宋家橋或關橋，以及夏駕浦口與新洋江口等處，遂興起建置閘壩，以防堵潮水入灌。

從元代至明初，處於吳淞江下游淤塞時期，太湖水如何排放入海，依《萬曆上海縣志》：「《水利集》云：吳淞江堙塞時，太湖之水，迂迴宛轉，多由上海新涇，返注于海。」〔註122〕又大德八年麻合馬（都水庸田使）〈集議拯治吳淞江堙塞〉：「今太湖之水，不流於江，而北流入於至和等塘，經繇太倉出劉家等港，注入大海；并澱山湖之水，望東南流於大曹港、拓擇塘、東西橫泖，泄於新涇、并上海浦，注江達海。」〔註123〕可知取代吳淞江，排放太湖諸水入海的途徑主要有二：（一）經由至和塘，於劉家港入海；（二）經由新涇、上海浦，於上海縣治東，再會入吳淞江入海。

永樂二年，夏原吉既放棄整治吳淞江下流，為疏洩太湖水入海，其另開浚三條主要排水幹道，稱為「新三江」，即是太湖東南方的黃浦、東方的劉家河與東北方的白茆港。按照此一規劃，原本吳淞江的排水功能，將被黃浦與劉家河取而代之。因此，為讓太湖東南方各塘浦的河水匯集於黃浦，並獨自入海，夏原吉基於黃浦與吳淞江交會處也遭淤塞（疑為上海浦），乃開鑿范家浜，以南引黃浦，於南蹌浦口會入吳淞江，再循原吳淞江從南蹌浦口以下至吳淞海口的河道入海。故今日黃浦江的河道，在明代係由黃浦、范家浜（松

〔註121〕海潮淤積情況，依《吳中水利全書》，卷22，〈陳繼儒濬吳淞江議〉：「海潮渾濁，潮退則泥留矣，泥厚一箸，一日兩潮，則一年七百二十箸矣，日積一日，年厚一年，雖欲不淤塞得乎。」又清・錢冰，《履園叢話》（臺北市：大立出版社，1982年），叢話4，〈建閘〉，頁100：「范文正公曰：……而又有潮汐往來，一日夜凡兩至。前人謂兩潮積淤，厚如一錢，則一年已厚一二尺矣，十年而三丈矣。」

〔註122〕明・張之象，《萬曆上海縣志》，卷2，〈河渠志〉，頁11上。

〔註123〕明・張國維，《吳中水利全書》，卷15，〈麻合馬集議拯治吳淞江堙塞〉，頁5下。

江府治東 25 里—南蹌浦口）、吳淞江末端河道（南蹌浦口—吳淞海口）等三段所構成。

夏原吉治水前後，吳淞江下游河道的行經路線，從清代以來至今，在學術界有不同的看法；產生的主因，係對於范家浜與南蹌浦口的地理位置有認知上的差異。

經本文的論證，洪永時期的吳淞江下游河道，即是今日的蘇州河，而非虬江；南蹌浦口（南蹌口、蹌口），此地為吳淞江下游與范家浜（黃浦）、南蹌浦等三條河道的交會口，就吳淞江的立場言，此地稱為宋家橋口或宋家港口，若就南蹌浦、范家浜的立場，則稱為南蹌浦口，因此宋家橋口、宋家港口、南蹌浦口這三個名稱，其實係屬同地而異名；若在今日，其地點係指蘇州河口，而非復興島一帶。至於范家浜，其河道的北端係位於宋家橋口（南蹌浦口），往南延伸至松江府治東 25 里（今松江區東 12.4 公里），長約 65 里（32.2 公里），而非今日的黃浦江從蘇州河口至復興島的河段。

為整治蘇州府的水患，從正統五年以後，至隆慶四年間，因對吳淞江下游原河道的排水功能予以肯定，共歷經 7 次的疏浚。就恢復吳淞江原河道而言，最為重要的治水工程，主要有二次，一為天順三年，右副都御史崔恭大力開通崑山縣夏駕浦至上海縣吳淞江巡檢司的河段，但吳淞江巡檢司至宋家橋口尚有 6934 丈未予整治，故其下游河道的河水，係藉由舊江（虬江）及新涇、蒲匯塘會入黃浦出海。二是隆慶四年，僉都御史海瑞開浚嘉定縣黃渡鎮至宋家橋口（南蹌浦口），計 11571 丈，完全浚通夏原吉所放棄的吳淞江下游河道，從此吳淞江與黃浦交會於宋家橋口，故明清史料對於海瑞開浚吳淞江予以讚揚，《無夢園初集》：「蓋夏忠靖用元人周文英之議，舍吳淞事婁江（劉家河），不為無利，能以全湖之水，一婁江洩之，其力恆怯。自海公開吳淞江數十年間，雖有水災，不為大害。」〔註124〕〈曹一士・上陳中承吳淞閘善後議〉：「竊惟三吳之水利，莫大於淞江，……故夏忠靖棄而不濬，其後海忠介始濬吳淞。」〔註125〕

吳淞江下游雖於晚明予以開通，其河道寬度僅有 15 丈，變成黃浦西岸的

〔註124〕明・陳仁錫，《陳太史無夢園初集》，勞集四，〈東南水利・一尋源委尋先手〉，頁 16 上。

〔註125〕清・賀長齡，《皇朝經世文編》，卷 193，〈工政十九・曹一士上陳中承吳淞閘善後議〉，頁 19 上下。

一條支河。至於范家浜，由於水勢日盛，成為太湖水排洩入海的主要幹道，其河道寬度從 30 丈（99 公尺）漸拓展為「二里」（990 公尺），並構成黃浦下游河道的一部分。

論證《明代御製黃河萬里圖》應繪製於清康熙時期

摘要

　　黃河萬里圖為譚鎮遠所收藏，於民國 58 年（1969）複製出版，據于斌等人的序言，此圖為明太祖派畫官周位等人所繪製。但李錫甫隨即發表〈黃河萬里圖地理考註〉一文，認為此圖繪於明代嘉靖 39 年（1560）以後，吾人據圖中所繪黃河、淮河、運河上的水利工程論定應為清康熙 16 年（1677）～26 年（1687），河道總督靳輔派人所繪製。

關鍵詞：黃河、黃河萬里圖、運河、淮河、靳輔

一、前言

《明代御製黃河萬里圖》（以下簡稱黃河萬里圖），幅長 6 丈餘，寬 2 尺 8 吋，所繪黃河里程，從陝西省韓城縣（陝西省韓城縣）的龍門至江蘇省安東縣（江蘇省漣水縣）的雲梯關海口。圖案採工筆精繪，集合當時南北兩大派著名畫家繪製而成，其中山川城郭為北派畫家的傑作，居屋林木為南派的佳構，並採用寶石粉、石青、石綠、泥金等顏料，以致色澤鮮明，歷久如新，可謂中國畫史上，鮮有的皇皇巨作，其藝術文化價值，稱為「國寶當之無愧」。〔註1〕（見論文後面附圖）

黃河萬里圖為收藏家譚鎮遠所收藏，民國 58 年（1969）為響應中華文化復興運動，願提供此圖複製出版。於是國內學者專家 50 餘人，乃組織「明代宮廷御製黃河萬里圖複製促進委員會」，由輔仁大學校長于斌樞機主教擔任主任委員，委中華彩色印刷公司，採照相製版，較原圖縮小一半，公諸於世。

黃河萬里圖繪製時間，據複製本所寫原圖作者為「明代宮廷畫官周位、郭純、趙原及南北兩派畫家集體創作。」〔註2〕又據于斌樞機主教在出版圖冊的序文中提及：

> 明太祖起自布衣，雄才大略，底定天下，即帝位於金陵後，愛民重士，勵志辛勤，鑒於黃河流域為我中華民族發祥地，且亦為歷代兵家用武必爭之地。乃於洪武初年，欽命釐訂黃河輿圖之舉，特詔命宮廷畫官及當時南北兩大派著名畫家，集體赴黃河流域，實地勘查，歷時十餘載，始繪成黃河萬里圖，作為治河施政設防之依據。〔註3〕

另依據譚鎮遠的自序也言：

> 為明初，南北兩宗畫家集體創作。〔註4〕

從上可知黃河萬里圖為明洪武初年，明太祖鑒於「黃河流域為我中華民族發祥地，且亦為歷代兵家用武必爭之地」，於是派宮廷畫官赴黃河流域，實地勘

〔註1〕明代宮廷畫官周位、郭純、趙原及南北兩派畫家集體創作，《黃河萬里圖》（臺北：明代宮廷御製黃河萬里圖複製促進委員會，民國 58 年 9 月），〈于斌，明代宮廷御製黃河萬里圖序〉。

〔註2〕明代宮廷畫官周位、郭純、趙原及南北兩派畫家集體創作，《黃河萬里圖》，版權頁。

〔註3〕明代宮廷畫官周位、郭純、趙原及南北兩派畫家集體創作，《黃河萬里圖》，〈于斌，明代宮廷御製黃河萬里圖序〉。

〔註4〕明代宮廷畫官周位、郭純、趙原及南北兩派畫家集體創作，《黃河萬里圖》，〈東萊譚鎮遠撰‧此圖複製源起略述始末〉。

察，歷經 10 餘年，才繪製完成，以作為治河、施政、設防的依據。

黃河萬里圖複製出版後，李錫甫立即於《國立編譯館館刊》第 4 卷 1 期，發表〈黃河萬里圖地理考註〉一文，論說此圖應繪製於明代中葉（嘉靖 39 年以後），而非明代初期。

吾人專研中國水利史近二十年，初觀黃河萬里圖的黃河全流流向以及堤防設施後，初判為明代晚期以後的作品。後在洪澤湖中有標示「明朝祖陵」，從此一名稱認為此圖應繪於清代，再深入研究後，確定為清聖祖康熙 16 年至 26 年，河道總督靳輔為整治黃河下游水患時所繪製。茲將吾人論證黃河萬里圖為靳輔所繪製的理由，詳述於後。

本文為行文方便，將黃河從潼關（陝西潼關縣東南）以下至徐州城（江蘇省銅山縣）一帶的河道，稱為中游；而徐州城以下，則稱為下游。

二、李錫甫考證《黃河萬里圖》繪於明代中葉

李錫甫依據《清史》、《明史·地理志》、以及《讀史方輿紀要》等資料，對圖中縣級以上，以及較重要城鎮，一一加以考證其成立時間，獲得如下的結論：

（一）圖中黃河流經陝西省、山西省，河南省以及南直隸，共有 6 府、2 直隸州、12 州、84 縣。惟此應為明代中葉（嘉靖 39 年以後）的數字。如為明初，洪武末年是為 5 府（歸德府〔河南省商丘縣南〕尚為州，屬開封府），1 直隸州（汝州〔河南省臨汝縣〕尚屬南陽府，12 州（加入歸德州、汝州，減除尚為縣的信陽〔河南省信陽縣〕、亳〔安徽省亳縣〕），81 縣（加入信陽縣〔河南省信陽縣〕、亳縣，減除尚未置縣的商邱〔河南省丘縣〕、伊縣〔河南省嵩縣〕、寶豐〔河南省寶豐縣〕、桐柏〔河南省桐柏縣〕、真陽〔河南省信陽縣〕），故可知明初和中葉的府州縣數，略有不同。

（二）圖中有 1 州 13 縣未標示名稱者，計有海州（江蘇省東海縣）和 5 個府的附郭縣（懷慶府河內縣〔河南省沁陽縣〕、河南府洛陽縣〔河南省洛陽縣〕、開封府祥符縣〔河南省開封縣〕、歸德府商邱縣、淮安府山陽縣〔江蘇省淮安縣〕，以及宜陽縣（河南省宜陽縣）、原武縣（河南省原武縣）、陽武縣（河南省陽武縣）、封邱縣、汜水縣、滎澤縣、郟縣（河南省郟縣）、桃源縣（江蘇省泗縣）。

（三）圖中另有 1 府 8 縣名稱標示錯誤。計有懷慶府（河南省沁陽縣治）
　　誤為淮慶府，武涉縣（河南省武涉縣）誤為武陳縣，修武縣（河南
　　省修武縣）誤為修政縣，孟津縣（河南省孟津縣）誤為天津縣，蘭
　　陽縣誤為蘭縣，太康縣（河南省太康縣）誤為奉唐縣，考城縣誤為
　　彎城縣，新蔡縣（河南省固始縣東）誤為新恭縣，息縣（河南省息
　　縣）誤為進縣。

（四）就圖中幾個城池的位置及其形勢，孟津縣為嘉靖 17 年（1538）遷
　　治之城，而非明初的故城。原武縣於正統 13 年（1448）始由黃河
　　改道而位於河北。儀封縣（河南省蘭封縣東北）距河尚遠，應為洪
　　武 22 年（1389）以後的新治。考城縣北濱黃河，應為正統 13 年
　　以後的新治。尤以淮安府（江蘇省淮安縣）的三城相聯，築於嘉靖
　　39 年（1560）。〔註 5〕

　　綜上合述，其結論如下：「此圖並非完成於明初，應係完成於明代中葉（嘉
靖 39 年以後）。至於是否完成於明末，雖有此可能，但可能性甚小。蓋以明
末宦官專權，流寇竄擾，不可能有此劃時代的創舉也，是故推斷應為明代中
葉。」〔註 6〕

三、初疑《黃河萬里圖》繪製於明代晚期

　　吾人最初認為該圖是繪製於明代晚期的原因，主要有三：

（一）黃河全流水勢於安東縣的雲梯關海口入海

　　黃河下游的全流水勢，經徐州城北，於淮安府城北會淮河，在安東縣雲
梯關海口入海。（見黃河萬里圖）此一全流水勢，即可判斷此為嘉靖 45 年
（1566）以後的河道。

　　因黃河中下游河道，是由西向東流，而漕河（北京～杭州，長 3500 里）
則是貫通南北，因此黃、漕兩條河必有交會之處，在何處交會，最有利於明
代政府。（見圖一）由於明代整治黃河的主要目的，是在維持漕運的暢通，每
年能夠順利載運 400 萬石的漕米至北京。固此黃河下游河道的流向，受制於
以下兩項因素：

〔註 5〕李錫甫，〈黃河萬里圖地理考證〉，《國立編譯館館刊》，4 卷 1 期（民國 58 年
　　　6 月），頁 211～212。
〔註 6〕李錫甫，〈黃河萬里圖地理考證〉，頁 212。

第一，黃河下游的正流或全流河道避免北行，以免泛濫衝阻會通河（漕河的一段，長 250 餘里，從山東省的東阿縣～臨清州）。（見圖一）

明代的黃河，可謂年年泛濫，依近人沈怡的統計，明代 276 年，河患高達 700 次（溢 138，決 316，大水 346），每當黃河於其中下游氾濫，洪水常阻斷運道。尤其明代前期（弘治 8 年以前），每當黃河於中游一帶潰決，其下游的正流或全流水勢，常向北流，於山東省的東阿縣一帶阻斷會通河，再循大清河入海。例如：

正統正年（1436）7 月，黃河決於新鄉縣（河南省新鄉關）、滎澤縣，河水分成四道，其中主流水勢，從新鄉縣的八柳樹（縣西南）向北衝，循北流水道，潰決壽張縣（山東省壽張縣）的沙灣（縣東北 30 里），阻斷會通河，掣運河水東出，循大清河入海。〔註 7〕

景泰 3 年（1452），黃河正流北行，屢決於壽張縣的沙灣。〔註 8〕

弘治 6 年（1493）6 月，黃河決於儀封縣的黃陵岡，洪水向北衝，於東阿縣的張秋鎮阻斷會通河。〔註 9〕

因此，弘治 6 年副都御史劉大夏奉命治理黃河，為分洩黃河下游的北流水勢，於是疏導黃河水循四河道（賈魯河、潁河、渦河、睢河）入淮河。為確保會通河不再遭受黃河水的侵犯，於弘治 8 年（1495）2 月築塞儀封縣的黃陵岡、封邱縣的金龍口等北行河道的分水口 7 處，從此黃河下游的北行河道斷絕。同時為鞏固黃河中游的北岸州縣，構築二道長堤，一道從胙城縣（河南省延津縣北），歷長垣縣（河北省長垣縣北）、東明縣（河南省東明縣）、曹州（山東省荷澤縣）、曹縣，抵虞城縣（河南省虞城縣西南），長有 360 里，稱「太行堤」。另一道從祥符縣的于家店，至儀封縣的小宋集（縣東北），長凡 160 里。〔註 10〕

〔註 7〕陳文等，《明英宗實錄》（國立北平圖書館紅格鈔本，臺北：國立中央研究院歷史語言研究所校勘影印，民國 57 年 2 月 2 版），卷 230，頁 2，景泰 4 年 6 月己丑條。

〔註 8〕張廷玉，《明史》（臺北：國防研究院明史編纂委員會，民國 52 年 4 月台初版），卷 83，〈河渠一・黃河上〉，頁 871。

〔註 9〕吳緝華，〈明代劉大夏的治河與黃河改道〉，《明代社會經濟史論叢》（臺北：臺灣學生書局，民國 59 年 9 月初版），頁 381～398，考證劉大夏治河的年代和施工情形甚詳。

〔註 10〕張懋等，《明孝宗實錄》（國立北平圖書館紅格鈔本，臺北：國立中央研究院歷史語言研究所校勘影印，民國 51 年），卷 95，頁 6，弘治 7 年 12 月甲戌

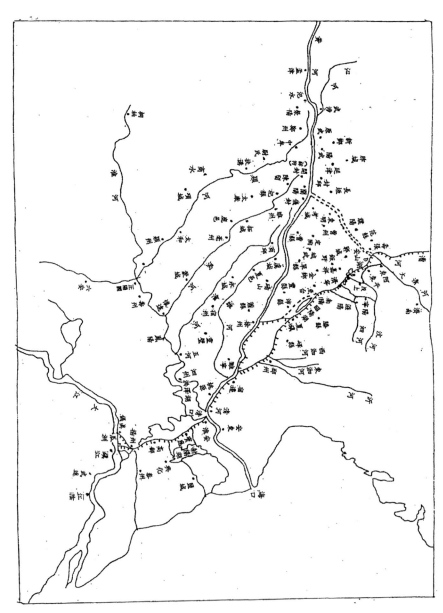

圖一：明代黃、淮、運三河形勢圖

第二，徐淮運道（徐州城─淮安府城）需引黃河水濟助行運。

徐州城至淮安府城間的運道，長有 605 里，原屬泗河的下游河道。由於
泗河下游水量不足，故此一運道之所以能常年通行糧船，必須引用其它水源

─────────────

條；又同書，卷 97，頁 6，弘治 8 年 2 月己卯條；及《明史》，卷 83，〈河渠
一‧黃河上〉，頁 873。

的接濟，在各水源中，主要依賴黃河水。（見圖二、三）

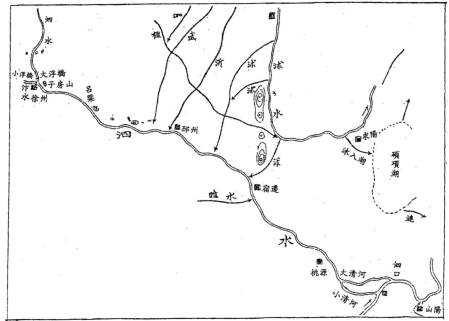

圖二：明代以前泗河下游河道圖

（採自武同舉，《淮系年表全編》，淮系歷史分圖五十六）

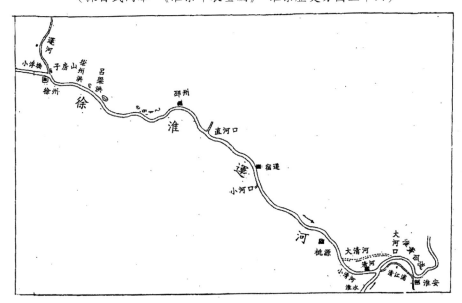

圖三：明代徐淮運河圖

（採自武同舉，《淮系年表全編》，淮系歷史分圖五十七）

在弘治朝以前，為引黃河水濟助徐淮運道，黃河從封邱縣以東，有一分支東行賈魯河，於徐州城會入泗河。但此一供水河道，常因黃河河道變遷，無法提供穩定的黃河水而阻礙糧道。（見圖四）

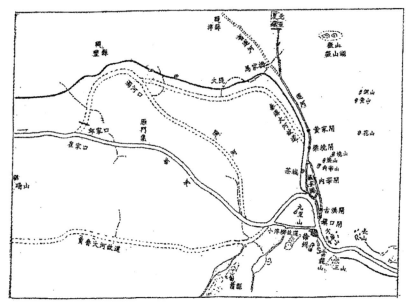

圖四：明代賈魯河、秦溝、濁河圖

（採自武同舉，《淮系年表全編》，淮系歷史分圖二十四）

弘治 8 年（1495）劉大夏築斷黃河北行河道後，從嘉靖 13 年（1534）至嘉靖 25 年（1546）的 12 年間，黃河下游的正流水勢是轉南循渦河或睢河入淮河，不僅徐淮運道無法獲得充沛的黃河水以濟助運道，而且黃河水大量往南流，也有水浸壽春王等王墳（鳳陽府城西北的白塔）的危險，例如：

嘉靖 16 年（1537），黃河潰決於睢州（安徽省宿縣北）的地丘店等地，其正流水南循渦河入淮河，不僅徐淮運道患淺涸，黃河水也侵犯壽春王等陵寢。為解決徐淮運道淺涸問題，總河于堪乃從地丘店開挑一道約 40 里的河渠，引黃河水，在商邱縣的丁家道口注入賈魯河，以資助徐淮運道。〔註11〕明年（1538）5 月，總河胡纘為增加徐淮運道的水量，又從睢州的孫繼口、考城縣的孫祿口各開挑一道河渠，引黃河水於商邱縣的丁家道口入賈魯。〔註12〕

〔註11〕張居正，《明世宗實錄》，（國立北平圖書館紅格鈔本，臺北：國立中央研究院歷史語言研究所校勘影印，民國 54 年 1 月出版），卷 207，頁 2，嘉靖 16 年 12 月癸卯條。

〔註12〕張居正，《明世宗實錄》，卷 220，頁 3，嘉靖 18 年正月乙酉條。

　　嘉靖 19 年（1540）7 月，黃河又潰決於睢州的野雞岡（州北 60 餘里），其正流水南循渦河入淮河，卻導致引黃河水接濟徐淮運道的三條輸水河渠中，淤塞了二道（即睢州的地丘店、考城縣的孫祿口所開鑿的河道），僅存睢州的孫繼口一道，因此導致徐淮運道的河水量減少了十分之七，〔註 13〕不僅糧船受阻於徐淮運道，而黃河正流南流也危及壽春王等陵寢。

　　嘉靖 21 年（1542）6 月，兵部右侍郎王以旂督理漕運，為解決徐淮運道缺水問題，除築塞睢州的野雞岡決口外，並於睢州的孫繼口、屇運口和儀封縣的李景高口等三處各開挑河渠一道，引黃河水，經蕭縣（江蘇省蕭縣）、碭山縣（江蘇省碭山縣），在徐州城入運道，長有 600 餘里，於是徐淮運道水量大增，糧船通行無阻。〔註 14〕

　　嘉靖 24 年（1545），黃河潰決於睢州的野雞岡，正流水南循澮河，於泗州入淮河。導致引黃河水濟助徐淮運道的三條河渠中，其中二道遭淤塞（即睢州的屇運口、儀封縣的李景高口這二水道），僅存睢州的孫繼口這一水道。〔註 15〕

　　前述嘉靖 13 年至嘉靖 24 年的 12 年間，為黃河下游的正流河道會入淮河時期。此期間，黃河曾有 4 次潰決，前 3 次（嘉靖 13 年、嘉靖 16 年、嘉靖 19 年）南循渦河入淮河，第 4 次（嘉靖 24 年）則循澮河。每次黃河潰決，皆將黃河下游向東行的一分支（賈魯河）的河水量挈引南流，以致徐淮運道的水量不足。為解決徐淮運道的淺涸，常於潰決處，開挑分水河渠，引黃河水入賈魯河，以接濟徐淮運道。如嘉靖 16、17 年於睢州的地丘店、孫繼口，考城縣的孫祿口；嘉靖 16、17 年於睢州的孫繼口、屇運口。這些輸送黃河水的河渠，常隨黃河潰決而遭淤塞，以致無法確保輸送黃河水的穩定性，以致糧船常遭淺阻於徐淮運道。此也伏下嘉靖 25 年以後，黃河正流東北徙之後，從此不再導其正流南行。

　　嘉靖 25 年，黃河決於曹縣，其全河水勢東北徙，於山東省魚臺縣（山東省魚臺縣）的穀亭鎮入山東運河，以致南行諸河（潁、渦、澮等河）皆淤塞。至嘉靖 37 年（1558）黃河下游的全流水勢均維持東北行，使山東運河南段和徐淮運道均獲得充沛的黃河水以助糧運。

〔註 13〕張廷玉，《明史》，卷 83，〈河渠一‧黃河上〉，頁 878。
〔註 14〕張居正，《明世宗實錄》，卷 263，頁 4，嘉靖 21 年 6 月癸丑條。
〔註 15〕武同舉，《淮系年表全編》（臺北：文海出版社，民國 58 年 5 月出版），表 9，〈明二‧嘉靖〉，頁 14。

嘉靖37年，黃河決於曹縣的新集，河水東北衝，至單縣（山東省單縣）
的段家口，分為6小股會入山東運河。於單縣分為六股的黃河河道，其交會
山東運河的地點，從北而南為：1. 沛縣（江蘇省沛縣）的飛雲橋，2. 胭脂溝
（沛縣東），3. 大溜溝（徐州城北43里），4. 小溜溝（徐州城北40里），5.
秦溝（徐州城北35里），6. 濁河（徐州城北30里），〔註16〕為明代黃河水患
最為嚴重時期。此後六年，「河忽東（南）忽西（北），靡有定向。」至嘉靖43
年（1564），黃河於徐州城北的六分股，僅存秦溝一道，其餘河道皆淤塞。〔註
17〕嘉靖44年（1565）7月，黃河決於蕭縣的趙家圈（縣西60里），東北衝，
至豐縣（江蘇省豐縣）棠林集（縣南20里），分為南、北二分股，統會於秦
溝（徐州城北35里）入山東運河；（見圖三）而北分股於豐縣的華山（縣東
南），又決出一分股，東北衝，至沛縣飛雲橋散為13支，以致山東運河的南
段運道（即魚臺縣以南至徐州城以北）淤塞200餘里。不久，黃河又潰決於
曹縣的新集，東北衝，至沛縣飛雲橋，阻斷山東運河。〔註18〕

災情的嚴重，同年8月，命朱衡為工部尚書兼理河道、漕運，潘季馴則
掌總河職。關於黃河與漕河在何處交會，最能符合朝廷「通運道」，「護陵寢」
的治河目的。朱衡主張：黃、漕二河交會於徐州城以北，鏡山（徐州城北40
餘里）以南的40餘里間，能獲得「避害」而「資其利」的成效。因為在此地
交會，能降低黃河對山東運河南段運道的衝阻，且也遠離鳳陽（安徽鳳陽）、
泗州（安徽泗縣）的陵寢，並能資引黃河水濟助徐淮運道通行糧船所需的水
量。在此「兩利而無害」的考量下，朱衡導引黃河的全流水，循秦溝於徐州城
北30里的茶城會漕河，〔註19〕奪行泗河下游河道（徐淮運道），在淮安府城

〔註16〕張廷玉，《明史》，卷83，〈河渠一・黃河上〉，頁879；顧炎武，《天下郡國利
　　　　病書》（臺北：廣文書局影印，民國68年11月初版），卷31，〈江南十九・
　　　　徐州〉，頁2。

〔註17〕傅澤洪，《行水金鑑》（國學基本叢書，臺北：臺灣商務印書館，民國57年12
　　　　月台一版），卷25，〈河水〉，頁380，引「蕭縣志」：「統會於秦溝。」又溫體
　　　　仁，《明神宗實錄》（國立北平圖書館紅格鈔本，國立中央研究院歷史語言研
　　　　究所校勘影印，民國55年4月出版），卷69，頁3，萬曆5年11月壬午條：
　　　　「嘉靖四十四年，河大決，改由秦溝出口。」可知嘉靖43年，黃河是東循秦
　　　　溝入漕河。

〔註18〕張廷玉，《明史》，〈河渠一・黃河上〉，頁879；顧炎武，《天下郡國利病書》
　　　　卷31，〈江南十九・徐州〉，頁2。

〔註19〕張居正，《明穆宗實錄》（國立北平圖書館紅格鈔本，臺北：國立中央研究院
　　　　歷史語言研究所，民國54年1月出版），卷3，頁16，隆慶元年正月甲申條。

北會同淮河向東流，於安東縣雲梯關海口入海。

在此以前，黃河下游的正流河道尚未有固定河道，遷徙不定，茲朱衡等的治理黃河的方策又配合「束水攻沙論」的推行，從此黃河下游的全流或正流河道被固定下來。由於黃河下游河道，奪行泗河和淮河，因此徐州城至淮安府城間 605 里的河道，既屬於黃河也是運河；淮安府城至雲梯關海口間 260 里的河道，既為黃河又屬於淮河，至此黃、淮、運三河相合為一。

觀《黃河萬里圖》所呈現的即為黃、淮、運三河合一的形勢，故吾人最初認定：此圖為嘉靖四十五年以後所繪製。

（二）黃河中下游南北兩岸構築縷堤及遙堤

《黃河萬里圖》的黃河中下游的南北兩岸構築綿延的縷堤、遙堤，即可研判此圖為萬曆 20 年（1592）以後所繪製。

從前節的論述，可知晚明以前，明人治理黃河水患的策略，主要屬於「分黃論」，故黃河下游的入海河道，呈現多元，而非單一。多元入海河道，可分為二種流向：一為不與淮河會流入海，另一為與淮河會流入海。前者即黃河下流往北行，於山東省壽張縣或東平縣一帶交會運河，再奪行大清河入海。後者為黃河下游交會淮河的流向有三：1. 東行河道：即流經徐州城，奪泗河下游河道，於淮安府城會淮河入海。2. 南行河道：為南循潁河，或渦河，或澮河入淮河。3. 東南行河道：即循睢州於宿遷縣的小河口入泗河，東行至淮安府城會淮河。因此，晚明以前，黃河下游的入海河道，大多循前述 2～4 道河流入海。

黃河中下游兩岸提方的修通與其河流方向有密切關係，茲分二個時期予以論述：

1. 明代中期以前主要修築黃河中游北岸堤防

明代前期，黃河於其中游潰決，常衝阻會通河（詳見前節，如洪武 24 年、正統 13 年、景泰 3 年、弘治 2 年、弘治 6 年等）。因此，弘治 3 年，戶部左侍郎白昂泰命治河，為防黃河再北衝會通河，乃於陽武縣修築長堤。〔註20〕弘治 8 年副都御史劉大夏為阻斷黃河下游的北流河道，以避免會通河再受黃河水的衝阻，於是在黃河北岸構築二道長堤，一為太行堤（從昨城縣，經東明縣、曹州、曹縣，至虞城縣），長 360 里；另一道，從祥符縣的于家店至儀

〔註20〕張廷玉，《明史》，卷83，〈河渠一・黃河上〉，頁 872。

封縣的小宋集（縣東北）。〔註21〕

明代中期，黃河下游的北行河道雖已築塞，但惟恐黃河下游的正流河道東北徙，於沛縣或魚臺縣會入山東運河的南段運道，有衝阻山東南段運道之憂。而且此時朝廷最擔憂者，莫過於黃河下游的正流河道倘再往北徙，有可能循已被劉大夏築塞的北行河道，再侵犯會通河。所以此時期的治河工程之一，乃於黃河中游的北岸繼續修築長堤。例如：

正德 4 年（1509），總河李鐙從曹縣東至沛縣，修建大堤 310 里。

嘉靖元年（1522），總河龔弘於儀封縣黃陵岡等處構築堤防。〔註22〕

此時期之所以不在黃河中游南岸修築堤防，其主要目的是：南岸不修築堤防，可分導黃河中游的正流水或分流水，南循潁河，或渦河，或澮河入淮河。此一治河觀，稱之「北堤南分」。

2. 明代晚期，黃河中下游兩岸修築縷堤及遙堤

前節已述嘉靖 45 年朱衡導黃河全流水東行經徐州城會漕河，從此黃河水患從其中游轉移至下游。為整治黃河水患，此時開啟另一新的治河理論，即「束水攻沙」；從隆慶 3 年（1569）至萬曆 20 年（1592）的 26 年間，出任總河者，多屬於此一論者，於是在黃河中下游兩岸，創築或幫築縷堤及遙堤，以達到「束湍悍之流，以衝刷淤沙」的功效。〔註23〕

茲將明代晚期黃河中下游主要築堤工程，論述於後：

「束水攻沙論」，也稱築堤束水，即藉黃河水勢以衝刷河床淤沙；而能增強河水流速者，即為堤防和堰壩，此因堤壩能固定河槽，匯集河水。具有束水、導河功能的堤防，有四種不同形式和作用：

（1）縷堤、月堤

縷堤即是束水之堤，在固定河道和匯集河水上，最為重要；但其濱臨河

〔註21〕張懋等，《明孝宗實錄》，卷95，頁6，弘治7年12月甲戌條；又同書，卷97，頁6，弘治8年2月己卯條；及張廷玉，《明史》，〈河渠一·黃河上〉，頁873。

〔註22〕張居正，《明世宗實錄》，卷2，頁7，正德16年5月乙卯條：「陞龔宏（弘）為工部右侍郎，宏言：黃河自正德初變遷不常，日漸北徙，大河之水，合成一脈，歸入黃陵岡，……其黃陵岡原築三埽，先已決去其二，……或決二埽，徑趨張秋，復由故道入海，全河之勢，湍汎奔騰，如建瓴而下，不可復築。臣先嘗築堤，起自長垣，由黃陵岡抵山東楊家口，延長二百餘里，……今擬於堤後，相距十里，再築一堤，……斯一勞永逸計。」

〔註23〕潘季馴，《河防一覽》（點校本，臺北：文海出版社，民國60年出版），卷2，〈河議辯惑〉，頁57；又同書，卷7，〈兩河經略〉，頁166。

道兩岸，若束水過甚，逢伏秋水汛，因水勢澎湃，易於潰決縷堤。故凡掃灣急溜處，為補強縷堤禦水功能，在其後方，乃增築月堤。

（2）遙堤

具有遠離河岸，使河道空間寬廣，以防洪水潰溢之意。故此堤乃築於距南北兩岸縷堤約1～3里處，遇洪水潰決縷堤，尚有此堤作為第二道防線，以免河水散溢，泥沙澱積。

（3）格堤

也稱橫堤，築於縷、遙二堤間，其功能在於若洪水潰決縷堤，河水順遙堤東下，則易刷出新河道，如是黃河正流為之改道；若有格堤橫阻於縷、遙二堤之間，則洪水遭格堤攔阻，俟水勢消落，泛溢河水又回歸原河道。

此四式堤防相互運作，稱為：「固堤即所以導河，導河即所以濬海。」〔註24〕（見圖五）

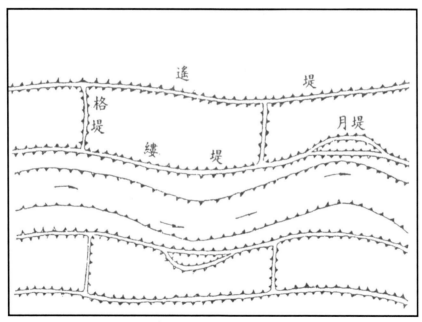

圖五：明代縷堤、遙堤、格堤、月堤示意圖

（採自水利水電科學研究院，《中國水利史稿》下冊，圖10之3）

隆慶4年（1570）9月，黃河決於邳州（江蘇省邳縣），淤塞運道180餘里（睢寧縣～宿遷縣），一千餘艘糧船不能再返。總河潘季馴築塞諸決口，

〔註24〕潘季馴，《河防一覽》，卷7，〈兩河經略疏〉，頁167。

並在徐州城以下的黃河兩岸構築縷堤。治河工程於隆慶 5 年（1571）4 月告成，又迎黃河再潰決於邳州，潘季馴盡塞 12 處決口，並構築縷堤 3 萬餘丈。〔註 25〕

　　隆慶 6 年（1572）正月，工部尚書朱衡、總河萬恭共理河務，兩者的治河策也屬於束水攻沙論。他們認為：導黃河全流水東行，奪泗河下游河道，由於泗河的河身狹窄，且有泥沙淤積之患；為防止泛濫，惟有在河道兩岸構築堤防。因此黃河下游所修築的縷堤，南岸從徐州城以東至宿遷縣；北岸從徐州的呂梁洪到邳州的直河口。〔註 26〕而且又修建黃河中游（徐州城以西）南岸堤防（從祥符縣至碭山縣），這是明代首次於黃河中游南岸修建堤防，標示著此時朝廷的治河方策，不再分洩黃河水南循潁河或渦河入淮河。

　　萬曆 3 年（1575）年 2 月至萬曆 8 年（1580）6 月，潘季馴在張居正的鼎力支持下，第三度出任總河，其著重黃河下游河道的整治。在整治工程中，構築堤防乙項，在山陽縣、寶應縣（江蘇省寶應縣）、清河縣（江蘇省淮陰縣）、桃源縣（江蘇省泗陽縣）、睢寧縣（江蘇省睢寧縣）、邳州等地，計構築縷堤：20226.8 丈，遙堤 64861.91 丈，土堤 4492 丈。〔註 27〕

　　萬曆 16 年（1588）5 月至萬曆 20 年（1592）2 月，潘季馴第四度出任總河，其將束水攻沙論，不僅推行於黃河下游，並推廣於黃河中游。計創築土堤：2838.5 丈，幫築土堤：240414 丈，創築石堤：3744.5 丈，格堤：2639.7 丈。〔註 28〕

　　從前述束水攻沙論的推動，可知黃河中下游南北兩岸均有構築縷堤及遙堤，險要處並築月堤、格堤。據此審視《黃河萬里圖》，均有此四式堤防的修建，可知此圖應繪製於萬曆 20 年以後。

（三）高家堰及三座減水閘的建置

　　從《黃河萬里圖》中，洪澤湖南岸高家堰的修建，以及堰上建置武家墩、高良澗、周家橋三座水閘，即可研判此圖為萬曆 24 年（1596）後所繪製。

〔註 25〕張廷玉，《明史》，卷 83，〈河渠一‧黃河上〉，頁 880。

〔註 26〕溫體仁，《明神宗實錄》，卷 7，頁 5，隆慶 6 年 11 月乙未條；又傅澤洪，《行水金鑑》，卷 27，頁 403，引〈萬恭治水筌蹄〉。

〔註 27〕潘季馴，《河防一覽》，卷 8，〈河工告成疏〉，頁 209～221。

〔註 28〕潘季馴，《河防一覽》，卷 11，〈河工告成疏〉，頁 339～342；卷 12，〈恭報三省直堤防告成疏〉，頁 373～380。

1. 高家堰的建置

（1）清口沙的形成

明代晚期，黃河全流水與淮水與淮河交會於清河縣的清口（淮安府城西20里）。（見圖六、七）

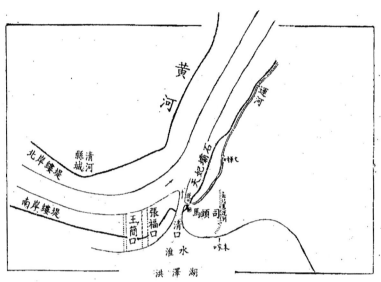

圖六：明代黃、淮兩河交會清口圖

（採自武同舉，《淮系年表全編》，淮系歷史分圖七）

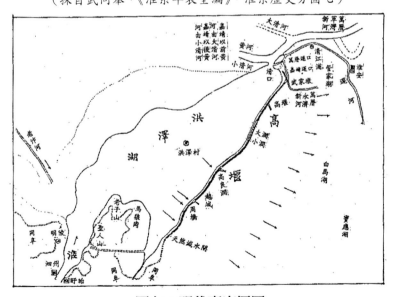

圖七：明代高家堰圖

（採自武同舉，《淮系年表全編》，淮系歷史分圖三）

　　由於黃河水所挾帶的泥沙，堙塞清口，形成堅硬如石的大板沙，長約 10 餘里，稱為「清口沙」或「門限沙」。清口沙所造成的危害，在於淮水遭受此一淤沙的阻礙，無法順流東北出清口，與黃河水相交會，而停蓄於洪澤湖內，若迎淮水泛漲，洪水將逆侵泗州和祖陵，並且潰決高家堰，泛濫於淮南。

　　清口淤塞的時間與原因，依束水攻沙論者，如潘季馴等人的看法，有以下二項：

　　a. 黃強淮弱。黃河的水勢強盛，淮水的水勢緩弱，而每年二河水泛漲時間，黃河早於淮河，依《天啟‧淮安府志》的記載：黃河水每年泛漲時間約在 4、5 月，淮水則在 7、8 月。〔註29〕故每逢黃河水泛漲，必然倒灌於清口；而黃河水遭淮水的頂托作用，所挾帶的泥沙遂淤澱於清口。

　　清口遭淤塞的時間，依萬曆 15 年（1587）工科都給事中常居敬、萬曆 25 年總河楊一魁的看法，乃在嘉靖 25 年以後，黃河全流東行徐州城，奪泗河河道後，由於「淮不敵黃」，逐漸淤積而成。〔註30〕至隆慶、萬曆年間，因海口淤塞，黃河下游河床淤高等因素，致使黃河水更加浸灌清口，加速門限沙的形成。〔註31〕

　　b. 淮水南潰。束水攻沙論者，如潘季馴認為：「淮（水）退一步，黃（水）進一步；淮（水）退一丈，則黃（水）進一丈。」〔註32〕依此其解釋清口淤塞原因，在「黃強淮弱」的基礎上，特別強調淮水東潰高家堰，因淮水南徙，黃河水遂乘機倒灌清口。因此隆慶 4 年，黃河水衝灌清口，淮水又東潰高家

〔註29〕方尚祖，《淮安府志》（明天啟間刊本），卷 13，〈河防志〉，頁 3；又陳夢雷，《古今圖書集成》（臺北：文星書局景印，民國 53 年 10 月），卷 235，〈山川典‧河部〉，頁 2152：「每歲四、五月間，淮陰畚土塞成，竇穴出入，而城中衝衢，盡可為舟。」

〔註30〕潘季馴，《河防一覽》，卷 14，〈常居敬撰祖陵當護疏〉，頁 520；溫體仁，《明神宗實錄》，卷 308，頁 1，萬曆 25 年 3 月戊午條。

〔註31〕溫體仁，《明神宗實錄》，卷 67，頁 4，萬曆 5 年 9 月丁卯條，南河工部郎中施天麟言：「清口之淤塞者，又緣黃河淤積日高，淮水不得不讓河而南徙。」又同書，卷 251，頁 6，萬曆 20 年 8 月丁酉條，勘河給事中張觀貞言：「淮清口，自海沙開濬無限，因而河身日高，自河流倒灌無已，因而清口日塞，以致淮水停蓄。」又同書，卷 289，頁 5，萬曆 23 年 9 月壬辰條，勘河工科給事中張企程言：「蓋以淮（河）壅，緣以河身日高；河高，緣海口不深。」

〔註32〕陳仁錫，《皇明世法錄》（臺北：臺灣學生書局景印，民國 54 年元月初版），卷 50，〈南河‧開周家橋疏〉，頁 19。

堰，清口遂遭淤塞。〔註33〕

可知束水攻沙論者認為「黃強淮弱」、「淮水南潰」為清口淤塞的原因，時間約在隆慶、萬曆年間。

（2）高家堰的修建

高家堰位於山陽縣西南，全長約70里，北起武家墩，經高家堰（距前15里）、高良澗（距前40里），南至周家橋（距前20里）。此地原為高氏家族居住地方，故有這一名稱。（圖七）

高家堰的禦水功能，在「束水攻沙」的治河方策中，位居「蓄清刷黃」的主體工程，而且能「屏障淮南」，免遭淮水的泛濫。

「蓄清刷黃」，為破除清口淤沙的方法之一。前述清口沙的形成，在於「黃強淮弱」，以及淮水東潰高家堰所造成。因此若能導引全淮水勢盡出清口，與黃河水相抗衡，則清口得免遭黃河水的灌淤。如何增強淮水出清口的水勢，則將洪澤湖南北兩岸的分水口均予築塞，故其南岸，須厚築高家堰，使大小澗、高良澗等處（淮安府城西南70里），無法分洩淮水入寶應諸湖；於北岸，則築堤堰於王家口（清河縣，清口西3里）、張福口（桃源縣），使淮水無法經此旁洩入黃河。（見圖八）〔註34〕此一「蓄清刷黃」的方策，稱為：「藉以敵黃而刷清口者，全淮也；淮若中潰，清口必塞。」〔註35〕

「屏障淮南」，因高家堰位居高阜，其地勢較寶應縣高1丈8尺，又較高郵州高2丈2尺，而高郵州、寶應縣又比興化縣、泰州等地高1丈餘，如是高家堰與興化縣、泰州的地勢相差約3丈。〔註36〕倘淮水潰決高家堰，河水南下，將「因三丈餘之地勢，灌千里之平原」，如是淮南六州縣將成為洪泛之

〔註33〕潘季馴，《河防一覽》，卷2，〈河議辯惑〉，頁65；同書，卷9，〈高堰請勘疏〉，頁247。

〔註34〕潘季馴，《河防一覽》，卷10，〈申明修守事宜疏〉，頁283。

〔註35〕潘季馴，《河防一覽》，卷2，〈河議辯惑〉，頁60；又同書，卷3，〈河防險要‧淮南〉，頁84：「防清口淤澀，清口，乃黃、淮交會之所，運道必經之處。……往歲高堰潰決，淮從東行，黃亦隨之而東，清口遂為平陸。而今高堰築矣，獨應清河縣對岸王家口等處，淮水過盛，從此決出，則清口之力微矣。故於清河縣南岸築堤一千一百八十丈，今又接築張福口堤四百四十餘丈，以防其決，蓋為此也，工程甚緩，而關係甚大。

〔註36〕汪武曹，《黃河考證》（青照堂叢書），頁8；又王錫元，《盱眙縣志稿》（清光緒29年重刊本，臺北：成文出版社景印，民國59年4月台一版），卷2，〈山川〉，頁20；以及傅澤洪，《行水金鑑》，卷6，〈河水〉，頁91，均有相同記載。

區，故云：「淮南之有高（家）堰，猶家室之有牆垣也。」〔註37〕

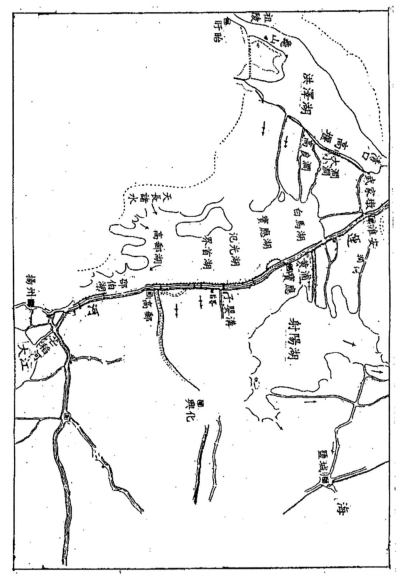

圖八：明代高家堰與淮南水利圖

（採自武同舉，《淮系年表全編》，淮系歷史分圖七十）

　　高家堰的創建，始於東漢獻帝建安 5 年（200），廣陵（揚州）太守陳登為發展農業，以及預防淮水東浸，乃構築之，北起韓信城，經武家墩，南至管

〔註37〕陳應芳，《敬止集》（《文淵閣四庫全書》珍本二集，臺北：臺灣商務印書館景印，民國 59 年），卷 1，〈論高堰利害〉，頁 34。

家莊，全長 30 里。（見圖六）〔註38〕此後，到明代晚期的 1200 餘年間，從已知史料，曾有二次修建，一是北宋仁宗慶曆年間（1041～1048）轉運使張綸，二為明永樂 13 年（1415）平江伯陳瑄。〔註39〕

明代初期，黃河正流雖長期循潁、渦等河入淮河，但是時淮河下游河道尚未淤高，故黃、淮二河水之危害，尚屬輕微。但明代中葉，嘉靖 13 年至嘉靖 24 年間，黃河正流再度南循渦河入淮河，此時期淮河下游水患已漸趨嚴重，故嘉靖 17 年都御史周金為防淮水東溢，乃重建高家堰，每年並撥「數百金」作為召募鄉夫修護堤堰之經費；後因缺乏經費，無法長期養護，遂漸趨傾毀。〔註40〕嘉靖 25 年以後，黃河全流奪泗河東行，會淮河於清口，因「黃強淮弱」等因素，以致洪澤湖之面積擴大，合萬家、泥墩、富陵諸湖為一，〔註41〕倘值淮水泛漲，易衝決高家堰。晚明，淮水東潰高家堰，漂沒淮南，計有隆慶 3 年（1569）7 月、萬曆 2 年（1574）8 月、萬曆 5 年（1577）秋、萬曆 21 年（1593）夏等 6 次。為整治高家堰，茲分三個時段論述：

a. 隆慶 3 年至萬曆元年（1573）。高家堰首遭潰決，總漕王宗沐、淮安知府陳文燭認為：倘決口未能築塞，則淮南「億萬疲困之民，必無可生之路。」遂發銀一萬二千餘兩，募民修建，從隆慶 6 年 9 月興工，至萬曆元年完成，全長三十里，其形式：高一丈，底闊十五丈，頂寬五丈。〔註42〕但泗州、盱眙縣等地之士民，矛反對構築此堰，認為其阻礙淮水南出之路，遂「阻撓四出」，以致未能維持長久，而「中圮」。〔註43〕

b. 萬曆 6 年（1578）至萬曆 20 年。因萬曆 2 年至萬曆 5 年（1577），高家堰曾有三次潰決，為整治黃、淮二河，從萬曆 6 年至萬曆 20 年間，潘季訓二次整建高家堰。萬曆 7 年（1579），潘季馴築塞高良潤等決口三十三處，厚

〔註38〕何喬遠，《名山藏》（崇禎 13 年刊本景印，臺北：成文出版社，民國 60 年 1 月台一版），〈河漕記〉，頁 779；又劉光業，《淮安府志》（清康熙 24 年序刊本，臺北：國家圖書館漢學研究中心景印），卷 1，〈山川〉，頁 6。

〔註39〕靳輔，《治河奏績書》（文淵閣四庫全書，臺北：臺灣商務印書館景印，民國 75 年 3 月），卷 4，〈高堰〉，頁 21。

〔註40〕不著撰人，《淮南水利考》（明刊本），卷下，〈地方意見〉，頁 33。

〔註41〕王錫元，《盱眙縣志稿》，卷 2，〈山川〉，頁 24。

〔註42〕不著撰人，《淮南水利考》，頁 35；又劉光業，《淮安府志》（清康熙 24 年序刊本，臺北：國家圖書館漢學研究中心景印），卷 12，〈藝文志・丁士美〉，高加（家）堰記；王宗沐，〈淮郡二堰記〉，頁 50。

〔註43〕邵達平，《河工見聞錄》（清康熙間原刊本），頁 30。

築高家堰之土堤，長六十里，其形式：「根闊十五丈至八丈、六丈不等；頂闊
六丈至二丈；高一丈二、三尺不等。」〔註44〕萬曆11年（1583），鑒於中段
之高良澗等二十里，地勢較低窪，惟恐伏秋水漲，浸嚙堤根，改採石塊包砌，
計費銀十三萬一千零三十四兩。〔註45〕高家堰完工後，其所發揮功效：「屹然
如城，堅固足恃，今淮水涓滴盡趨清口，會黃（河）入海，清口日深，（淮河）
上游日涸，故不特（高家）堰內之地可耕，而堰外湖坡，漸成赤地。」〔註46〕

　　萬曆16年，潘季馴第四度主持河務，命南河工部郎中羅同敬等，修建高
家堰石堤計三千一百一十丈，幫修土堤七千零九十二丈。〔註47〕萬曆19年
（1591）11月，潘季馴認為高家堰中段石堤，已「足當風浪」，但其南北二段，
仍屬土堤，須年年予以修復，故擬改砌為石堤。〔註48〕但此議尚未執行，明
年2月，因祖陵遭水浸，潘季馴自請離職返鄉。

　　c. 萬曆20年至萬曆24年。此期間高家堰有二次潰決。為挽救祖陵水患，
「分黃、導淮論」居於主導。導淮論者，為廣開淮水入海之道，根本否定高家
堰之禦水功能，主張予以拆毀，如萬曆22年（1594）10月，總漕褚鈇言：萬曆
7年以前，祖陵未曾有水患；祖陵有水患，始於高家堰修建之後；而且此堰之建
立，其利益全歸於淮南六州縣，至於泗州、盱眙等地，則全蒙其弊害。〔註49〕

　　分黃論，即以分洩黃河水為主，而以導淮為輔的治河策，此一議論是以河
臣楊一魁為首。依分黃方策，計畫於清口下游的黃家壩（桃源縣），開挑一條分
水河道，東行至安東縣的五港入海。（見圖九）如是黃家壩新河分洩黃河水的功
效，可免除黃河水灌淤清口的患害。至於作為輔策的導淮論，其仍肯定高家堰
具有屏障淮南的功能，不可輕言拆毀，故其規劃於高家堰的南北二端各設減水
閘一座，分洩淮水。南端一道，從周家橋分洩淮水南出，下分二路入江、海，
其中一路南行，經揚州府城稍北的金家灣，轉行芒稻河（揚州府城東30里）入
大江，另一路從子嬰溝（寶應縣南60里）東行入廣洋湖（寶應縣東南40里）
入海。北端一道，從武家墩（淮安府城東南70里），引淮水行永濟河、涇河（淮

〔註44〕潘季馴，《河防一覽》，卷8，〈河工告成疏‧淮北工程〉，頁219。
〔註45〕潘季馴，《河防一覽》，卷9，〈覆議善後疏〉，頁233；又溫體仁，《明神宗實
　　　　錄》，卷142，頁1，萬曆11年10月己酉條。
〔註46〕潘季馴，《河防一覽》，卷8，〈河工告成疏〉，頁210。
〔註47〕潘季馴，《河防一覽》，卷11，〈河工告成疏〉，頁340。
〔註48〕溫體仁，《明神宗實錄》，卷242，頁1，萬曆19年11月癸亥條。
〔註49〕褚鈇，《漕撫疏草》（明萬曆25年刊本），卷6，〈河工重大異同〉，頁67。

安府城南 50 里)，東經射陽湖（淮安府城東南 70 里）入海。（見圖八）〔註 50〕
可知分黃論者，其導淮的目的，僅是分洩泛漲淮水南流，並非拆毀高家堰。

分黃與導淮二論，孰應興舉，萬曆 24 年工部的決策，偏向於分黃論，不
同意拆毀高家堰，但為多分洩停蓄在洪澤湖內的淮水，同意於高家堰上再增
建高良潤（淮安府城西南 70 里）減水閘乙座，連同武家墩、周家橋二座減水
閘共有三座。〔註 51〕

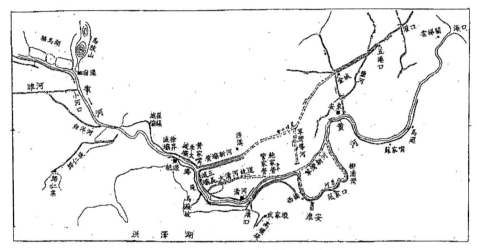

圖九：明代黃家壩新河圖

（採自武同舉，《淮系年表全編》，淮系歷史分圖三十八）

高家堰雖建置於東漢，於明代晚期，由於黃、淮二河交會於清口，為破除
清口淤沙，東水攻沙論者擬定「蓄清敵黃」的方策，特別強調高家堰具有匯集
淮水以抗拒黃河水浸灌以及破除清口沙等功能。但此一方策却無法有效清除
清口淤沙，致淮水無法順流東出，而瀦蓄於洪澤湖內；逢淮水泛漲，則逆浸祖
陵、泗州城（江蘇省泗縣）。因此萬曆 24 年乃採分黃論者的治河方策，為疏洩
淮水入江海，於高家堰上建置武家墩、高良潤、周家橋三座減水壩。（見圖七）

從黃河全流東行由雲梯關入海，黃河中下游兩岸構築縷堤及遙堤，高家
堰上武家墩等三座減水壩，以及萬曆元年漕運都御史王宗沐為防禦黃河水浸
氾淮安府城所興建的「王公堤」（清江浦海神廟東至老壩口的石堤，長 595 丈）
等原因，來論《黃河萬里圖》繪製時間，不可能繪於明代初期，也非明代中
葉，而是在明萬曆 24 年以後。

〔註 50〕溫體仁，《明神宗實錄》，卷 288，頁 1，萬曆 23 年 5 月甲辰條。
〔註 51〕溫體仁，《明神宗實錄》，卷 295，頁 10，萬曆 24 年 3 月丙申條。

四、黃河萬里圖應繪製於清聖祖時期

《黃河萬里圖》依圖中所繪的各項水利工程，吾人認為此圖應為清康熙 16 年至 26 年間擔任河道總督的靳輔派人所繪製，作為向康熙皇帝報告其九年治理黃、淮、運三河的成績。據《行水金鑑》載：「……康熙二十六年十月內題，恭報兩河水勢情形，并進河圖，奉旨將此疏圖同本，送京城內院番清畢，即交與九卿議此。」〔註52〕或許靳輔所進的「河圖」，即為流傳至今的《黃河萬里圖》。

茲將靳輔整建的主要水利工程，與《黃河萬里圖》中所標示的水利工程相對照，即可瞭解此圖為靳輔治河時期所繪。

（一）靳輔的治河觀

靳輔、字紫垣，漢軍鑲黃旗人，順治 9 年（1652）以官學生考授國史館編修，改內閣中書，遷兵部員外郎。康熙初年，任內閣學士，康熙 10 年（1671）授安徽巡撫。〔註53〕康熙 15 年（1676）逢黃河大潰決於宿遷、清河、山陽、安東等縣；且黃河水浸灌清口，致黃淮二水，潰決高家堰 34 處，洪水泛濫於淮南，災情慘重。〔註54〕康熙 16 年 2 月命靳輔為河道總督，負責整治黃、淮、運三河。〔註55〕

靳輔奉命治河，得力於陳潢的輔佐，使其瞭解黃河水多沙的特性。論其治河觀乃承繼潘季馴的束水攻沙論，反對多分流，而主張以堤防束水於一槽。但其在束水攻沙的基礎上，另有發展方策，如提出以人力挑濬方式，清除清口淤沙和海口淤沙，以及在黃河下游河道兩岸廣建減水石壩以分洩泛漲的黃河水等。

（二）整治黃河

1. 強化黃河下游兩岸堤防

靳輔整治黃河，主要在黃河下游（徐州城至雲梯關海口），為增強該河段的束水功能，強化兩岸堤防的建構：

（1）南岸從白洋河口（宿遷縣）以東，經桃源縣、清河縣，山陽縣，至雲梯關海口，長 410 里；北岸從清河縣以東，經山陽縣、安東縣，至雲梯關海口，長 280 里；均構築縷、遙、格三式堤防，縷堤高 6 尺，遙堤高 8 尺，

〔註52〕傅澤洪，《行水金鑑》，卷 50，〈河水〉，頁 727。
〔註53〕柯劭忞，《清史稿》，（臺北：鼎文書局，民國 70 年 9 月），卷 279，〈列傳六十六‧靳輔〉，頁 10115。
〔註54〕傅澤洪，《行水金鑑》，卷 47，〈河水〉，頁 683。
〔註55〕柯劭忞，《清史稿》，卷 279，〈列傳六十六‧靳輔〉，頁 10115。

格堤高 5 尺，至於三式堤防的堤面、堤底的寬度，堤面均寬 2 丈，底為 6 丈。

（2）南岸從白洋河口以西，經宿遷縣（江蘇省宿遷縣）、睢寧縣、靈壁縣（安徽省靈壁縣），以至徐州城，共長 280 里；北岸從清河縣以西，經桃源縣、宿遷縣、邳州，以至徐州，共長 400 里，均要修築縷、格二式堤防。堤防高度，除北岸的駱馬湖（宿遷縣西北 10 里）以西的縷、格二式堤均為 5 尺外，其餘河段皆為縷堤 6 尺，格堤 5 尺。〔註 56〕

2. 建造 13 座減水石壩

逢黃河水泛漲，水勢洶湧，但兩岸的堤防高度，最高不過 1 丈，低者僅有 5、6 尺。倘何床淤高，泛漲河水易於衝刷堤土，造成決口。因此為有效疏洩暴漲的黃河水，靳輔認為只有多建減水石壩。

黃河下游河道，於明萬曆 16 年，潘季馴曾於桃源縣建置崔鎮、徐昇、季太、三義等四座減水壩。靳輔親往勘查，認為此四座減水壩，每座僅寬 1 丈 7 尺，四座共計不及 7 丈，如何能「以無窮之水，而俱欲賴此七尺地面洩之，自屬無益。」〔註 57〕因此其於康熙 24 年計畫於黃河下游建構 13 座減水石壩。每座的規模，東西寬 12 丈，南北長 18 丈 6 尺；有閘洞 7 個（每洞寬 1 丈 8 尺），計其洩水寬度為 12 丈 6 尺。且每座均為石壩，「兩旁俱用石牆，土內密釘排椿，灌以漿灰，上舖石板，聯以鐵錠。」〔註 58〕

此 13 座減水石壩的地點功能，詳見下表：

表一：清代靳輔建置 13 座減水石壩表

州　縣	數　目	南、北岸	地　點	功　能
碭山縣	1	南岸	毛城舖	以減河南、山東二省驟來之山，不僅蕭縣、碭山縣、豐縣、徐州的田畝可漸耕，而徐州以下的邳州、睢寧縣、靈壁縣的新舊河堤也不至於潰決。
蕭縣	1	南岸		
徐州	3	北岸	大古山 子房山 花山	
宿遷縣	3	北岸	攔馬河 朱家堂 溫州廟	以減黃河與駱馬湖會合之水。

〔註 56〕靳輔，《治河奏續書》，卷 3，〈奏議〉，頁 17、25。
〔註 57〕靳輔，《治河奏續書》，卷 3，〈奏議〉，頁 30。
〔註 58〕靳輔，《治河奏續書》，卷 3，〈奏議〉，頁 30。

桃源縣	2	北岸	古城 黃家壩	以減黃河與白洋河會合之水。
清河縣	2	北岸	王家營 張家庄	以減黃河與淮河會合之水。
安東縣	1	北岸	邢家庄	

資料來源：1. 靳輔，《治河奏績書》，卷3，頁30。

2. 傅澤洪，《行水金鑑》，卷50，〈河水〉，頁719～722。

此 13 座減水石壩，在《黃河萬里圖》中有標示者，有 5 座：大谷山、攔馬河、溫州廟、古城、王家營。

3. 設置 7 座天然減水閘

靳輔於康熙 24 年（1685）設置的 7 座天然減水閘，均位於徐州城一帶，其作用：

（1）舒解徐州城水患

徐州城一帶的黃河寬度，最寬處不超過百丈，逢伏秋水汛，河水奔騰，常有潰決之患。

（2）減弱黃河水勢

逢黃河水泛漲，常倒灌清口，致淮水無法順流東出，清江浦運口也遭泥沙淤塞。

此七座天然閘，均設在「山根岡址」，地點如下：

徐州：南岸之王家山天然閘、十八里屯東天然閘、十八里屯西天然閘。

睢寧縣：南岸之峯山、龍虎山，設天然閘四座。〔註59〕

此七座天然閘，在《黃河萬里圖》中均有標示。

4. 黃河下游的險工

從徐州城以至雲梯關海口，一千餘里，為河防險要之處，必須「歲加埽土以除之。」〔註60〕

黃河的各處險工，因時代不同而改變，有「昔險而今平者，也有昔平而今險者」，此因河道變遷，衝刷不常所致。從明代晚期以來，黃河水患主要泛濫於下游，據靳輔《治河奏績書》的記載，黃河下游最為險要之處計有 45 地，

〔註59〕靳輔，《治河奏績書》，卷4，〈黃淮交濟〉，頁8；傅澤洪，《行水金鑑》，卷58，〈河水〉，頁722。

〔註60〕靳輔，《治河奏績書》，卷4，〈黃河各險工〉，頁50。

詳如下表所載：

表二：清康熙 16 年黃河下游險工表

州 縣	南北岸	數 量	地 點	《黃河萬里圖》有標示者	備 註
徐州	南岸	3	郭家嘴		州治西南
			楊家溎	V	長樊壩南
			小店庄	V	楊家溎東
	北岸	1	長樊大壩	V	
邳州	北岸	4	塘池大壩		
			羊山寺	V	
			董家堂	V	州治南一里許
			五工頭	V	州治東南
睢寧縣	南岸	2	五家堂		
			戴家堂		
宿遷縣	南岸	4	蔡家樓	V	
			彭家灣	V	
			徐家灣	V	
			白洋河草壩	V	
	北岸	3	朱家堂		
			楊家庄大壩並逼水壩	V	
			古城	V	
桃源縣	南岸	3	烟墩		
			龍窩	V	
			李家口	V	
	北岸	5	九里岡	V	
			上渡口	V	
			七里溝雞嘴壩	V	
			新庄口		
			三岔		

清河縣	南岸	3	甘羅城	V	此處最當衝頂，雖係石工，而殘圮過半
			天妃壩	V	
			惠濟祠	V	
	北岸	1	玉皇閣	V	縣治的南堤
山陽縣	南岸	12	王公堤	V	第一大險工
			老壩口		
			草灣湯董庄		
			顏家河上張庄	V	
			真武廟	V	
			周家渡	V	
			唐家堡	V	
			小艾陵	V	
			馬邏沈家圍羅舖左家口至卓家口 20 里		
安東縣	北岸	6	二舖		
			便益門		
			南門	V	
			東門		
			茆良口	V	
			佃河		

前述黃河下游險工，《黃河萬里圖》有記載者計有楊家漄等 30 處。

（三）治理淮河

為順導淮水東出清口會黃河，靳輔採人力大挑清口淤沙，但其認為清口沙的存在，可防止黃河水浸灌入洪澤湖，故未予全部盡除，乃於清口淤沙上，挑出清口、爛泥淺、裴家場、帥家莊四道引河。（見圖十之一）〔註61〕為約束清淮東出，靳輔乃肯定高家堰的功能，但為分洩泛漲淮水，則於堰上修建 6 座減水壩；並為順導睢河水於遷宿縣小河口或白洋河口入黃河，以免南洩入洪澤湖，重建歸仁堤。茲將靳輔整建高家堰、歸仁堤的過程，詳述於後。

〔註61〕傅澤洪，《行水金鑑》，卷 65，〈河水〉，頁 963，引《淮安府志》；又柯劭忞，《清史稿》，卷 128，〈河渠三〉，頁 3797。

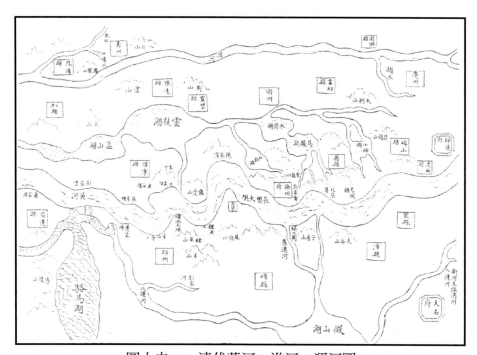

圖十之一：清代黃河、淮河、運河圖

（採自陳璜，《河防述言》，黃河全圖）

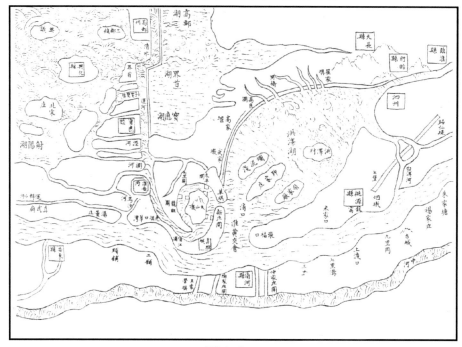

圖十之二

1. 厚築高家堰並建置 6 座減水壩

明代晚期，為疏洩淮水入江海，於高家堰上建造三座減水壩（武家墩、高良澗、周家橋），另該堰西南從周家橋至翟壩 30 里，因地勢較高，未予築堤，乃稱為「天然減水壩」。

康熙 15 年，黃河水泛漲，倒灌洪澤湖，高家堰潰決 34 處，黃、淮二水泛濫淮安府、揚州府各州縣。〔註62〕

靳輔整治高家堰，乃盡塞各決口，並厚築該堰，北自清口南至周家橋，長有 90 里。另周家橋至翟壩 30 里，原未築堤之處，也要創築堤防，此因明萬曆年間與今日的地形水勢已大不相同。明代晚期，洪澤湖的深度尚能容納湖水，周家橋至翟壩一帶，雖不築堤，但湖水常低於岸面，惟逢淮水泛漲，才有盈溢淮水由此漫出，此為潘季馴所言：「周橋，漫溢之水，為時不久，諸湖尚可容受也。」〔註63〕

但洪澤湖歷經明代晚期黃河水的浸灌後，茲今湖底已墊高，致湖水的水勢也提升，故周家橋以南 30 里原本地勢稍高之處，今日湖水整年經此滔滔東注；不僅減弱淮水東出清口以抗衡黃河水的水勢，而且黃河水也更加浸灌清口，將引發黃、淮二水衝決高家堰。於是在清康熙 19 年（1680），靳輔乃創築周家橋至翟壩 30 里的堤堰，為渲洩異漲的淮水、於高家堰上除整建原有的武家墩、高良澗、周家橋三座減水壩外，另新建唐梗、古溝東、古溝西三座減水壩（後三座位於新建堤堰上）。〔註64〕

此六座減水壩，《黃河萬里圖》上均有明載。

2. 修建歸仁集堤並建置減水大石壩

歸仁集堤為明萬曆 6 年（1578）潘季馴整治黃河下游時所建造。此堤位於睢河入黃河的南岸，橫跨泗州、宿遷、桃源三州縣，計長 43 里。潘季馴構築此堤的功能有二：（1）前此逢黃河水泛漲，河水易浸灌宿遷縣的小河口（睢、黃二河交會處），潰決歸仁集（桃源縣的于家岡西 57 里），挾自鹿諸湖水（宿遷縣西南 50 里），南衝泗州祖陵。構築此堤後，明祖陵得免除前述的水患。（2）此堤能順導睢水入黃河，可增強黃河水勢，以利於衝刷河床上的淤沙。

〔註62〕傅澤洪，《行水金鑑》，卷 47，〈河水〉，頁 682，引《江南通志》。
〔註63〕靳輔，《治河奏績書》，卷 4，〈奏書〉，頁 22。
〔註64〕傅澤洪，《行水金鑑》，卷 65，〈運河水〉，頁 963；靳輔，《治河奏績書》，卷 4，〈奏書〉，頁 23。

可知歸仁集堤具有防洪、順導睢水的功能。（見圖十一）〔註65〕

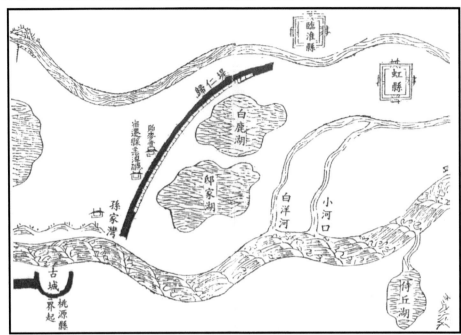

圖十一：明代歸仁集堤圖

（採自潘季馴，《河防一覽》，全河圖說）

清代初期，歸仁集堤年久失修，黃河下游河道又淤高。康熙 15 年，黃河水泛漲，浸灌淤塞睢河口（白洋河口），致睢河等諸湖河水不能順流會入黃河，遂決歸仁集堤，南注洪澤湖，於是黃、淮、睢等水匯集潰決高家堰，泛濫於淮南。康熙 16 年秋冬，靳輔親往勘查，於 17 年（1678）提出各項修建工程如下：

表三：靳輔整建歸仁集堤各項工程表

工程名稱	地　點	數　量	備　註
修築石工	1 堡～7 堡	4500 餘丈	
修補土堤	石工堤之西至虹縣	480 餘丈	高 1 丈，面寬 2 丈，底寬 3 丈
修補土堤	石工堤之東	200 餘丈	
塞決口		8 處	

〔註65〕潘季馴，《河防一覽》，卷 8，〈河工告成疏〉，頁 209～221。歸仁集堤計長 7680 餘丈，自泗州烏鴉嶺至歸仁集土堤 500 餘丈，自歸仁集至五堡石堤 3000 餘丈，自五堡至桃源縣界土堤 3700 餘丈。

創築大橫堤（即格堤）	七堡石工～白洋河 上三教堂格堤	1800 丈	
創建七洞減水大石壩			

資料來源：靳輔，《治河奏績書》，卷3，頁35～36。

歸仁集大橫堤以及七洞減水大石壩為靳輔所創建，於《黃河萬里圖》上均有載明。

（四）開鑿新運道

從《黃河萬里圖》中，明顯看出此時期不再資用黃河為運道，因圖中畫有皂河、中河兩運河，以及兩運河的運道口：張家莊運口與仲家莊運口；另為避免黃河水浸灌清江浦運口，新開七里閘運道。

皂河、中河、七里閘運道均完成於靳輔治河時期，茲論述此三條運道的開鑿。

1. 開皂河

明代中葉以前，整治黃、漕二河的方策之一，為「以黃濟運」，即引用黃河水以濟助運道，尤其是徐淮運道。但資用黃河水，也必然受到其危害。因此，明代晚期，在糧船北上，西溯黃河，備嘗風濤之險，以及黃河在其下游潰決，阻礙糧運的情勢下，興起「以運避黃」的方策。此即徐州城與淮安府城間的航運，儘量不要資用黃河為運道，使黃河與運河分開。

「以運避黃」的方策，首次實現於明萬曆31年（1603）總河李化龍開挑的泇河，此河從沛縣夏鎮至宿遷縣的董、陳二溝入黃河，全長260餘里。（見圖十二、十三）﹝註66﹞從此糧船北上，宿遷縣以西至徐州城間360餘里的行程不再航行於黃河，但宿遷縣以東至淮安府城間240里，仍須以黃河為運道。

康熙初年，泇河運道口的董溝淤塞，糧船北上泇河，遂取道於駱馬湖（宿遷縣西北10里）。（見圖十之一）此湖泊原為低窪地，在明代晚期因黃河水泛漲，瀦蓄河水而形成。逢夏秋二季，黃河水勢盛漲時期，此處不能行舟；值冬春二季，因湖水淺涸，糧船行進困難；且湖面遼闊（廣7、8里，長30餘里），

﹝註66﹞溫體仁，《明神宗實錄》，卷391，頁10，萬曆31年12月，乙丑條。泇河完工後，原從沛縣夏鎮至邳州直河口入黃河。天啟三年（1623），漕儲參政朱國盛另挑「通濟新河」67里，使泇河運口東移至宿遷縣的董、陳二溝（宿遷縣城西2里）入黃河。

以致無法拉縴。故每當冬春季節糧船北上經此，不得不遣派數萬兵夫於湖中挑濬淤泥，使航道能通行糧運。況所挑深的航道，旋又遭風濤所淤塞，年年開挑，重困宿遷縣的百姓。

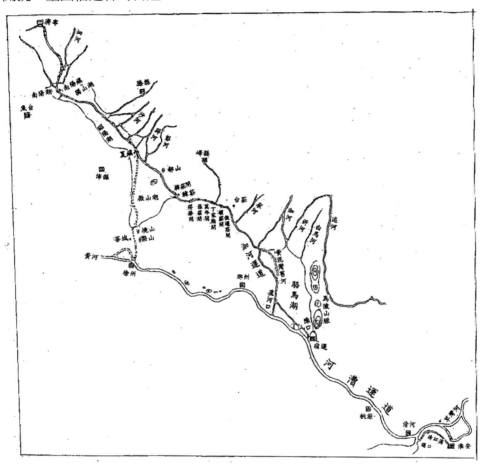

圖十二：明代泇河圖

（採自武同舉，《淮系年表全編》，淮系分圖五十四）

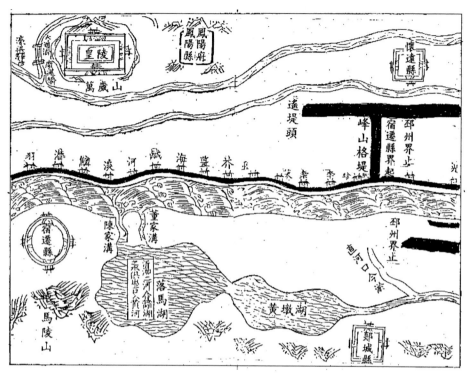

圖十三：明代泇河之董溝、陳溝圖

（採自潘季馴，《河防一覽》，全河圖說）

　　康熙 19 年，靳輔為避開以駱馬湖為泇河的運道口，另開皂河（宿遷縣西北 40 里），長 40 里，西接泇河，東通黃河。（見圖十之二）但明年，黃河水泛漲，皂河口淤塞。適時雖有提議復行駱馬湖者，但靳輔力持不可，親往勘查後，得知皂河口與黃河交會如「丁字形」（黃河自西而東，皂河從北而南），由於「黃強皂弱」因素，黃河水易浸灌皂河口。〔註67〕於是另尋皂河口以東20 里的張家莊，其地勢較皂河口低 2 尺餘，且張家莊口與黃河交會成「人字形」（張家莊的水流和黃河，均由西向東），故黃河水不易逆灌，況張家莊地勢低下，致此處的水流快速，足以抗衡黃河水。康熙 20 年 7 月，靳輔決議開挑張家莊新河 3000 餘丈，從張家莊運口入黃河。〔註68〕總計皂河加上張家莊新河，計長 60 餘里。（見圖十之二）

　　2. 開中河

　　靳輔鑒於皂河的張家莊運口到淮安府城間的運道仍有 200 餘里行於黃

────────────────

〔註67〕靳輔，《治河奏續書》，卷 4，〈奏書〉，頁 36。

〔註68〕柯劭忞，《清史稿》，卷 127，〈河渠二〉，頁 3773。

河。糧船西溯黃河北上，行進困難，每艘需雇縴夫 2、30 人，耗費 4、5 金，且黃河風濤險惡，船隻不免有漂弱之患。為避開黃河的險惡風濤，康熙 25 年（1686），靳輔又創開「中河」運道，西接皂河的張家莊運口，東經宿遷縣、桃源縣，至清河縣的仲家莊入黃河。為渲洩仲家莊運口臨近環山的水流，乃構築大石閘一座，稱「仲家莊閘」。〔註 69〕從此糧船北上，從清江浦運道出口後，只需航行黃河數里，即可由仲家莊閘進入中河，再經張家莊運口航行於皂河，從此黃河與漕河完全分離。（見圖十之二）〔註 70〕

3. 開七里閘運道

清初，清江浦運道（長 60 里）的運口，是屬於「萬曆通濟閘」，〔註 71〕此地距黃、淮兩河的清口，僅有 200 餘丈，每逢黃河水泛漲，易從運道口浸灌清江浦運道，致運道河床逐漸墊高，每年需調動民夫挑濬運道，耗費無數。（見圖十之二）

明代晚期，為避免黃河水浸灌清江浦運道口，每年 3 月以前糧船北上經此入黃河後，即在運道口構築攔水壩予以封閉，除貢鮮船外，其餘商民船均須從淮安府城臨河處的五座車船壩（仁、義、禮、智、信）車盤入黃河，待糧船南返時，再開啟土壩放船。此一方法，靳輔批評為「苟且之策」，而非「不易之策」。〔註 72〕

靳輔為求一勞永逸逸計，於康熙 18 年（1679）從文華寺開一道新河至七里閘，改以七里閘為運口，由武家墩的爛泥淺轉入黃河。新運口距黃、淮兩河交會處約有十餘里，從此可免除黃河水浸灌清江浦運道的危害。〔註 73〕

五、結論

靳輔治河時期是從康熙 16 年至 26 年，此期間的治河工程，大多在《黃河萬里圖》有標示出，例如：

整治黃河上：康熙 24 年於黃河下游建置的 13 座減水石壩，其中徐州的大谷山，宿遷縣的攔馬河、溫州廟，桃源縣的古城，清河縣的王家營等五座；又同年所設置的七座天然減水壩：徐州的王家山，十八里屯東、西，睢寧縣

〔註 69〕靳輔，《治河奏績書》，卷 4，〈奏書〉，頁 29。
〔註 70〕柯劭忞，《清史稿》，卷 127，〈河渠二〉，頁 3775。
〔註 71〕潘季馴，《河防一覽》，卷 8，〈查復舊規疏〉，頁 201。
〔註 72〕靳輔，《治河奏績書》，卷 3，〈奏議〉，頁 34。
〔註 73〕柯劭忞，《清史稿》，卷 279，〈列傳六十六·靳輔〉，頁 10117。

的龍虎山、峯山。另《治河奏續書》所載 46 處黃河下游險工：徐州的楊家灣等 30 處。

整治淮河上：康熙 17 年修建的歸仁集堤、大橫堤、七洞減水石壩。康熙 19 年所厚築的高家堰以及堰上構築的 6 座減水石壩：武家敦、高良潤、周家橋、唐梗、古溝東西。

整治運河上：康熙 18 年開挑的七里閘運河，康熙 19 年的皂河，以及康熙 25 年的中河。

雖然《黃河萬里圖》中有標示：泗州以及「明朝祖陵」，而據《清史稿·地理志》的記載：於康熙 19 年泗州、明祖陵均已沉沒於洪澤湖。〔註74〕照理此圖繪製時間應斷於康熙 19 年以前，但十三座減水石壩、七座天然減水壩係建於康熙 24 年，中河開挑於康熙 25 年。因此吾人認為：此圖的繪製是由多位畫家經多年的持續創作，於康熙 26 年靳輔離職時，呈現給康熙皇帝說明其九年治河的總成績。

參考文獻

一、重要史料

1. 《盱眙縣志稿》，王錫元，清光緒 29 年重刊本，臺北：成文出版社景印，民國 59 年台一版。

2. 《淮安府原》，方尚祖，明天啟間刊本。

3. 《淮南水利考》，不著撰人，明刊本。

4. 《河工見聞錄》，邵達平，清康熙間原刊本。

5. 《淮系年表全編》，武同舉，臺北：文海出版社，民國 58 年 5 月出版。

6. 《黃河考證》，汪武曹，青照堂叢書。

7. 《名山藏》，何喬遠，崇禎 13 年刊本，臺北：成文出版社，民國 60 年 1 月台一版。

8. 《黃河萬里圖》，明代宮廷御製黃河萬里圖複製促進委員會，臺北：民國

〔註74〕柯劭忞，《清史稿》，卷 59，〈地理志〉，頁 2017；又黎世序，《續行水金鑑》（國學基本叢書，臺北：臺灣商務印書館，民國 57 年 12 月台一版），卷 51，〈淮水〉，頁 1132，引《河渠紀聞》：「淮水西壅，壞泗州城在康熙十九年，迄乾隆四十二年，巡撫閔鶚元奏裁鳳陽府虹縣，以泗州移治之，初改名泗州，旋復舊名。」

58 年 9 月。

9. 《清史稿》，柯劭忞，臺北：鼎文書局，民國 70 年 9 月初版。

10. 《明英宗實錄》，陳文等，國立北平圖書館紅格鈔本，臺北：國立中央研究院歷史語言研究所校勘影印，民國 57 年 2 月二版。

11. 《皇明世法錄》，陳仁錫，臺北：臺灣學生書局景印，民國 54 年元月初版。

12. 《古今圖書集成》，陳夢雷，臺北：文星書局，民國 53 年 10 月。

13. 《敬止集》，陳應芳，《文淵閣四庫全書》珍本二集，臺北：臺灣商務印書館景印，民國 59 年。

14. 《明世宗實錄》，張居正，國立北平圖書館紅格鈔本，臺北：國立中央研究院歷史語言研究所校勘影印，民國 54 年 1 月出版。

15. 《明穆宗實錄》，張居正，國立北平圖書館紅格鈔本，臺北：國立中央研究院歷史語言研究所，民國 54 年 1 月出版。

16. 《明史》，張廷玉，臺北：國防研究院明史編纂委員會，民國 52 年 4 月台初版。

17. 《明孝宗實錄》，張懋等，國立北平圖書館紅格鈔本，臺北：國立中央研究院歷史語言研究所校勘影印，民國 51 年出版。

18. 《治河奏績書》，靳輔，《文淵閣四庫全書》，臺北：臺灣商務印書館景印，民國 75 年 3 月。

19. 《行水金鑑》，傅澤洪，國學基本叢書，臺北：臺灣商務印書館，民國 57 年 12 月台一版。

20. 《明神宗實錄》，溫體仁，國立北平圖書館紅格鈔本，國立中央研究院歷史語言研究所校勘影印，民國 55 年 4 月出版。

21. 《續行水金鑑》，黎世序，國學基本叢書，臺北：臺灣商務印書館，民國 57 年 12 月台一版。

22. 《漕撫疏草》，褚鈇，明萬曆 25 刊本。

23. 《河防一覽》，潘季馴，點校本，臺北：文海出版社，民國 60 年。

24. 《淮安府志》，劉光業，清康熙 24 年序刊本，臺北：國家圖書館漢學研究中心景印。

25. 《天下郡國利病書》，顧炎武，臺北：廣文書局影印，民國 68 年 11 月初版。

二、近人專著

1. 《中國水利史稿編寫組》，水利水電科學研究院，《中國水利史稿》，北京：
   水利電力出版社，民國 78 年 1 月出版。

2. 《明代漕河之整治與管理》，蔡泰彬，臺北：臺灣商務印書館，民國 81
   年 1 月出版。

3. 《晚明黃河水患與潘季馴之治河》，蔡泰彬，臺北：樂學書局，民國 87
   年 1 月出版。

三、期刊論文

1. 〈黃河萬里圖地理考證〉，李錫甫，《國立編譯館館刊》，4 卷 1 期，民國
   58 年 6 月。

2. 〈明代劉大夏的治河與黃河改道〉，吳緝華，《明代社會經濟史論叢》，臺
   北：臺灣學生書局，民國 59 年 9 月初版。

附圖

黃河萬里圖

（一）

（二）

（三）

（四）

（五）

（六）

（七）

（八）

（九）

（十）

※資料來源：《黃河萬里圖》
（臺北：明代宮廷御製黃河萬里圖複製促進委員會，民國58年9月）。

晚明黃河下游州縣的環境變遷
——射陽湖的淤淺與淮南水患

提要

晚明，黃河奪行泗河、淮河的河道入海，對其下游沿岸州縣造成重大的環境變遷。以自然環境言，射陽湖原為淮南最大的水櫃，但在黃、淮諸水衝淤下，大部份的湖區淤成蕩灘沼澤，形成一條長條形的河道形湖泊，失去原有調節諸河湖水的功能，以致淮南地區的水患愈趨嚴重。

關鍵詞：射陽湖、黃河、淮河、鹽城縣、淮南、寶應湖、高郵湖

一、前言

淮南包括山陽（江蘇淮安）、寶應（江蘇寶應）、高郵（江蘇高郵）、鹽城（江蘇鹽城），興化（江蘇興化）、泰州（江蘇泰縣）、泰興（江蘇泰興）、通州（江蘇南通）、如皋（江蘇如皋）、海門（江蘇海門）等九州縣。此地區的地勢，呈現「釜形」，因其四週地勢較中間為高。

區內支河、湖澤密佈，其中原以射陽湖（山陽縣治東南 70 里）為淮南最大的水櫃，具有收蓄高郵、寶應諸湖水，以及鄰近各州縣支河、湖泊盈盛的河水，再由山陽縣的廟灣海口（縣治東北 180 里）排放入海。（見圖一、二、三）

於晚明，射陽湖主要受到黃河主流或全流奪行淮河河道入海的影響，因受黃、淮二河泛濫，及高郵、寶應諸湖堤潰決，洪水所挾帶泥沙的淤塞，使得射陽湖由「縈迴三百餘里」演變為沼澤型湖泊，於明末，更形成一條長條形的河道形湖泊（神臺河），大部份湖區已淤成蕩灘沼澤。（見圖四、五）

由於射陽湖於晚明既已失去節蓄諸河水並排放入海的功能，對當地水患更趨嚴重，有其影響。因此本文廣蒐史料，述明射陽湖於晚明變遷過程及其淤塞原因。

二、晚明黃河下游州縣的人文、自然環境變遷

隆慶元年（1567），經總理河道尚書朱衡整治黃、運二河後，黃河與運河交會於徐州城（江蘇銅山），從此黃河下游河道向東流，於淮安府城東 5 里的清口，會同淮河，一同東行於安東縣（江蘇漣水）的雲梯關海口入海。（見圖一）

晚明，黃河下游河道奪行泗河和淮河，因此徐州城至淮安府城間 605 里的運道，既屬於黃河也是運河，淮安府城至雲梯關海口間 260 里的河道，既為黃河也屬淮河，從此黃河、淮河、運河三者和合為一，但因黃河水勢的強盛，攪亂淮、泗二河原有調和的局面，對黃河下游沿岸州縣四自然、人文景觀帶來重大衝擊，茲列舉四項說明。

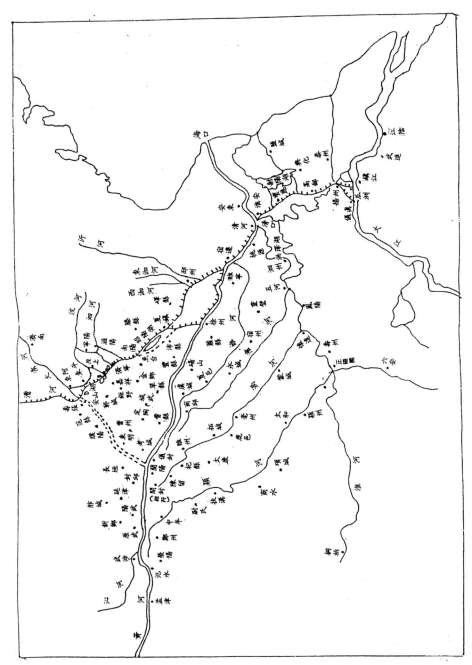

圖一：晚明黃、淮、運三河形勢圖

（一）黃河下游河床淤高成懸河

泗河下游河道於徐州城一帶，寬度僅有 68 丈，徐州城以下，邳州（江蘇邳縣）、宿遷縣（江蘇宿遷）、桃源縣（江蘇泗陽）、山陽縣（江蘇淮安）、安東

縣等地，寬約2、3百丈至5、6百丈不等。〔註1〕河道雖狹隘，但岸高水清，水勢平穩，號稱「銅幫鐵底」。〔註2〕晚明，黃河奪行泗河後，於萬曆年間，黃河下游河床已淤高為懸河，此據萬曆3年（1575）總理河道都御史（以下簡稱總河）傅希摯言：

> 頃見徐（州）、邳（州）一帶，河身澱淤，壅決變徙之患，不在今秋，則在歲末。〔註3〕

又萬曆16年（1588）禮科給事中王士性言：

> 徐（州）以下，河身日高，而為堤束之，水行堤上，與徐州城等。〔註4〕

又崇禎6年（1633）廣東道監察御史吳振纓言：

> 夫沙泥逐水而下，故河身漸高，徐（州）、邳（州）、睢（寧）、宿（遷）之間，往往水平於城，蟻穴不支，遂同魚鱉，室廬漂蕩。〔註5〕

可知原為「河底高深」的泗河河道，經黃河奪行後，因黃河水含沙量高，「一石水有六斗泥」，於萬曆初年已「河身高且數倍於前」，臨河諸州縣城，也漸次位居河堤之下。

（二）黃河下游臨河州縣深罹河患

黃河史上，明代河患最為嚴重。依近人沈怡的統計，明代276年，河患高達700次（溢138次、決316次、大水246次）。

黃河下游河道的流向，依明人的地理觀。應以北行入海（山東一帶）為順向，若南行或東行入淮河為逆向，但明代中葉以後，為維護「閘漕運道」（臨清州城至徐州城，長689里）免遭黃河的衝決，及「河漕」運道（徐州城至淮安府城，長605里）為通行糧船需引用黃河水濟助水量，乃阻塞黃河

〔註1〕岑仲勉，《黃河變遷史》（臺北：里仁書局，民國71年1月出版），第13節下，〈明代河患的鳥瞰，批評潘季馴的束水攻沙〉，頁528。

〔註2〕清‧朱忻等，《徐州府志》（臺北：成文出版社，民國57年3月臺1版，據清同治13年刊本景印），卷16，〈建置考〉，頁3：「六十年前，徐州以下，號為銅幫鐵底，以河至此安瀾。」

〔註3〕明‧溫體仁，《明神宗實錄》（臺北，國立中央研究院歷史語言研究所，民國55年4月出版，依國立北平圖書館紅格鈔本校勘景印），卷35，頁16，萬曆3年2月戊戌條。

〔註4〕同前書，卷196，頁6，萬曆16年3月癸巳條。

〔註5〕清‧傅澤洪，《行水金鑑》（臺北，臺灣商務印書館，民國57年12月臺一版），卷45，〈河水〉，頁646。

北流河道，乃以人力導引黃河盡行南流入淮河；於晚明，更將黃河全流水導向其認為百利而無一害的「中道」，從此黃河東循泗河、淮河入海。

晚明，黃河下游河道流向既失其本性，又逢下游河道又淤高，使得此時期的黃河水患主要發生在下游地區，如隆慶4年（1570）總河侍郎翁大立言：

> 邇來，黃河之患，不在河南、山東、豐（縣）、沛（縣），而專在徐（州）、邳（州）。〔註6〕

又《天下郡國利病書》載：

> 今之河道，非昔河道，昔所患河南、山東，今則移之徐（州）、邳（州）、淮（安）、揚（州）。〔註7〕

可知「今之河道，非昔河道」，以一條淮河容受黃河全流水，致使黃、淮二河均易於泛濫。

黃河水患的嚴重性，茲以淮南地區為例說明。

淮南於嘉靖25年以前，戶口尚稱繁盛，但往後，則苦於水患。該地區水患發生頻率，於嘉靖25年以前的178年，和以後的98年，有顯著差異，詳見於下表：

表一：明代淮南六州縣於嘉靖25年前後發生水患次數、頻率表

州　　縣	水患次數		水患頻率（年）	
	嘉靖25年以前（178年）	嘉靖25年以後（98年）	嘉靖25年以前（178年）	嘉靖25年以後（98年）
山陽縣	4	24	44.5	4.1
寶應縣	10	31	17.8	3.2
高郵州	10	24	17.8	4.1
鹽城縣	4	13	44.5	7.5
興化縣	12	16	14.8	6.1
泰州	5	31	35.6	3.2

〔註6〕明‧張居正，《明穆宗實錄》（臺北，國立中央研究院歷史語言研究所，民國54年1月出版，據國立北平圖書館紅格鈔本校勘景印），卷3，頁16，隆慶元年正月甲申條。

〔註7〕清‧顧炎武，《天下郡國利病書》（臺北：廣文書局，民國68年11月初版，卷40，〈山東六〉，頁18。

資料來源：

1. 金秉祚，《山陽縣志》（清乾隆 14 年刊本），卷 18，〈祥異〉，頁 3。

2. 戴邦楨，《寶應縣志》（民國 21 年鉛印本，臺北：成文出版社景印），卷 5，〈食貨志下〉，頁 1。

3. 楊宜崙，《高郵州志》（清道光 18 年增修本，臺北：成文出版社景印），卷 2，〈災祥〉，頁 5。

4. 楊瑞雲，《鹽城縣志》（明萬曆 11 年刊本清順治 14 年修補本），卷 1，〈祥異〉，頁 13。

5. 黃垣修，《鹽城縣志》（清乾隆 12 年刊本），卷 2，〈祥異〉，頁 2。

6. 歐陽東鳳，《興化縣志》（明萬曆 19 年傳鈔修本），卷 10，〈外紀〉，頁 21。

7. 張可立，《興化縣志》（清康熙 23 年刊本），卷 1，〈祥異〉，頁 12。

8. 劉萬春，《泰州志》（明崇禎 6 年刊本），卷 7，〈祥異〉，頁 15。

可知淮南於嘉靖 25 年以前，平均每 29 年發生水患，以後則是每 4 年一次。水患所造成的災情，除漂蕩盧舍、農田外，以人口流徙來論，如寶應縣，於弘治、正德年間（1488～1521），戶口尚有 8 萬多人，但隆慶、萬曆年間，戶口僅存 2 萬。〔註8〕又鹽城縣於嘉靖 41 年（1562）有 99320 人，至萬曆 11 年（1583）僅存 22111。〔註9〕

（三）黃河下游城鎮遷徙

州縣城為當地行政，商業的重心，為避河患，將其遷離，可以反應是時水患的嚴重性。明代，在無法善治黃河的情勢下，仍受「不與河爭地」治河觀的影響。晚明，黃河下游州縣城因河患而遷徙者，計有 4 座，如下表：

表二：晚明黃河下游州縣為避河患遷徙城池表

時間	州縣城池	遷徙原因	新城址	資料來源
萬曆 4 年（1576）	宿遷縣（江蘇宿遷）		馬陵山，距舊城北 2 里	劉光業，《淮安府城》（清康熙 24 年刊本，臺北：國家圖書館漢學研究中心景印），卷 2，〈城池〉，頁 3。
萬曆 5 年（1577）	蕭縣（江蘇蕭縣）	大水城崩	三台山之陽	傅澤洪，《行水金鑑》（臺北：臺灣商務印書館，國學基本叢書），卷 29，〈河水〉，頁 422。

〔註 8〕清・劉寶楠，《寶應縣圖經》，（臺北：成文出版社，據清道光 28 年刊本景印），卷 1，〈城邑，明萬曆寶應志碑亭〉，頁 17。

〔註 9〕明・歐陽東鳳，《興化縣志》（明萬曆 19 年刊本），卷 3，〈人事紀上〉，頁 68。

萬曆 26 年（1598）	碭山縣（江蘇碭山）	水沒城址，蕩然無存	秦家堂，舊城西里餘	劉王瑗，《碭山縣志（清乾隆 32 年刊本）》，卷 3，〈城池〉，頁 4。
天啟 4 年 6 年（1624）	徐州城（江蘇銅山）	河水從東北倒灌州城，城內水深 1 丈 3 尺	雲龍山	張廷玉，《明史》（臺北：國防研究院明史編纂委員會，民國 52 年 4 月臺初版），卷 84，〈河渠二，黃河下〉，頁 892。

因此，黃河下游臨河州縣對於黃河多有負面的評價，如《萬曆·徐州志》載：「邇年，重罹河患，民失恒業，至無以自賴。」〔註 10〕又《萬曆·宿遷縣志》載：「黃河，歲囓宿遷之田，不禾而沼矣；宿遷之地，不民而魚矣。」〔註 11〕又《康熙·清河縣志》：「嘉靖三十年（1551）以後，數大水，田盡沙漫，居民逃竄過半，此清河地脊民窮之始。」〔註 12〕

（四）糧船經行河漕運道的程限

晚明，徐州城至淮安壩間的河漕運道是航行於黃河上，為避免糧船北上遭逢黃河伏秋水迅，而帶來覆溺漂糧的禍害，依漕規必須嚴格限定每年糧船經過黃河運道的時間。

按黃河的水迅，3 月是桃花水，4 月為麥黃水，水深僅「數尺」並不害運。〔註 13〕但 5 月至 8 月，時值夏秋雨季，也是黃河水量最盛，水中含沙量最高時。水量激增，常有洪峰出現，每年約有 3 次，多時達 4、5 次。此洪峰水勢，最高可達 1 丈 5 尺，最低不下 1 丈餘，〔註 14〕倘有糧船遇上，無不船體破損。而此時若無洪峰出現，水流也非常湍急，處處有險溜，船隻逆流而上，稍有不慎，遇上即翻覆，因此一艘糧船想安然渡過這段運道，有時需要一百多人的拉牽，所需費用，通過一個險要處，是需要數石至 20 多石米。〔註 15〕

〔註 10〕明·姚應龍，《徐州志》（明萬曆刊本，臺北：國家圖書館漢學研究中心景印），卷 3，〈賦役〉，頁 92。

〔註 11〕明·喻文華，《萬曆·宿遷縣志》（上海書局，天一閣藏明代方志選刊續編），卷 4，〈田地〉，頁 3。

〔註 12〕清·汪之藻，《清河縣志》（清康熙 34 年刊本），卷 1，〈祥異〉，頁 7。

〔註 13〕明·潘季馴，《河防一覽》（點校本，臺北：文海出版社，民國 60 年出版），卷 4，〈修守事宜〉，頁 107。

〔註 14〕明·徐孚遠，《皇明經世文編》（明崇禎間刊本，臺北：國聯圖書公司，民國 53 年 11 月出版），卷 351，〈漕河奏議集（萬恭），酌議漕河合一事宜疏〉，頁 9。

〔註 15〕明·郭尚友，《漕撫奏疏》（明崇禎間刊本），卷 2，〈報糧船過洪疏〉，頁 13。

糧船行經這段運道，於嘉靖朝以前，並無明文規定，僅知是春運，但依《明會典》的記載：於嘉靖 8 年（1529）已有嚴格規範（是時黃河正流東行徐州城循泗河會淮河）：江北諸總糧船必須於前年的 12 月經過，江南、南京二總於正月，湖廣、浙江、江西三總則是 3 月。〔註 16〕可知最遲不得超過 3 月經渡淮河，如是經達徐州城轉入閘漕運道（山東）的時間，不會遲於 4 月。此一規定明顯是為避免黃河的伏秋水迅。

隆慶朝，漕軍多不遵守此一規定，以致糧船常遭覆滅，如隆慶 4 年（1570）9 月，黃河大決於邳州、睢寧縣，因糧船不遵守程限，以致漂損糧船 800 艘，溺死漕軍一千餘人，漂失糧米 22 萬 6 千 2 百餘石。〔註 17〕於是監察御史唐鍊鑒於漕規廢弛，乃上奏改革；責成徐州兵備副使催督糧船，每年必須於 4 月以內經徐州城轉入閘漕運道。於是每年 3 月間，徐州兵備副使即移駐清河縣、桃源縣、宿遷縣等地，沿途督運糧船。〔註 18〕

為獎勵漕軍能如期通過河漕運道，於隆慶 6 年（1572）8 月，監察御史張憲翔奏請各衛所軍能於「三月十五以前過淮（河），並四月以裏過洪（徐州洪、呂梁洪，徐州城東），即推薦為運官。」同年 11 月，總河萬恭上奏：「河漕事宜四款」，其中論及獎懲辦法：「三月過洪者，以上勞敘薦；四月過者，次之；延至五月後者，議處；因而遇水漂沒者，從重擬議。」〔註 19〕

可知黃河東行徐州城後，江南各地糧船北上日期，必須於每年 5 月以前通過徐州城，以避免遇上伏秋水迅。

晚明，黃河下流東行泗河會淮河入海後，對臨河川縣環境帶來重大衝擊，在自然環境的改變，有黃河下游河床淤高，堤防的構築，泛濫河水等；在人文環境的變遷，有人口流徙，城鎮遷移，糧船北上改期等。

三、射陽湖的形勢與功能

射陽湖古稱射陂，〔註 20〕位於山陽、寶應、鹽城三縣交界處（山陽縣治

〔註 16〕明・申時行，《大明會典》（萬曆 15 年司禮監刊本，臺北：文海出版社影印，民國 53 年 3 月再版），卷 27，〈會計三，漕運〉，頁 37。

〔註 17〕明・張萱，《西園聞見錄》（臺北：華文書局，民國 57 年 10 月初版），卷 89，〈工部三，治水下〉，頁 31。

〔註 18〕《明穆宗實錄》，卷 49，頁 10，隆慶 4 年 9 月庚戌條；又同書，卷 51，頁 1，隆慶 4 年 11 月乙丑條。

〔註 19〕《明神宗實錄》，卷 7，頁 13，隆慶 6 年 11 月庚戌條。

〔註 20〕明・楊洵，《揚州府志》（萬曆辛丑刊本），卷 6，〈河渠下〉，頁 17。

東南 70 里，寶應縣治東 60 里，鹽城縣治西南 140 里）。其南北寬 30 丈，東西長 300 里，蓄納各方來水，從鹽城縣西北的廟灣海口入海。〔註21〕（見圖一、二、三）

射陽湖在淮南水利上所具有的功能，《康熙·興化縣志》載：

> 是以向來言水利者，必以射陽湖為高（郵）、寶（應）、泰（州）諸州縣尾閭也。射陽受涇河（淮安府城南 50 里）、子嬰溝（寶應縣南 60 里）諸路之水，由朦朧口（鹽城縣治西 130 里）直達廟灣，乃入海第一門戶。〔註22〕

又《治水筌蹄》載：

> 高郵諸湖，西受七十二河水，歲苦溢，乃於東堤建減水閘數十，洩水東注，閘下為河，總匯於射陽湖、鹽城入海。〔註23〕

又《乾隆·鹽城縣志》：

> 鹽邑，東連大海，西接黃（河）、淮（河），能捍海水，使地不為斥鹵者，范公堤也。……能受下河（淮南）七州縣積水，使由茲注海者，射陽湖也。〔註24〕

又《康熙·興化縣志》：

> 大約黃（河）自北來，淮（河）從西下，如人身喉，須廟灣各口，如人身尾閭，而射陽則如人身之腹膈、腸胸也。若人身，口進飲食，而胸膈得通，腸腹不能納蓄，有尾閭無從消導；安得不鬱而病，病而至死哉。〔註25〕

可知射陽湖如同人身的腹部，承受二方面的來水，一是高郵、寶應諸湖，經由減水閘所排放超過 7 尺的湖水，二是淮南各州縣的積水。淮南六州縣的支河、湖蕩，與射陽湖匯通者，見於下表：

〔註21〕《天下郡國利病書》，卷 27，〈江南十五·山陽〉，頁 4。
〔註22〕清·張可立，《興化縣志》（傳鈔清康熙 24 年重修本），卷 2，〈水利·海口〉，頁 44。
〔註23〕明·萬恭，《治水筌蹄》（中國水利古籍叢刊，北京：水利電力出版社，民國 74 年 5 月出版），卷 2，〈運河、九五、寶應、儀徵（真）間運河建閘溢洪節流〉，頁 97。
〔註24〕清·黃垣，《鹽城縣志》（清乾隆 12 年刊本），卷 16，〈水道〉，頁 16。
〔註25〕《康熙·興化縣志》，卷 2，〈水利·重濬射陽湖議揭〉，頁 51。

表三：明代淮南六州縣支河、湖蕩匯通射陽湖一覽表

州　縣	支河胡蕩名稱	方　位	流　程	資料來源
山陽縣	潤河	治東南	長 30 里，東通射陽	清‧劉光業，《淮安府志》（清康熙 24 年序刊本），卷 1，〈山川〉，頁 1。
	故城河（壽河）	治東南 50 里	東入射陽湖，上接黃埔、潤河	
	黃浦河	治南 60 里	東南至故晉口入射陽湖	明‧陳良山，《淮安府志》（明正德 16 年刊本），卷 3，〈山川〉，頁 6
	涇河	治南 50 里	西通運河，河口有閘，水漲則啟洩入射陽湖	清‧顧炎武，《天下郡國利病書》，卷 27，〈江南十五‧山陽〉，頁 4。
	蘆浦港	治東北 120 里	東南入射陽湖，西入淮	《康熙‧淮安府志》，卷 1，〈山川〉，頁 6。
	建義港	治東北 80 里	東南流通濟溝入射陽湖，北入於淮	
	通濟溝	治東北 60 里	東經馬邏港入射陽湖，西自橫溝入淮	
	侍其汊堰	治西北 100 里	遇旱則閉塞瀦水以灌田，水多則注射陽湖以入于海	《正德‧淮安府志》，卷 3，〈山川〉，頁 6。
寶應縣	蜆蠡河	治東北 60 里	東西皆入射陽湖	明‧盛儀，《揚州府志》（明嘉靖 22 年刊本），卷 6，〈河渠志下〉，頁 17。
	海陵溪（琵琶頭）	治東 90 里	西北通射陽湖	
	凌溪	治東 80 里	入射陽湖	
	劉家港	治東北 40 里	入射陽湖	
	楊家溝	治東 80 里	接射陽湖	
	三王溝	治東 60 里	入射陽湖	
	馬長汀	治東 90 里	東北通鹽城界，南接博支湖，北會射陽湖	
高郵州	山陽河	治東 45 里	北自三垛橋入射陽湖達淮	
	橫京河	治東北 70 里	注射陽湖	
	子嬰溝	治北 90 里	東南注射陽湖	
	子涇溝	治東北 100 里	東注射陽湖	

鹽城縣	東塘河	治西北 50 里	其水由高郵成子河二閘下注之，水歸魚縱湖，分流入射陽湖下海	黃垣，《鹽城縣志》（清乾隆 12 年），卷 6，〈水道〉，頁 7。
	西塘河	治西 90 里	其水由沙溝北流 110 里，會東塘河，由油葫蘆港，達射陽湖入海	
	憂梁河	治西北 100 里	其水由馬家蕩，東流 30 餘里，下射陽湖入海	
	盧溝河	治西北 60 里	自東、西二塘，流入貫高姥、張歧塘，北經侍其汊，以入射陽（湖）	《天下郡國利病書》，卷 27，〈江南十五·鹽城〉，頁 8。
	西界河	治西南 60 里	西北入大踪（湖）、射陽（湖）	
	新運河	治東南 40 里	水自通（州）、泰（州）西北下舊運河，並東塘河入射陽（湖）	
	汊河	治北門外三里	自通（州）、泰（州），北通鹽河，經伍佑場，由登瀛橋下，達東塘河，過侍其汊，入射陽湖	
	馬鞍湖	治西 30 里	環 30 里，北入侍其汊，以達射陽（湖）	
	大踪湖	治西南 100 里	南北經 30 里，東西廣 15 里，與興化縣分湖為界，由馬來河，以達射陽湖	
	油葫蘆港	治西北 80 里	其水由西塘河，經東塘河，至朦朧鎮入射陽湖	《乾隆·鹽城縣志》，卷 6，〈水道〉，頁 7。
	建港	治西北 70 里	自大縱湖北經馬長汀，入新楊浦，過射陽入海	《正德·淮安府志》，卷 3，〈山川〉，頁 9。
	新楊河	治西 116 里	自大縱湖河合流，為浦達、射陽入海	

興化縣	大縱湖	治西北 45 里	自湖心與鹽（城）縣分界，西入射陽湖	《嘉靖・揚州府志》，卷6，〈河渠志下〉，頁 20。
泰州	海陵溪	治 80 里	入興化境，合高郵河，西北通射陽湖，東接馬長河	

可見射陽湖為淮南六州縣，「停水之瀦，洩水之門」，也為「入海第一門戶」。〔註26〕於嘉靖朝以前，射陽湖尚稱寬廣，能容受各方來水，故此時期淮南並無嚴重水患，如《天下郡國利病書》載：「射陽湖，……最鉅且深，蓋縈迴三百餘里，能受淮揚兩郡七州縣之水，旋轉而入於水，故其時兩郡無水患，而穰歲相仍，稱樂國。」〔註27〕

四、射陽湖的淤塞與疏濬

（一）淤塞原因

晚明，射陽湖遭泥沙淤塞，湖水日漸淤淺，論其淤塞原因，據《天啟・淮安府志》載：

> 嘉（靖）、隆（慶）中，黃、淮交流，潰高（郵）、寶（應）堤防，並注於（射陽）湖，日見淺淤，雨盈浸溢諸州縣。〔註28〕

又《寶應縣圖經》載：

> 隆慶三年（1569）七月，淮水漲溢，高堰大潰，合白馬（寶應縣，長 3 里）、范光（寶應縣、長 30 里）諸湖，決黃浦八淺（寶應縣西 10 里），湖堤十五處。……山陽、高（郵）、寶（應）、興（化）、鹽（城）匯為巨浸，淮水既東，黃水亦躡其後，沙隨水入射陽湖，膠泥填淤。久之，乃東漫鹽城之石䃲（縣治東門外一里）及姜家堰（縣治西北），破范公堤入於海。高（家）堰之決，始於此；射陽湖淤澱，亦始此。〔註29〕

又《萬曆・鹽城縣志》載：

> 嘉（靖）、隆（慶）以來，兩河水衍溢南徙，由是高（郵）寶（應）

〔註26〕《康熙・興化縣志》，卷 2，〈水利・海口〉，頁 44。

〔註27〕《天下郡國利病書》，卷 27，〈江南十五・山陽〉，頁 4。

〔註28〕 明・方尚祖，《淮安府志》（明天啟間刊清順治 5 年印本），卷 2，〈山川〉，頁 7。

〔註29〕《寶應縣圖經》，卷 3，〈河渠〉，頁 31。

之堤，建牐凡數十座，諸牐並下，蓋視昔加數倍，而（射陽）湖乃
日淤淺，水無由趨海，大為諸州縣患。〔註30〕

可知灌淤射陽湖的河水，來自三方面：一為潰決淮安北提的黃河水，二是衝
決高家堰的淮河水，三為高郵、寶應諸湖排放的湖水。茲論述這三方面來水
如何浸淤射陽湖，及危患淮南。

1. 潰決淮安北堤的黃河水

淮安北堤（以下簡稱北堤）是指黃河下游從清口至海口的南岸堤防，因
此道堤防臨近淮安府城的北方，故有此一名稱。（見圖二）

淮安府城，西距黃、淮二河交會的清口，僅有20里，尤其清江浦一帶，
與黃河僅有一線堤防之隔，最寬「不過三、四十丈」，狹窄處（僅有二十餘
丈）。〔註31〕晚明，黃河水潰決北堤，沖灌淮南，至少有四次，如隆慶3年
（1569）3月，「決方、信以壩」（淮安府城北30里），平地水深丈餘。」〔註
32〕萬曆14年（1586）5月，「夜半水溢范家口（淮安府城東15里），決口
二、三丈，未幾驟開二、三里，沖淮安府城，水深七尺，東鄉一帶，及鹽城
諸處，田禾盡淹。」〔註33〕天啟元年（1621），「霪雨連旬，黃淮暴漲數尺，……
水灌淮安府城，百姓皆蟻城久居。」〔註34〕又崇禎4年（1631）6月，「黃
河決建義諸口（淮安城東北80里），下灌興化、鹽城，水深二丈，村落盡為
漂沒。」〔註35〕

此四欲潰決，所造成的淮南災情，以崇禎4年為例，是時鹽城縣、興化
縣災情最為慘重，其詳細災情，鹽城縣，「鹽城一縣之民，流離死徙，十已七、
八，即結葦編筏，于淮城東門之外，何啻數萬人，此輩從水中拾得性命來，牽
兒攜女，乞食度日。」〔註36〕又興化縣，「西北之水，盡匯於興化，浩浩洪流，
濟瀁如海，數百里內，村舍田廬，漂蕩一空，斗大孤城，突浸水中，老弱者轉

〔註30〕明·楊瑞雲，《鹽城縣志》（明萬曆11年刊清順治丁酉修補本），卷1，〈山川〉，
頁7。
〔註31〕《河防一覽》，卷2，〈河議辯惑〉，頁73。
〔註32〕《行水金鑑》，卷26，〈河水〉，頁386。
〔註33〕《寶應縣圖經》，卷3，〈河渠〉，頁49。
〔註34〕明·張廷玉，《明史》（新刊本，臺北：國防研究院明史編纂委員會，民國52
年4月臺初版），卷84，〈黃河下〉，頁892。
〔註35〕明·張廷玉，《明史》，卷84，〈黃河下〉，頁892。
〔註36〕明·畢自嚴，《度支奏議》（明崇禎6年刊本），四川司五，〈覆鹽城、興化等
州縣水災賑濟呬疏〉，頁80。

溝壑，少壯者散四方。」〔註37〕

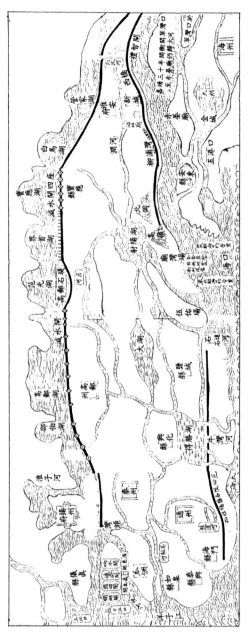

圖二：晚明淮安北堤與高寶諸湖減水堤閘形勢圖

（採自章潢，《圖書編》）

〔註37〕明・吳甡，《淮南吳柴菴疏集》（臺北：偉文圖書出版社，民國 65 年 9 月出版，明季史料集珍），卷 4，〈河決一日不塞災邑殘廢可憫疏〉，頁 3。

2. 衝決高家堰的淮河水

高家堰位於山陽縣西南，全長約 70 里，北起武家墩，經高家堰（距前 15 里）、高良潤（距前 40 里），南至周家橋（距前 20 里）。（見圖三）此堰具有防堵淮河水屏障淮南免遭灌的功能。因高家堰位居高阜，其地勢較寶應縣高 1 丈 8 尺，又較高郵州高 2 丈 2 尺；而高郵州、寶應縣又比興化縣、泰州等地高 1 丈餘，如是高家堰與興化縣、泰州的地勢，相差約 3 丈。〔註 38〕倘淮河水潰決高家堰，河水南下，將「因三丈餘之地勢，灌千里之平原。」如是淮南六州縣將成為洪泛區。〔註 39〕故云：「淮南之有高（家）堰，猶室家之有牆垣也」〔註 40〕

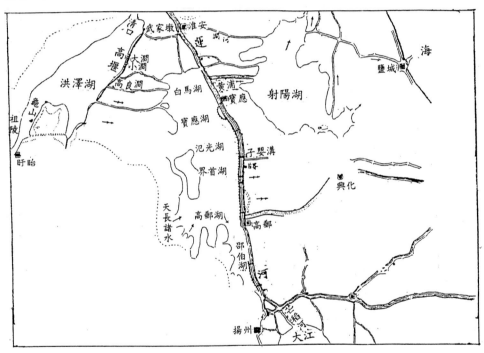

圖三：晚明高家堰與導淮水入海、入江圖

（採自武同舉，《淮系年表全編》，淮系歷史分圖七十二）

晚明，黃、淮二河交會於清口（淮安府城西 20 里），因「黃強淮弱」等因素，每逢黃河水泛漲，必灌淤清口，於是在清口一帶造成長約十餘里的門

〔註 38〕清‧汪武曹，《黃河考證》（青照堂叢書），頁 8。
〔註 39〕《淮南吳柴菴疏集》，卷 17，〈祖陵關係甚大開濬利害宜審疏〉，頁 1263。
〔註 40〕明‧陳應芳，《敬止集》（文淵閣四庫全書珍本二集，臺北：臺灣商務印書館景印，民國 59 年出版），卷 1，〈論高堰利害〉，頁 34。

限沙（即遭黃河水挾帶的細碎石屑所堙塞，形成堅硬如石的大板沙）。此淤沙所造成的危害，導致淮河水無法順流東北出會黃河入海，而停蓄於洪澤湖內，一旦淮河水也泛漲，洪水將逆浸泗州、祖陵，及泛濫於淮南。

晚明，從知見資料，淮河水潰決高家堰，漂沒淮南，計有 6 次：隆慶 3 年（1569）6 月，萬曆 2 年（1574）8 月，萬曆 3 年（1575）8 月，萬曆 5 年（1577）秋，萬曆 21 年（1593）夏，萬曆 23 年（1595）夏秋。〔註41〕其所造成的災情，以隆慶 3 年 9 月為例，「淮水漲溢，高家堰大潰，淮、湖之水，降洞東注，合白馬、氾光諸湖，決（寶應縣）黃浦八淺湖堤十五處，田廬漂蕩，人畜溺死無算。山陽、高郵、寶應、興化、鹽城，匯為巨浸。」〔註42〕

3. 高郵、寶應諸湖排洩的湖水

高郵、寶應諸湖為明代資為運道，稱為「湖漕」。於永樂朝的陳瑄，為節蓄諸湖水量，以供糧船通行，乃於「高寶諸湖」堤上，建置減水閘（也稱平水閘），以 7 尺為準，遇湖水盈盛，超過水則，排放於湖外；若湖水不足，低於水則，則收蓄於湖內。〔註43〕（見圖二）

晚明，黃、淮二河水灌溢「高寶諸湖」，不僅帶來充沛水量，也帶來泥沙。由於泥沙淤積湖內，以致湖底日漸澱高。〔註44〕湖底淤高程度，雖無實測資料，但從各時期構築的湖堤高度，不斷增高可知。嘉靖年間，湖堤平均高度，超出湖面約 3 尺。〔註45〕萬曆 5 年，總漕吳桂芳基於「湖底日淺，容水量不足」，「今堤加至一丈二尺，而水更過之，此從來所未有也。」〔註46〕萬曆 7 年，潘季馴整治湖漕運道，寶應湖堤「高一丈六、七尺不等」。〔註47〕

為整治湖底淤高現象，萬曆 2 年總河萬恭執行二項工程，一是挑濬湖泊：設置 51 座淺舖，每舖配置淺船、淺夫、挑濬湖底淤泥。二是設減水閘，計建

〔註41〕武同舉，《淮系年表全編》（臺北：文海出版社），表十，〈明二·隆慶〉，〈明三·萬曆〉，頁 467～501；《明史》，卷 84，〈河渠二，黃河下〉，頁 882～912；《寶應縣圖經》，卷 3，〈河渠〉，頁 31。

〔註42〕《明史》，卷 84，〈河渠二，黃河下〉，頁 882。

〔註43〕《康熙·興化縣志》，卷 2，〈水利·漕堤〉，頁 31。

〔註44〕《天下郡國利病書》，卷 39，〈江南十七〉，頁 42。

〔註45〕明·張居正，《明世宗實錄》（國立北平圖書館紅格鈔本，臺北，國立中央研究院歷史語言研究所校勘影印，民國 54 年 11 月出版），卷 65，頁 6，嘉靖 5 年 6 月丁卯條。

〔註46〕《明神宗實錄》，卷 63，頁 4，萬曆 5 年 6 月甲戌條。

〔註47〕《河防一覽》，卷 13，〈給事中尹瑾，科道會勘河工疏〉，頁 436。

23 座，以排放盈溢湖水。〔註48〕此一治湖方策，成為晚明整治淮南水患所遵行的方法之一，尤其是建造減水閘，如萬曆 6 年，給事中李淶於邵伯、高郵二湖堤各建造十座。〔註49〕萬曆 7 年潘季馴於寶應土堤建置 4 座。〔註50〕

晚明，「高寶諸湖」約建置 30 幾座減水閘，由於淮南區內排水系統不善，因此淮南士民將本地區多水患的原因之一，歸於減水閘日夜不斷排放湖水所造成，如萬曆 20 年興化知縣歐陽東鳳的〈議濬神臺水利申文〉：

> 第論水患於昔年，患在漕堤難固也。論水患於今日，患在減（水堤）閘東注也。減水諸閘共計三十八座，每閘闊九尺，合之則水口共計三十四丈，日夜東流，非以高（郵）、寶（應）、興（化）、鹽（城）為壑，而焉往也。若謂運堤既固，無水東洩，則萬曆八年以後，十六年以前，高（家）堰固無虞也，而河以水若滔天，興（化）、鹽（城）陸沉矣，則以減（水堤）閘之分流太多，而宣洩無路耳。〔註51〕

又萬曆 24 年（1596）福建布政參政陳應芳（泰州人）的〈論水堤閘〉：

> 蓋隆慶而後，水無年不發，堤亦無年不決，主漕計者患苦之，思卻固堤，則莫若分水，而殺其洶湧之勢；思欲分水，則莫若啟門，而通其流，衍之途，於就堤建閘。……今有一閘是有一決也，計閘凡三十六座，是計決三十六口也，一閘計五十尺而闊，是決者共一千八百尺而闊也，源源而來，歲歲而是，而謂不以田為壑乎？〔註52〕

可知淮南士民視減水閘為決口，每座減水閘的寬度約「五十尺」，如是 36 座減水閘，就如同寬達 1800 尺的決口；諸湖水經此東流，鹽城縣、興化縣等地，焉能不成為水壑。

黃河水、淮河水、諸湖水灌溢淮南，射陽湖既遭淤塞，其產生的影響，從下列各州縣的論述可知，山陽縣：「（射陽湖）日見淺淤，雨盈浸溢諸州縣。」〔註53〕寶應縣：「（射陽）湖淺，不能容水，則泛溢四出，東田輒為所苦。」

〔註48〕《皇明經世文編》，卷 351，〈萬恭，漕河奏議·創復諸閘以保運道疏〉，頁 20；《明神宗實錄》，卷 12，頁 12，萬曆元年 4 月乙亥條。

〔註49〕《明神宗實錄》，卷 71，頁 4，萬曆 6 年正月庚午條。

〔註50〕《河防一覽》，卷 8，〈河工告成疏〉，頁 214。

〔註51〕《天下郡國利病書》，卷 30，〈江南十八，興化知縣歐陽東鳳議濬神臺水利申文〉，頁 34。

〔註52〕《敬止集》，卷 1，〈論減水堤閘〉，頁 26。

〔註53〕《天下郡國利病書》，卷 27，〈江南十七·山陽縣〉，頁 4。

〔註54〕鹽城縣:「射陽湖日就淤淺,非曩昔矣,夏秋水漲,則湖莫能容,崩騰泛溢,浸沒民田,千里相望。」〔註55〕興化縣:「今射陽湖淤塞,故興化受害為甚,獨取道於廟灣一口,其中所歷河道,曲折邅迴,流更迂緩。」〔註56〕

（二）開挑通流

《乾隆·鹽城縣志》載:「欲謀洩淮（安）、揚（州）之河水,以濬射陽湖為第一要務。」〔註57〕為整治射陽湖,萬曆7年（1579）鹽城知縣楊瑞雲首倡予以濬復,明年獲總漕兵部尚書凌雲翼的支持,發銀9千兩,委楊瑞雲督工開挑,乃「疏濬積淤,增葺頹岸」,於萬曆9年正月完成。〔註58〕此次濬復工程,所獲成效,若就鹽城縣士民的觀點言:「鹽民德之」,〔註59〕為表彰楊瑞雲的功績,在該縣的清溝鎮樹立一墩,稱之「楊功墩」。〔註60〕但鄰近州縣,對於此次工役,卻有不同評價,依興化縣士民所條陳的〈水利總論〉:

> 萬曆八年,奏請捐銀九千餘兩,撈濬射陽湖,直開新豐市（近廟灣海口）,又為鹽城貪墨正官,利己病鄰,侵魚冒破,是以開而未開,濬而未濬,以致積水未退,年復一年,貽禍至今,傷哉未艾矣。〔註61〕

又萬曆11年（1582）揚州府推官李春言:

> 近年,鹽城縣亦嘗挑濬、撈泥,費銀九千餘兩,夫萬人,船千隻。今訪撈泥,特置之草筏上,深僅三尺,闊僅容舟,不數旬,泥塞如故,今遍尋所挑處,曾無一線可睹,委九千金而歸之壑,前事足鑒也。〔註62〕

又萬曆20年（1592）寶應知縣陳煃言:

> 先鹽城令楊君瑞雲,請發帑金數千,與人徒五萬,復之,然無所取

〔註54〕同前書,卷29,〈江南十七·寶應縣〉,頁38。
〔註55〕《萬曆·鹽城縣志》,卷10,〈藝文志,吳道敏·楊公墩記〉,頁23。
〔註56〕《天下郡國利病書》,卷30,〈江南十八,揚州府推官李春·開海口議〉,頁28。
〔註57〕《乾隆·鹽城縣志》,卷6,〈水道〉,頁9。
〔註58〕《萬曆·鹽城縣志》,卷10,〈藝文志,吳敏道·楊公墩記〉,頁23;又同卷,〈藝文下,余孟麟·重開射陽湖記〉,頁16。
〔註59〕《乾隆·鹽城縣志》,卷6,〈水道〉,頁9。
〔註60〕《萬曆·鹽城縣志》,卷10,〈藝文志,吳敏道·楊公墩記〉,頁23。
〔註61〕《天下郡國利病書》,卷30,〈江南十八,興化縣·概縣士夫條陳水利總論〉,頁26。
〔註62〕《康熙·興化縣志》,卷2,〈水利,揚州推官李春·開海口議〉,頁54。

> 土，安能使兩岸隆起，僅用篐從土中取油泥，置兩岸，稍以艾草護
> 之，曾未經時，水波蕩之，尋復淤泥。〔註63〕

從前引資料，楊瑞雲未能深濬射陽湖，僅挑深3尺，不久淤淺如故。其所以
輕挑射陽湖，得以推知：鹽城縣士民不願淮南各方來水匯積射陽湖，倘湖水
滿溢，將有害於鹽城縣，故僅挑濬能收蓄鹽城縣積水的工程。但淮南其他州
縣則希望此次挑濬工程，能重複昔日的射陽湖；在失望之餘，不僅批評此次
工程是「利己病鄰」，且污蔑楊瑞雲的操守為「貪墨正官」。

射陽湖淤淺情形，萬曆15年興化知縣饒舜宜曾實地勘察：「量得湖下，浮
泥六、尺，或八、九尺，或一丈有餘，沙泥湊合，膠粘篙插，不能頓拔，即欲
撈置他所，泥淖如飴，無岸為障，一經雨水，風浪淋漓，坍卸勢必復淤。」〔註
64〕因射陽湖淤淺嚴重，遂興起不可開復的議論，據《天下郡國利病書》載：

> 不知射陽湖，有不可浚者二：一者，河闊四無畔岸，如一望湖。二
> 者，河紆施曲，折如九迴腸，曲則流緩，疏瀹不前，四無畔岸，則
> 聚沙無地，雖有智，無所用其謀，往者之役（楊瑞雲）徒充墨吏之
> 囊橐，而無補絲毫，全勿論矣。〔註65〕

萬曆20年，興化知縣歐陽東鳳基於「高寶諸湖」建造38座減水閘，諸湖水
日夜東流，而射陽湖卻「葑泥淤塞」；為求諸湖水有疏洩入海之路，其認為射陽
湖已不可濬復，乃於射陽湖北方，開濬神臺河20餘里，從披絲網，經神臺
莊、油葫蘆港（鹽城縣西北80里），出朦朧口（鹽城縣西北130里）、喻口（山
陽縣治東北120里），直至廟灣入海。〔註66〕（見圖四、五），「濬治工完，民
甚賴之」，總工程費計1萬4千6百餘兩。〔註67〕因此萬曆23年，總河楊一
魁為挽救泗州祖陵的水陵，執行「分黃、導淮」的治河策，在「導淮」工程
上，為分洩瀦蓄於洪澤湖內的淮河水，於高家堰上建置三座減水閘（周家橋、
高良澗、武家墩），分洩淮水南出，下分三路入江、海。其中北端一道，即從
武家墩閘（淮安府城東南70里），引淮河水行永濟河、涇河（淮安府城南50
里），東經射陽湖入海。〔註68〕

〔註63〕《天下郡國利病書》，卷29，〈江南十七，寶應縣·附治水或問八條〉，頁38。
〔註64〕同前書，卷30，〈江南十八，揚州府推官李春，開海口議〉，頁28。
〔註65〕《天下郡國利病書》，卷30，〈江南十八，興化縣·水利田·射陽·神臺〉，頁22。
〔註66〕《康熙·興化縣志》，卷2，〈水利·歐陽縣令·濬神臺申文〉，頁48。
〔註67〕《天下郡國利病書》，卷30，〈江南十八，興化縣·水利田·射陽·神臺〉，頁22。
〔註68〕《明神宗實錄》，卷292，頁3下，萬曆23年12月乙巳條。

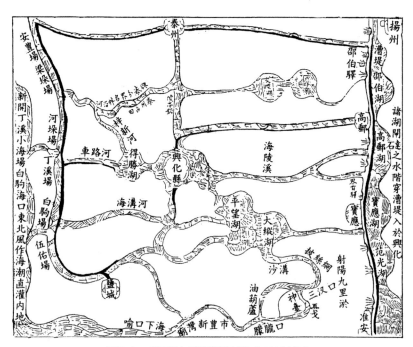

圖四：晚明射陽湖與淮南形勢圖

（採自潘季馴，《兩河經略》，卷首）

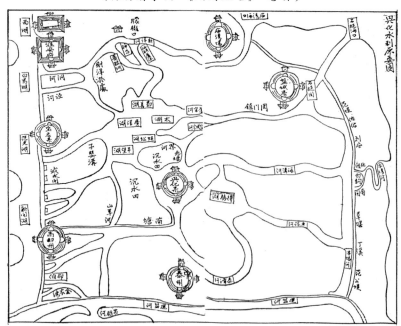

圖五：晚明射陽湖淤淺與神臺河入海圖

（採自《康熙・興化縣志》，卷12，〈水利〉，頁20）

射陽湖終未濬復，萬曆 23 年 12 月，據南京吏科給事中祝世祿的描述：「射陽名為湖，實則為河，闊僅二十五丈，離海且三百里，迂迴淺窄，高寶等七州縣之水，唯此一線宜洩之，宣洩不及，即苦淹沒，而又淮（河）注焉，田廬、鹽場必無幸矣。」〔註69〕另依崇禎 4 年（1631）的勘查資料，「查（射陽）湖面舊制三十六丈，闊今止存三、四丈，極闊者七、八丈，湖面盡淤，安能受水。」〔註70〕可知萬曆 20 年以後，射陽湖已淤淺嚴重，其疏洩功能為神臺河所取代，雖有湖名，其實為河，闊僅 25 丈。至崇禎 4 年，射陽湖的河面寬度，更縮為三、四丈，最寬處也只有七、八丈。

五、結論

晚明，黃河下游河道奪行泗河、淮河入海，由於黃河水勢強盛及含沙量高，從此黃河水患對徐州、淮安府、揚州府所屬州縣帶來重大的環境變遷，如城鎮遷移，田土漂蕩，人口流徙，河湖變遷，作物改變等。

射陽湖原為淮南地區最大的水櫃，具有收蓄過多水量而排放入海的功能。於晚明，因黃河常於淮安府城一帶潰決，淮河水受阻於黃淮交會的清口淤沙而東潰高家堰，高郵寶應諸湖水則因黃淮水溢入而將盈盛湖水排放淮南，前述諸洪水、湖水灌沖淮南，不僅田土、廬舍漂沒，射陽湖也日漸淤淺，雖經歷二次開濬，於明末，仍成為一條長條形的河道形湖泊，失去原有節洩河水功能，此為淮南水患趨於嚴重的原因之一。

參考文獻

一、史料

1. 《大明會典》，明・申時行，萬曆 15 年司禮監本，臺北：文海出版社影印，民國 53 年 3 月再版。

2. 《淮南吳柴菴疏集》，明・吳甡，明季史料集珍，臺北：偉文圖書出版社，民國 65 年 9 月出版。

3. 《皇明經世文編》，明・徐孚遠，明崇禎間刊本，臺北：國聯圖書公司，民國 53 年 11 月出版。

4. 《西園聞見錄》，明・張萱，臺北：華文書局，民國 57 年 10 月初版。

〔註69〕《明神宗實錄》，卷 292，頁 3 下，萬曆 23 年 12 月乙巳條。
〔註70〕《康熙・興化縣志》，卷 2，〈水利・重濬射陽湖議揭〉，頁 50。

5. 《明世宗實錄》，明‧張居正，國立北平圖書館紅格鈔本，臺北：國立中央研究院歷史語言研究所校勘影印，民國 54 年 11 月出版。

6. 《明穆宗實錄》，明‧張居正，據國立北平圖書館紅格鈔本校勘景印，臺北：國立中央研究院歷史語言研所，民國 54 年 1 月出版。

7. 《明史》，明‧張廷玉，新刊本，臺北：國防研究院明史編纂委員會，民國 52 年 4 月臺初版。

8. 《鹽城縣志》，清‧黃垣，清乾隆 12 年刊本。

9. 《敬止集》，明‧陳應芳，文淵閣四庫全書珍本二集，臺北：臺灣商務印書館景印，民國 59 年出版。

10. 《漕撫奏疏》，明‧郭尚友，明崇禎間刊本。

11. 《明神宗實錄》，明‧溫體仁，據國立北平圖書館紅格鈔本校勘景印，臺北，國立中央研究院歷史語言研究所，民國 55 年 4 月出版。

12. 《度支奏議》，明‧畢自嚴，明崇禎 6 年刊本。

13. 《行水金鑑》，清‧傅澤洪，臺北：臺灣商務印書館影印，民國 57 年 12 月臺一版。

14. 《河防一覽》，明‧潘季馴，點校本，臺北：文海出版社，民國 60 年出版。

15. 《天下郡國利病書》，清‧顧炎武，臺北：廣文書局，民國 68 年 11 月初版。

二、地方志

1. 《淮安府志》，明‧方尚祖，明天啟間刊清順治 5 年印本。

2. 《山陽縣志》，清‧金秉祚，清乾隆 14 年刊本。

3. 《徐州府志》，清‧朱忻等，臺北：成文出版社，民國 57 年 3 月臺 1 版，據清同治 13 年刊本景印。

4. 《清河縣志》，清‧汪之藻，清康熙 34 年刊本。

5. 《萬曆‧宿遷縣志》，明‧喻文華，上海書局，天一閣藏明代方志選刊續編。

6. 《徐州志》，明‧姚應龍，臺北：國家圖書館漢學研究中心景印。

7. 《射陽縣志》，射陽縣地方志編纂委員會，江蘇：江蘇科學技術出版社，1997 年 1 月。

8. 《興化縣志》，清‧張可立，傳鈔清康熙 24 年重修本。

9. 《鹽城縣志》，清‧黃垣，清乾隆 12 年刊本。

10. 《高郵州志》，清‧楊宜崙，清道光 18 年增修本，臺北：成文出版社景印。

11. 《鹽城縣志》，明‧楊瑞雲，明萬曆 11 年刊本清順治 14 年修補本。

12. 《泰州志》，明‧劉萬春，明崇禎 6 年刊本。

13. 《寶應縣圖經》，清‧劉寶楠，據清道光 28 年刊本景印。臺北：成文出版社。

14. 《興化縣志》明，明‧歐陽東鳳，明萬曆 19 年傳鈔修本。

15. 《寶應縣志》，民國‧戴邦楨，民國 21 年鉛印本，臺北：成文出版社景印。

三、論著

1. 《黃河變遷史》，岑仲勉，臺北：里仁書局，民國 71 年 1 月出版。

2. 《明代漕河之整治正管理》，蔡泰彬，臺北：臺灣商務印書館，民國 81 年 1 月初版。

3. 《晚明黃河水患與潘季馴之治河》，蔡泰彬，臺北：樂學書局，民國 87 年 6 月初版。

四、期刊

1. 〈歷史時期射陽湖演變模式研究〉，凌申，《中國歷史地理論叢》第 20 卷第 3 輯，2005 年 7 月，頁 73～79。

2. 〈論證「明代御製黃河萬里圖」應繪製於清康熙時期〉，蔡泰彬，《白沙歷史地理學報》第二期，民國 95 年 10 月，頁 27～74。

論黃河之河清現象

一、前言

　　陰陽學說，自西漢盛行以來，因講求天人感應，黃河遂被描述成一條具有靈性之大河，依《孝經・援神契》載：「河者，水之伯，上應天漢。」〔註1〕《易坤靈圖》亦言：「聖人受命，瑞見於河。」〔註2〕因此從黃河顯現之祥瑞和災異，可以預知即將發生之大事，就祥瑞言：中國古帝王之統治地位及其偉大事功，常被附會與黃河之瑞象有關，例如伏羲氏從黃河之感應，得河圖，而製作八卦。〔註3〕大禹遊觀於黃河，有河精浮現，傳授河圖，說明治水之事。〔註4〕就災異言：若河水變赤，依《京房易傳》載：「獄有冤恨，誅殺不當，則致河水赤也。」〔註5〕《河圖》亦言：「下民恨，則水赤。」〔註6〕若河水泛濫，依《淮南子・天文訓》言：「陰氣盛，則為水。」〔註7〕又西周桓公十四

〔註1〕李昉，《太平御覽》（臺北：新興書局，民國48年1月初版），卷61，〈河〉，頁2，引「孝經・援神契」。

〔註2〕王應麟，《玉海》（臺北：大化書局，民國66年出版），卷196，〈祥瑞〉，頁7，引「易坤靈圖」。

〔註3〕班固，《漢書》（臺北：鼎文書局，民國68年3月再版，點校本），卷27上，〈五行志第七上〉，頁1315。

〔註4〕《玉海》，卷196，〈祥瑞〉，頁2。

〔註5〕京房，《京房易傳》（臺北：新文豐出版社，民國78年7月臺一版，叢書集成續編26冊），卷6，頁4。

〔註6〕江藩，《河賦註》（臺北：新文豐出版社，民國78年7月臺一版，叢書集成續編223冊），頁1

〔註7〕劉安，《淮南子》（臺北：臺灣商務印書館，民國68年11月臺一版，四部叢刊正編），卷3，頁5。

年（西元前 706 年）發生大水，西漢董仲舒解釋其泛濫原因，以為「夫人哀姜淫亂，陰氣盛也。」〔註8〕所以黃河被尊為四瀆之宗，其地位之尊崇，源自國人視其具有神性，能貫通天漢，傳達上天旨意，賞罰世上之人君。

　　黃河自東漢以來，其諸祥異中，最令歷代皇帝重視者，莫過於「黃河清」，因在陰陽學說中其關係政權之延續或更替，亦就是河清出現，對當朝皇帝係屬祥瑞，抑或災異。此外，傳說中，黃河歷經千年才會澄清，是否如此少見。本文基於此，擬論證河清在各朝代出現之次數，並探討其意涵，以及臣民對它之看法。

二、河清出現與慶賀儀式

（一）河清出現

　　滾滾濁流，欲其水質澄清，從周代以來，國人已存有河清難俟之觀念，如周襄公八年（西元前 658 年），楚國攻打鄭國，鄭國想依賴晉國之救援，子駟為表示晉國不可依恃，引用「俟河之清，人壽幾何」之詩句形容之。〔註9〕東晉王嘉《拾遺記》更表達：「黃河千年一清，皆至聖之君，以為大瑞。」〔註10〕可知黃河疑需歷經千年才會澄清，以象徵聖王之出現。

　　從史實觀之，黃河於何時出現澄清，東漢襄楷曾言：「春秋以來，及古帝王未有河清。」〔註11〕是否東漢以前未曾發生，依《琴書》：「舜鼓琴而黃河清。」〔註12〕與《冊府元龜》：「周公旦攝政七年，……乃與成王觀於河雒，沈璧禮畢，……榮光並出，黃河清，慶雲至。」〔註13〕由此可知，河清於西周以前似曾出現，但論其內容則屬傳說，不足為信；然子駟於周襄公八年曾引用周詩「俟河之清，人壽幾何」，得以推測是時以前曾發生，因此一詩句之

〔註 8〕《漢書》，卷 7，〈五行志〉，頁 1341。

〔註 9〕王道焜，《左傳杜林合注》（臺北：臺灣商務印書館，文淵閣四庫全書），卷 26，〈襄公二〉，頁 2。

〔註 10〕王嘉，《拾遺記》（臺北：新文豐出版社，民國 75 年 3 月臺一版，叢書集成新編 26 冊），卷 1，〈高辛〉，頁 125。

〔註 11〕范曄，《後漢書》（臺北：鼎文書局，民國 68 年 3 月再版，點校本），卷 30 下，〈郎顗、襄楷列傳第二十下〉，頁 1076。

〔註 12〕王軒等，《山西通志》（臺北：華文書局，民國 58 年 5 月初版，清光緒 18 年刊本），卷 162，〈祥一〉，頁 2，引「琴書」。

〔註 13〕王欽若等，《冊府元龜》（臺北：清華書局，民國 56 年 3 月初版），卷 22，〈帝王部，符瑞一〉，頁 4。

作者，不會憑空想像河清，必有其吟詠之依據。

　　從東漢以後至清代初年，河清出現之時間與地點，在正史、地方志和其它史籍裏，有較明確記載，茲詳列於下表：

表一：東漢至清代河清出現知見表

日　期	地　點	維持時間	備　註
東漢光武帝建武 9 年（西元 33 年）	平原（山東平原）		陳夢雷，《古今圖書集成》（臺北：鼎文書局，民國 74 年 4 月再版），卷 229，〈山川典〉，頁 2095。
東漢桓帝永興 2 年（154）	厭次（山東惠民）		《古今圖書集成》，卷 229，〈山川典〉，頁 2095。
東漢桓帝延熹 4 年（161）	封邱（河南封邱）		王賜魁，《封邱縣志》（清康熙 36 年刻本），卷 3，〈祥災〉，頁 44。
東漢桓帝延熹 8 年 4 月（165）	濟陰（山東定陶）、濟北(山東長清)、東郡(河北僕陽)、中牟（河南中牟）、原武（河南陽武）		范曄，《後漢書》（臺北：鼎文書局，民國 67 年 11 月 3 版），卷 7，〈孝桓帝紀第七〉，頁 314； 孫和相，《中牟縣志》（清乾隆 19 年刻本），卷 1，〈祥異〉，頁 64； 原文炘，《原武縣志》（清乾隆 12 年刻本），卷 10，〈祥異〉，頁 1。
東漢桓帝延熹 9 年 4 月（166）	濟陰、濟北、東郡、平原、氾水（河南氾水）		沈約，《宋書》（臺北：鼎文書局，民國 68 年 2 月 2 版），卷 29，〈符瑞下〉，頁 872； 許勉燉，《氾水縣志》（清乾隆 9 年刊本），卷 12，〈祥異〉，頁 2； 《後漢書》，卷 7，〈孝桓帝紀第七〉，頁 317。
東漢靈帝建寧 4 年 2 月（171）	封邱、氾水、孟津(河南孟縣)、武涉（河南武涉）、延津(河南延津)		徐元燦，《孟津縣志》（清康熙 48 年刻本），卷 3，〈祥異〉，頁 30； 布顏，《懷慶府志》（清乾隆 54 年刻本），卷 32，〈物異〉，頁 1； 余心孺，《延津縣志》（清康熙 41 年刻本），卷 7，〈災祥〉，頁 9； 《康熙封邱縣志》，卷 3，〈祥災〉，頁 44； 《乾隆氾水縣志》，卷 12，〈祥異〉，頁 2； 《後漢書》，卷 8，〈孝靈帝紀第八〉，頁 332。

宋（南朝）文帝元嘉 24 年 2 月（447）	青州（山東）、冀州（河北）、河南府（河南洛陽）、單縣（山東單縣）		覺羅普爾泰，《單縣志》（清乾隆 24 年刊本），卷 3，〈災祥〉，頁 74； 孫灝，《河南通志》（清乾隆 43 年刊本，臺北：臺灣商務印書館景印，文淵閣四庫全書），卷 5，〈祥異〉，頁 24； 《宋書》，卷 29，〈符瑞下〉，頁 872。
宋孝武帝孝建 3 年 9 月（456）	冀州		《宋書》，卷 29，〈符瑞下〉，頁 872。
宋孝武帝大明 5 年 9 月（461）	平原郡		《宋書》，卷 29，〈符瑞下〉頁 872； 《古今圖書集成》，卷 230，〈山川典〉，頁 2097。
北齊武成帝河清元年 4 月（562）	河南府、孟津、開封（河南開封）		李延壽，《北史》（臺北：鼎文書局，民國 68 年 3 月再版），卷 8，〈齊本紀〉，頁 282； 管竭忠，《開封府志》（清康熙 34 年刊本），卷 39，〈祥異〉，頁 3； 魯曾煜，《祥府縣志》（清乾隆 4 年刊本），卷 16，〈祥異〉，頁 1； 《康熙孟津縣志》，卷 3，〈祥異〉，頁 30。 《古今圖書集成》，卷 444，〈職方典〉，頁 4049。
北齊武成帝河清 2 年 4 月（563）	兗州府（山東滋陽）、曹州（山東荷澤）、荷澤（山東定陶）		朱泰，《萬曆兗州府志》（天一閣藏明代方志選刊續編，上海書局出版），卷 15，〈災祥〉，頁 7； 佟企聖，《曹州志》（清康熙 13 年刊本），卷 19，〈災祥〉，頁 4； 凌柏壽，《新修荷澤縣志》（清光緒 10 年刊本），卷 3，〈山川〉，頁 7。
隋煬帝大業 3 年正月（607）	武陽郡（河北大名），數里鏡澈		魏徵，《隋書》（臺北，鼎文書局，民國 68 年 2 月 2 版），卷 3，〈帝紀第三〉，頁 67。
隋煬帝大業 11 年（615）	龍門（山西河津）		《古今圖書集成》，卷 230，〈山川典〉，頁 2098。
隋煬帝大業 12 年（616）	龍門		《隋書》，卷 23，〈五行下〉，頁 653。
隋煬帝大業 13 年（617）	龍門		《古今圖書集成》，卷 230，〈山川典〉，頁 2098；又同上書，卷 329，〈職方典〉，頁 3051。

唐高祖武德 7 年 9 月（624）	丹州（陝西宜州）	沈青崖，《陝西通志續通志》（清雍正 13 年刊本，臺北：華文書局景印），卷 46，〈祥異一〉，頁 43。
唐高祖武德 9 年 2 月（626）	蒲州（山西河東）	歐陽修，《新唐書》（臺北：鼎文書局，民國 68 年 2 月 2 版），卷 36，〈五行三〉，頁 946。
唐太宗貞觀 14 年正月（640）	陝州（河南陝縣）、秦州（甘肅天水）	陳宣，《河南郡志》（明弘治 12 年刊本），卷 38，〈祥瑞〉，頁 17；《康熙孟津縣志》，卷 3，〈祥異〉，頁 30。
唐太宗貞觀 14 年 2 月（640）	陝州、秦州，河再清	王軒，《山西通志》（清光緒 18 年刊本，臺北：華文書局景印），卷 162，〈祥異一〉，頁 29；《新唐書》，卷 36，〈五行三〉，頁 946。
唐太宗貞觀 16 年正月（642）	懷州（河南沁陽）、鞏縣（河南鄭縣）	邱軒昂，《鞏縣志》（清乾隆 10 年刊本），卷 1，〈疆域志〉，頁 18；《乾隆懷慶府志》，卷 32，〈物異〉，頁 5。
唐太宗貞觀 17 年 12 月（643）	氾水、原武、中牟、滑州（河南滑縣）、鄭州（河南氾水）	《新唐書》，卷 36，〈五行三〉，頁 946；《乾隆原武縣志》，卷 10，〈祥異〉，頁 1；《乾隆中牟縣志》，卷 1，〈祥異〉，頁 64；《乾隆氾水縣志》，卷 12，〈祥異〉，頁 2。
唐太宗貞觀 22 年 2 月（648）	懷州	王欽若，《冊府元龜》（臺北：清華書局景印，民國 56 年 3 月初版），卷 22，〈符瑞一〉，頁 254。
唐太宗貞觀 23 年 4 月（649）	靈州（寧夏靈武）	馬端臨，《文獻通考》（臺北：中文書局景印，1978 年 6 月出版），卷 297，〈水異三〉，頁 2349。
唐高宗永徽元年正月（650）	濟州（山東濟寧）	《文獻通考》，卷 297，〈水異三〉，頁 2349；《古今圖書集成》，卷 247，〈職方典〉，頁 2300。
唐高宗永徽二年 12 月（651）	原武、衛州（河南淇縣）	《新唐書》，卷 36，〈五行三〉，頁 946；《文獻通考》，卷 297，〈水異三〉，頁 2349；《乾隆懷慶府志》，卷 32，〈物異〉，頁 5。
唐高宗永徽 5 年 6 月（654）	濟州、河清 16 里	《新唐書》，卷 36，〈五行三〉，頁 946，《冊府元龜》，卷 24，〈符瑞三〉，頁 9。

唐高宗調露 2 年夏（680）	豐州（綏遠五原）		《雍正陝西通志續通志》，卷 46，〈祥異一〉，頁 47； 《文獻通考》，卷 297，〈水異三〉，頁 2349。
唐玄宗開元 25 年 5 月（737）	淄州（山東淄州）、棣州（山東惠民）		《新唐書》，卷 36，〈五行三〉，頁 946； 《文獻通考》，卷 297，〈水異三〉，頁 2349。
唐肅宗乾元 2 年 7 月（759）	嵐州（山西嵐縣）合河關 30 里，清如井水	4 日而變	《新唐書》，卷 36，〈五行三〉，頁 946； 《光緒山西通志》，卷 162，〈祥異一〉，頁 31。
唐肅宗寶應元年 9 月（762）	秦州至陝州 200 餘里		劉昫，《舊唐書》（臺北：鼎文書局，民國 68 年 2 月 2 版），卷 37，〈五行〉，頁 1373； 《新唐書》，卷 36，〈五行三〉，頁 946。
唐肅宗寶應 2 年 9 月（763）	開封、河南府、封邱		孫灝，《河南通志續通志》（清光緒 8 年刊本，臺北：華文書局景印），卷 5，〈祥異〉，頁 15； 《古今圖書集成》，卷 230，〈山川典〉，頁 2098。
唐肅宗寶應 2 年 10 月（763）	同州（陝西大荔）至陝州 200 餘里		張光孝，《西瀆大河志》（明萬曆間刊本），卷 5，〈河清小說〉，頁 40。
唐代宗廣德 2 年 5 月（764）	河陽（河南孟縣）	逾月不變	《冊府元龜》，卷 25，〈符瑞四〉，頁 4。
唐德宗建中 4 年 5 月（783）	滑州、濮州（山東濮縣）		王蒲園，《重修滑縣志》（民國 21 年鉛印本，臺北：成文出版社景印），卷 3，〈藝文〉，頁 8； 《文獻通考》，卷 297，〈水異三〉，頁 2349； 《冊府元龜》，卷 25，〈符瑞四〉，頁 9。
唐德宗貞元 14 年閏 5 月（798）	滑州		《新唐書》，卷 36，〈五行三〉，頁 946。
唐穆宗長慶元年 9 月（821）	靈州		《文獻通考》，卷 297，〈水異三〉，頁 2349。
唐宣宗大中 8 年正月（854）	陝州約 120 里	16 日	《康熙孟津縣志》，卷 3，〈祥異〉，頁 30； 《古今圖書集成》，卷 444，〈職方典〉，頁 4049。

梁太祖開平元年 8 月（907）	隰州（山西隰縣）		《光緒山西通志》，卷 162，〈祥異一〉，頁 215。
宋太祖建隆 3 年秋（962）	河南府		《古今圖書集成》，卷 444，〈職方典〉，頁 4049。
宋太宗太平興國 3 年 8 月（978）	滑州		《古今圖書集成》，卷 230，〈山川典〉，頁 2103。
宋太宗太平興國 4 年 8 月（979）	滑州、黎陽（河南濬縣）		脫脫，《宋史》（臺北：鼎文書局，民國 67 年 9 月初出版），卷 61，〈志第十四〉，頁 1338。
宋太宗雍熙 4 年（987）	澶州（河北濮陽）		《古今圖書集成》，卷 230，〈山川典〉，頁 2104。
宋太宗端拱元年正月（988）	澶州		《宋史》，卷 5，〈太宗二〉，頁 81。
宋太宗端拱元年 2 月（988）	澶州、濮州 200 餘里		《古今圖書集成》，卷 230，〈山川典〉，頁 2104。
宋真宗大中祥符 2 年 11 月（1009）	河南郡（河南洛陽）		《弘治河南郡志》，卷 38，〈祥瑞〉，頁 17。
宋真宗大中祥符 2 年 12 月（1009）	河南郡，河再清		《弘治河南郡志》，卷 38，〈祥瑞〉，頁 17。
宋真宗大中祥符 3 年 11 月（1010）	陝州		《宋史》，卷 7，〈真宗二〉，頁 145。
宋真宗大中祥符 3 年 12 月（1010）	陝州，河再清		《宋史》，卷 61，〈五行一上〉，頁 1338。
宋真宗大中祥符 8 年正月（1015）	陝州		朱睦㮮，《開封府志》（明萬曆 13 年刊本），卷 5，〈祥異〉，頁 15。

宋徽宗大觀元年8月（1107）	河北	2日	《宋會要輯本》（臺北：世界書局，民國53年6月初版），52冊，〈瑞異〉，頁2076。
宋徽宗大觀元年12月（1107）	乾寧軍（河北青縣），河清800里	7晝夜	清高宗，《續文獻通考》（臺北：新興書局景印，民國47年10月初版），卷90，〈宋紀九十〉，頁2311。
宋徽宗大觀2年12月（1108）	陝州、同州，河清100里	涉春不變	《宋史》，卷61，〈五行一上〉，頁1338；《康熙孟津縣志》，卷3，〈祥異〉，頁30；《光緒山西通志》，卷162，〈祥異一〉，頁41
宋徽宗大觀3年正月（1109）	陝西		《宋會要輯本》，52冊，〈瑞異〉，頁2076。
宋徽宗大觀3年2月(1109)	同州韓城至郃陽縣約100里		《宋會要輯本》，52冊，〈瑞異〉，頁2076。
宋徽宗政和6年4月(1116)	冀州棗強縣（河北棗強）		《古今圖書集成》，卷232，〈山川典〉，頁2124。
宋徽宗政和6年10月（1116）	冀州三山天成橋		《宋會要輯本》，52冊，〈瑞異〉，頁2076。
宋徽宗政和7年正月（1117）	冀州三山天成橋，河再清		《宋史》，卷21，〈徽宗三〉，頁399；《宋會要輯本》，52冊，〈瑞異〉，頁2076。
宋徽宗宣和元年12月（1119）	嵐州		《宋史》，卷22，〈徽宗四〉，頁405。
金衛紹王大安元年4月（1209）	徐州（江蘇銅山）至邳州（江蘇邳縣），河清500餘里	幾2年	脫脫，《金史》（臺北：鼎文書局，民國68年3月再版），卷13，〈本紀十三〉，頁292；張宏運，《銅山縣志》（清乾隆10年刊本），卷12，〈祥異〉，頁75。
金宣宗貞祐2年冬（1214）	陝州至衛州八柳樹	10餘目	《光緒山西通志》，卷162，〈祥異一〉，頁44。
元世祖至元15年12月（1278）	孟津東柏谷至氾水蓼子谷，上下80餘里	數月	施誠，《河南府志》（清乾隆44年刊本），卷116，〈祥異〉，頁21。

元成宗元貞元年閏4月（1295）	蘭州上下 300 餘里	3 日	《續文獻通考》，卷 216，〈物異一〉，頁 4576。
元順帝至正11 年 4 月（1351）	陝州平陸三門至孟州渡	5 日	張之紀，《孟縣志》（清康熙 34 年刻本），卷 7，〈祥異〉，頁 30。
元順帝至正20 年 11 月（1360）	原武、滎澤（河南滎澤）		畢沅，《續資治通鑑》（臺北：文光出版社，民國 64 年 10 月初版），卷 216，〈水異〉，頁 4576。
元順帝至正21 年 11 月（1361）	陝州平陸三門至孟津 500 餘里	7 日	《光緒河南通志續通志》，卷 5，〈祥異〉，頁 15。《乾隆懷慶府志》，卷 32，〈物異〉，頁 10；《弘治河南郡志》，卷 38，〈祥異〉，頁 17。
元順帝至正21 年 12 月（1361）	冀寧路石州（山西離石）	至明年春冰泮始如故	《續資治通鑑》，卷 216，〈水異〉，頁 4576。
元順帝至正22 年 10 月（1362）	孟津		《康熙孟津縣志》，卷 3，〈祥異〉，頁 30。
元順帝至正22 年 12 月（1362）	自河東（山西境內，在黃河以東者）清者 1000 餘里		文元發，《學圃齋隨筆》（臺北：偉文圖書出版社景印），頁 332；《乾隆氾水縣志》，卷 2，〈祥異〉，頁 4。
元順帝至正24 年 4 月（1364）	衛輝路（河南汲縣）		《續資治通鑑》，卷 216，〈水異〉，頁 4576。
元順帝至正24 年 5 月（1364）			《續文獻通考》，卷 218，〈元紀三六〉，頁 5929。
元順帝至正26 年 11 月（1368）			《續文獻通考》，卷 216，〈元紀三四〉，頁 5875。
明太祖洪武5 年（1372）	武涉		王榮陞，《武涉縣志》（清道光 9 年刊本），臺北：成文出版社景印），卷 12，〈祥異〉，頁 7。

明成祖永樂 2 年 12 月 （1404）	蒲州（山西永 濟）、河津(山西 河津)禹門渡	32 日	徐學聚，《國朝典彙》（臺北：臺灣學生書 局景印，民國 54 年 2 月出版），卷 113， 〈祥瑞〉，頁 7；《古今圖書集成》，卷 234， 〈山川典〉，頁 2141。
明成祖永樂 3 年正月 （1405）	蒲津（山西永 濟）		何喬遠，《名山藏》（明崇禎 13 年刊本，臺 北：成文出版社景印，民國 60 年 1 月出 版），〈典謨記，成祖一〉，頁 408。
明成祖永樂 3 年 12 月 （1405）	蒲州、河津		《西瀆大河志》，卷 5，〈大河祀典第十一〉， 頁 43。
明英宗正統 元年（1436）			《古今圖書集成》，卷 134，〈庶徵典〉，頁 1358。
明代宗景泰 5 年正月 （1454）	龍明至芮城（山 西芮城）		沈德符，《萬曆野獲編》（臺北：偉文圖書 公司景印，民國 65 年 9 月出版），卷 29， 〈禨祥〉，頁 1905。
明憲宗成化 20 年（1684）	蘭州		《古今圖書集成》，卷 570，〈職方典〉，頁 5171。
明憲宗成化 23 年（1487）	蘭州		《古今圖書集成》，卷 234，〈山川典〉，頁 2145。
明孝宗弘治 元年冬 （1488）	保德州（山西保 德）	7 日	《光緒山西通志》，卷 163，〈祥異二〉，頁 3。
明孝宗弘治 2 年冬（1489）	保德州	7 日	《古今圖書集成》，卷 306，〈職方典〉，頁 2834。
明孝宗弘治 14 年正月 （1501）	保德州	3 日	《古今圖書集成》，卷 306，〈職方典〉，頁 2834。
明武宗正德 元年 8 月 （1506）			《古今圖書集成》，卷 134，〈庶徵典〉，頁 1358。
明武宗正德 2 年 8 月（1507）	保德州，河清 300 里		沈朝陽，《皇明嘉隆兩朝聞見錄》（臺北： 臺灣學生書局景印、民國 58 年 12 月初 版），卷 1，頁 11；《光緒山西通志》，卷 163，〈祥異二〉，頁 4。

明武宗正德 6 年 12 月 （1511）	淮安（江蘇淮陰）清河口至柳舖 90 餘里	3 日	《明武宗實錄》，卷 82，頁 9，正德 6 年 12 月丙申條。
明武宗正德 6 年 12 月 （1511）	靈寶（河南靈寶）馮佐村		《名山藏》，卷 22，〈典謨記，武宗〉，頁 23。
明武宗正德 6 年（1511）	氾水	3 日夜	《乾隆氾水縣志》，卷 2，〈祥異〉，頁 4。
明武宗正德 7 年正月 （1512）	自清河（江蘇淮陰）至柳家蒲 90 里	5 日	《西漢大河志》，卷 6，〈大河藝文述十三〉，頁 14。
明武宗正德 7 年 6 月（1512）	蒲州垣曲（山西垣曲）		《光緒山西通志》，卷 163，〈祥異二〉，頁 5。
明武宗正德 8 年 8 月（1513）	垣曲	7 日	《古今圖書集成》，卷 330，〈職方典〉，頁 3062。
明武宗正德 8 年（1513）	自淮安清河口至劉伶台約 60 里	5 日	張逢宸，《豐縣志》（清順治 13 年序刊本），卷 9，〈災祥〉，頁 8。
明世宗嘉靖 6 年（1527）	靈寶馮佐村	3 日	龔崧林，《陝州志》（清乾隆 11 年刊本），卷 19，〈災祥〉，頁 2；《西漢大河志》，卷 6，〈大河藝文述十三〉，頁 3。
明世宗嘉靖 7 年 4 月（1528）	靈寶馮佐村，河清 50 里		《國朝典彙》，卷 113，〈祥瑞〉，頁 20；《光緒河南通志續通志》，卷 5，〈祥異〉，頁 15。
明世宗嘉靖 12 年（1533）	陝州至鞏縣		《乾隆鞏縣志》，卷 2，〈災祥〉，頁 97。
明世宗嘉靖 25 年（1546）	華陰（陝西華陰）		《古今圖書集成》，卷 521，〈職方典〉，頁 4720。
明世宗嘉靖 38 年（1559）			《古今圖書集成》，卷 550，〈職方典〉，頁 4990。
明神宗萬曆 20 年（1592）	華陰		《古今圖書集成》，卷 225，〈山川典〉，頁 2155。
明神宗萬曆 22 年 11 月 （1594）	淮安清口以下，大套以上 160 里	100 餘日	喬弘德，《安東通志》（清康熙 37 年刊本），卷 1，〈災祥〉，頁 2；《康熙清河縣志》，卷 1，〈祥異〉，頁 8。

明神宗萬曆 37 年（1609）			《古今圖書集成》，卷 550，〈職方典〉，頁 4991。
明神宗萬曆 37 年 2 月（1609）	淮安，河清 7、80 里	3 日	呂克孝，《如皋縣志》，（明萬曆 46 年刊本），卷 7，〈佚事附〉，頁 70。
明神宗萬曆 37 年 9 月（1609）	淮安城內外	旬日	《萬曆如皋縣志》，卷 2，〈五行〉，頁 9。
明光宗泰昌 元年冬（1620）	陝州自荊家灣 至上村凡 15 里		《古今圖書集成》，卷 444，〈職方典〉，頁 4051。
明熹宗天啟 2 年 5 月（1622）	山陽（江蘇淮安）		黃垣修，《鹽城縣志》（清乾隆 12 年刊本），卷 18，〈祥異〉，頁 12。
明熹宗天啟 2 年 7 月（1622）	河津		《古今圖書集成》，卷 330，〈職方典〉，頁 3065。
明熹宗天啟 6 年（1626）	洛陽至徐州	3 日	《光緒河南通志續通志》，卷 5，〈祥異〉，頁 15；《乾隆氾水縣志》，卷 2，〈祥異〉，頁 4。
明熹宗天啟 7 年 3 月（1627）	單縣（山東單縣）		《乾隆單縣志》，卷 3，〈災祥〉，頁 74。
明熹宗天啟 7 年（1627）	西安府		《古今圖書集成》，卷 550，〈職方典〉，頁 4991。
明思宗崇禎 9 年 5 月（1636）	西安府		《古今圖書集成》，卷 550，〈職方典〉，頁 4991。
明思宗崇禎 11 年（1638）	西安府		《古今圖書集成》，卷 550，〈職方典〉，頁 4991。
明思宗崇禎 11 年 6 月（1638）	大寧（山西隰縣）		《古今圖書集成》，卷 330，〈職方典〉，頁 3066。
明思宗崇禎 14 年 8 月（1641）	銅山（江蘇銅山）		《乾隆銅山縣志》，卷 12，〈祥異〉，頁 75。
明思宗崇禎 15 年正月（1642）	清河		朱元豐，《清河縣志》（清乾隆 15 年刊本），卷 9，〈祥異〉，頁 7。

明思宗崇禎 15 年（1642）	西安府		《古今圖書集成》，卷 550，〈職方典〉，頁 4992。
明思宗崇禎 16 年 10 月（1643）	豐縣		姚鴻杰，《豐縣志》（清光緒 20 年刊本），卷 16，〈祥異〉，頁 17。
明思宗崇禎 17 年（1644）	桃源（江蘇泗陽）		蕭文蔚，《桃源縣志》（清康熙 26 年刊本），卷 1，〈祥異〉，頁 4。
清世祖順治 4 年（1647）	河津		《光緒山西通志》，卷 163，〈祥異二〉，頁 22。
清聖祖康熙 9 年春（1670）	榮河（山西榮河）	3 日	《光緒山西通志》，卷 163，〈祥異二〉，頁 25。
清聖祖康熙 22 年 11 月（1683）	蒲州至平陸	15 日	《光緒山西通志》，卷 163，〈祥異二〉，頁 27。
清世宗雍正 3 年（1725）	安東（江蘇漣水）		黃之雋，《江南通志》（清乾隆 2 年重修本，臺北：華文書局景印），卷 197，〈禨祥〉，頁 21。
清世宗雍正 4 年 12 月 9 日（1726）	陝州至虞城（河南虞城）1000 餘里	1 月	《光緒河南通志續通志》，卷 5，〈祥異〉，頁 15。
清世宗雍正 4 年 12 月 18 日（1726）	陝西河曲等 18 州縣	21 日	《雍正陝西通志》，卷 47，〈物異〉，頁 15。
清世宗雍正 4 年（1726）	桃源、邳州、清河、睢寧（江蘇睢寧）	8 日	《乾隆江南通志》，卷 197，〈禨祥〉，頁 21；《乾隆銅山縣志》，卷 12，〈祥異〉，頁 75。《咸豐邳州志》，卷 4，〈山川〉，頁 13。
清世宗雍正 8 年 5 月（1730）	積石關（甘肅臨夏）		《清史稿校註》（臺北：國史館，民國 75 年 9 月出版），卷 133，〈河渠一〉，頁 3636。
清高宗乾隆 53 年 3 月（1788）	山西永寧（山西沁水）等 13 州縣，河清 1300 餘里	2 旬	劉錦藻，《清朝續文獻通考》（臺北：新興書局景印，民國 48 年 2 月初版），卷 304，〈物異一〉，頁 10493。

從前表可知：

1. 河清出現次數：從東漢光武帝建武九年至清高宗乾隆五十三年，此一千七百五十六年間，黃河澄清次數，已知計有一百二十四次，平均每十四年出現一次。至於各朝代及帝王在位時期出現之次數，經統計述之於後：

（1）各朝代出現次數各發生頻率，如下表所載：

表二：中國各朝代河清出現次數與發生頻率表

朝　代	立國時間（年）	次　數	頻率（次）	備　註
東漢	196	6	32.7	
宋（南朝）	60	3	20.2	
北齊（北朝）	28	2	14.0	
隋	30	4	7.5	
唐	290	22	13.2	
梁（五代）	17	1	17.0	
北宋	168	20	8.4	
金	120	2	60.0	
元	98	11	8.9	
明	294	44	6.6	
清	276	9	30.7	

資料來源：根據表一所載。

從表二可知：各朝代發生次數，最多者是明代達四十四次，其次依序：唐代二十二次，北宋二十次，元代十一次，清代九次，東漢六次，隋代四次，宋（南朝）三次，北齊（北朝）二次，金代二次，梁（五代）一次。若就各朝代發生頻率，最高者亦是明代，每六・六年發生一次，其他依序：隋代七・五年，北宋八・四年，元代八・九年，唐代十三・二年，北齊（北朝）十四年，梁（五代）十七年，宋（南朝）二十年，東漢二十二・七年，金代六十年。

（2）歷朝皇帝在位時期出現次數，依多寡順序，載於下表：

表三：中國歷朝皇帝在位時期河清出現次數表

皇　帝	在位時間（年）	次數	皇　帝	在位時間（年）	次數
宋徽宗	25	9	明憲宗	23	2
元順帝	36	9	清聖祖	61	2
明武宗	16	9	東漢光武帝	33	1
明思宗	17	8	東漢靈帝	22	1
唐太宗	23	6	南朝宋文帝	30	1
宋太宗	22	5	唐玄宗	45	1
宋真宗	25	5	唐代宗	17	1
明世宗	45	5	唐穆宗	4	1
明神宗	48	5	唐宣宗	14	1
明熹宗	7	5	梁（五代）太祖	7	1
清世宗	13	5	宋太祖	17	1
東漢桓帝	21	4	金衛紹王	5	1
隋煬帝	13	4	金宣宗	11	1
唐高宗	34	4	元世祖	35	1
唐肅宗	8	4	元成宗	13	1
明成祖	23	3	明太祖	31	1
明孝宗	18	3	明英宗	8	1
宋孝武帝	11	2	明代宗	7	1
北齊武成帝	5	2	明光宗	1	1
唐高祖	9	2	清世祖	18	1
唐德宗	26	2	清高宗	60	1

資料來源：根據表一所載。

從東漢以來，歷代帝王總共有二三三位，其任內曾出現河清者，有四十二位，其中發生九次者有三位，八次者一位，六次者一位，五次者六位，四次者四位，三次者二位，二次者六位，一次者十九位。

　　另分析河清次數超過四次者之背景，約有四種情形：一屬於末代皇帝，如元順帝（九位）、明思宗（八次）。二是政權經由骨肉相殘非法取得，如隋煬帝（四次）、唐太宗（六次）、宋太宗（五次）、清世宗（五次）。三是政權已呈

式微，或又遭逢外患入侵，如東漢桓帝（四次）、唐肅宗（四次）、宋真宗（五次）、宋徽宗（九次）、明武宗（九次）、明世宗（五次）、明神宗（五次）。四是女主握政，如唐高宗（四次）。從這十五位皇帝任內，河清出現頻率較高，是否得以推論他們有假借「河清」之說，以鞏固其權位，藉以宣告中外，其即是承天命而起之聖王。

2. 河清出現月份：從一百二十四次出現之時間來看，各月份發生次數，依其多寡，列於下表：

表四：中國歷代各月份河清出現次數表

月　份	次　數	月　份	次　數	月　份	次　數
十二月	16	九月	7	閏四月	1
正月	14	十一月	7	閏五月	1
四月	10	十月	4	春季	1
二月	8	六月	3	夏季	1
八月	8	三月	2	秋季	1
五月	7	七月	2	冬季	4
備註：1. 不知月份者有 26 次。					
2. 資料來源：依據表一所載。					

從前表，可知河清出現時間，各月份都有發生，就比率上言，寒冷季節顯然偏高，經統計：十月、十一月、十二月、正月、二月、和冬季等五個月份，共有五十三次，佔已知月份次數之百分之五十五。為何天寒時期出現率偏高，可能是此時氣候乾燥，降雨量少，水流緩慢，不僅河水含沙量低，而且亦容易淤澱；或是某些河段，水面結冰，當氣溫稍為提升，冰層解凍，河水於是澄清，如宋徽宗大觀二年十二月陝西韓城一帶河清，依《宋會要輯本》載：「忽然河道中間，冰層解釋，徹底清流。」〔註14〕又明思宗崇禎十五月年正月，清河縣河清，「清淺如小渠，人有徒涉者。」〔註15〕又清世宗雍正四年二月，山西省上下河清二千餘里，「是時居民溉汲，行旅濟涉。」〔註16〕可知冰凍消釋，或河水淺澀是天寒時期河清出現原因之一。

〔註14〕《宋會要輯本》（臺北：世界書局，民國 63 年 6 月初版），52 冊，〈瑞典一之二三〉，頁 2076。

〔註15〕朱元豐，《清河縣志》（清乾隆 15 年刊本），卷 7，〈祥異〉，頁 17。

〔註16〕《光緒山西通志》，卷 163，〈祥異〉，頁 30。

　　至於六月、七月、八月、九月和夏季等四個月份，是黃河流域降雨量較多時期。此時，黃河水量盛大，水中含沙量亦高，依理，河清不可能出現，但據表四，此時亦曾出現二十一次，佔已知月份次數之百分之二十二，得以推測，是時該地區必然出現大乾旱，以致水流淺澀，才有河清發生之條件，如《古今圖書集成》載：

　　　　明萬曆三十七年（延安府），大旱，河清。〔註17〕

有《乾隆銅山縣志》載：

　　　　崇禎十四年八月，黃河清，有鼠群渡河而北。〔註18〕

又《康熙桃源縣志》載：

　　　　崇禎十七年，河清水竭，渡者揭衣而涉。〔註19〕

可知夏秋季節，因氣候乾旱，水流減緩，渡河者得以牽衣過河，甚至連老鼠都可以渡河北上，此亦是河清發生原因之一。

　　總之，河清不論出現於任何季節，此時黃河之水量，必是淺緩，幾近斷流，誠如清代王賜魁所言：「或是河流近竭勢緩，故清耳。」〔註20〕《古今圖書集成》亦載：「黃河清者，則河海絕流，水自清矣。」〔註21〕

（二）河水澄清

　　黃河水質澄清之前，相傳先有五色榮光並出，這是大祥瑞出現前之徵兆，依唐代呂溫之〈河出榮光賦〉載：

　　　　濁色既變，榮光乃起，乍若燭龍噴焰，……和風充盈，大野初霽，圓靈始清，皎且潔兮，……上騰鍾嶺之雲，又似陽烏迴翔，下落咸池之水，……五色斯呈，祥烟斂彩，瑞日韜晶。〔註22〕

又唐代李喬之〈河〉：

　　　　河出崑崙中，長波接漢空，桃花生馬頰，竹箭入龍宮，德水千年變，

〔註17〕陳夢雷，《古今圖書集成》（臺北：鼎文書局，民國74年4月再版），卷550，〈職方典，延安府部〉，頁4991。

〔註18〕吳師道，《吳禮部文集》（臺北：新文豐出版社，民國78年7月臺一版，叢書集成續編137冊），卷12，〈祥異〉，頁7上。

〔註19〕蕭文蔚，《桃源縣志》（清康熙26年刊本），卷1，〈祥異〉，頁4。

〔註20〕王賜魁，《封邱縣志》（清康熙36年刊本），卷3，〈祥異〉，頁44。

〔註21〕《古今圖書集成》，卷236，〈山川典，河部〉，頁2162。

〔註22〕《光緒山西通志》，卷219，〈藝文志〉，頁15。

榮光五色通，若披蘭葉檢，還沐士皇風。〔註 23〕

又明代陳璉之〈河清頌〉：

> 永樂二年冬十二月十有七日，山西蒲州河津縣禹門渡，黃河清，先
> 是榮光燭天，脩然消散，淵然澂澈，尋而淪漪晃漾，色具五采，或
> 如金芝翠羽，黃龍丹鳳，文藻花卉，形狀萬千，或沈或浮，或聚或
> 散，既而澄清可鑑毛髮，來遊觀者，莫不嗟異。〔註 24〕

又明代解縉之〈河清頌〉：

> 三門磧下，黃河清，先是榮光燭天，隱隱紛紛，脩然捲收，洞徹見
> 底，淪漣五彩，間日迭耀，乙酉之旦，河雨傍近，白光湯湯，如金
> 鎔，如鉛汞，如玻璃色，悠漾不定，素練捲而摯之也。居二日，有
> 元文如綃，輕幕水上，如犁雲隱空，已迺，若漆光可鑑，黝然靜深，
> 非湼而緇，洞絕渣滓。又二日，乃見濃綠，又如翡翠，如青琉璃，
> 如遠山黛繞，磧下如蒼虬，翠蛟飛舞，於流荇文藻之間，望之而可
> 掬也。二日後，如朝霞映日，紅雲上波，初陽迤邐，花卉紛披，脩
> 如胭脂，浮流薄膩，一洗下見，沙石如芙蓉，丹砂燦然，郁列於王
> 瞿瑜，綿綺之間，可指而數也。後二日，如泥金霏屑，隱約浮沈，
> 流薄彩鳳，羽毛鱗鬣，泳飛潛動，金芝暈文，琮玉在練，錯雜斑映，
> 瑩無纖塵，又如築琥珀以為堤，釀金香而注之也。已迺，微碧與天
> 一色，橫渡亂流者，扣舷鼓枻，洞見眉髮，疑若步空，虛凌倒影，
> 挽銀河而下之也。於是夾河觀者，耄倪歡呼，曠古罕有，自河津傳
> 播於晉絳之人，相率來觀，肩相摩也。〔註 25〕

從解縉之描述，河清發生前十餘日，五彩榮光出現後，每隔二天，河水顏色
呈現不同的變化。先是，水色「如金溶，如鉛汞，如玻璃，悠漾不定」，而後
依序轉為，「如犁雲隱空」、「乃見濃綠」、「朝霞映日」、「泥金霏屑」、「微碧與
天一色」。河水顏色變化是由濃厚逐漸化為清淡，亦是從黑色變為綠色，再轉
為紅色、白色，最後是與天相同之淺藍色。

河水澄清，其水質清澄至何等程度，由於記載河清之史料，所採用之文

〔註 23〕河世寧，《全唐詩逸》（臺北：新文豐出版社，民國 75 年 3 月臺一版，叢書集
　　　　成新編 57 冊），卷下，頁 50。

〔註 24〕陳璉，《琴軒集》（臺北：新文豐出版社，民國 78 年 7 月臺一版），卷 1，〈河
　　　　清頌〉，頁 12。

〔註 25〕《光緒山西通志》，卷 216，〈藝文志〉，頁 40。

詞和比喻事例，稍有不同，茲將描述水質清澄之形容詞，分為五項敘述：

1. 清如明鏡。如隋煬帝大業三年，武陽郡河清，「數里鏡澈。」〔註26〕又清高宗乾隆五十三年三月，山西永寧等十三州縣，「漸次澂清，時屆二旬，河水澈底，澂清可鑑。」〔註27〕又清世宗雍正四月十二月，山西省上下二千餘里，「河清如鑑，一月有奇。」〔註28〕

2. 清澈見底。唐穆宗長慶元年九月，靈州，「河清見底」。〔註29〕唐肅宗寶應二年十月，同州至陝州二百餘里，「河清澈見底」。〔註30〕元世祖至元十五年十二月，孟津上下八十里，「澄瑩見底，數月始故。」〔註31〕明光宗泰昌元年，陝州黃河，「清澈見底」。〔註32〕清世宗雍正四年十二月，陝州至虞城一千餘里，「黃河清澈，見底凡八日。」〔註33〕

3. 纖魚可數。金宣宗貞祐二年，黃河從陝州至衛州八柳樹，河清十餘日，「纖鱗皆見」。〔註34〕元順帝至正二十二年，黃河自河東，「清者千餘里，河魚歷歷可數。」〔註35〕明武宗正德八年，山西垣曲縣黃河清，凡七日，「魚鱉皆見形。」〔註36〕明神宗萬曆三十七年二月，淮安，「河水忽清三日，澄瑩湛澈，如淨琉璃，浮藻游鱗，纖悉畢映。」〔註37〕

4. 洞鑑毫髮。明成祖永樂二年，胡廣之〈河清賦〉：「清如碧玉，洞鑑毫髮。」〔註38〕

〔註26〕魏徵，《隋書》（臺北：鼎文書局，民國68年2月二版，點校本），卷23，〈五行下〉，頁653。

〔註27〕劉錦藻，《清朝續文獻通考》（臺北：新興書局，民國48年2月初版），卷304，〈物異一〉，頁10493。

〔註28〕《光緒山西通志》，卷163，〈祥異一〉，頁30。

〔註29〕馬端臨，《文獻通考》（臺北：中文出版社，1978年6月出版），卷297，〈物異三〉，頁2349。

〔註30〕張光孝，《西瀆大河志》（明萬曆刊本），卷5，〈大河祀典〉，頁38。

〔註31〕畢沅，《續資治通鑑》（臺北：文光出版社，民國64年10月初版，新校標點本），卷16，〈物異一〉，頁4567。

〔註32〕《古今圖書集成》，卷444，〈職方典，河南府部〉，頁4051。

〔註33〕《乾隆清河縣志》，卷9，〈祥異〉，頁17。

〔註34〕脫脫，《金史》（臺北：鼎文書局，民國68年3月再版，點校本），卷23，〈五行志〉，頁542。

〔註35〕文元發，《學圃齋隨筆》（臺北：偉文圖書公司，明季史料集珍），頁332。

〔註36〕《古今圖書集成》，卷330，〈職方典，平陽府，府部紀事二〉，頁3062。

〔註37〕吳克孝，《如皋縣志》（明萬曆46年刊本），卷7，〈佚事附〉，頁70。

〔註38〕《古今圖書集成》，卷134，〈庶徵典，水異部〉，頁1364。

5. 清如井水。唐肅宗乾元二年七月，嵐州河南關三十里，「清如井水，四日而變。」〔註39〕

此外，為襯托河清是大吉大瑞之徵兆，伴同其出現之祥瑞常是景雲，如唐太宗貞觀十四年二月，「河再清，有景雲見。」〔註40〕唐高宗登基日，「景雲見，河水清」，協律郎張文為表慶賀，乃作「景雲河清歌」。〔註41〕明武宗正德二年八月，「黃河清，慶雲見。」〔註42〕

民間傳說中，此清澈河水，具有治病功能，如元世祖至元十五年十二月，孟津一帶河清五百餘里，「河始清時，兩岸居民，不遠百里，來汲飲，即疾愈，挹以釀，香冽異常，魚鱉莫遁其形，山屋倒影。」〔註43〕又清世宗雍正四年十二月，山西河清，「是時居民溉汲，咸稱上瑞，亙古稀觀焉。」〔註44〕

黃河中下游，其水質原本黃濁，河清僅是短暫現象，一般僅維持數日（詳見表一），終將恢復原色，其轉化過程，據《易乾鑿度》載：「帝王將起，河水先清，清變白，白變赤，赤變黑，黑變黃，各三日。」〔註45〕可知係由輕淡轉為濃厚，同樣有五種顏色變化，恰和由濁轉清之過程相反。

（三）慶賀儀式

從東漢以來，各朝代大多視「黃河清」為祥瑞之兆（詳見本文第三節「河清釋義」），其象徵當朝皇帝是聖人，因此河清甫現，地方官吏立即往上呈報，朝廷獲知後，舉行之慶賀儀式，茲以普遍儀式和個別方法二種分別論述。

1. 普遍儀式。有二項：

〔註39〕不著撰人，《錦繡萬花谷》（臺北：新興書局，民國58年新一版），卷5，〈河圖〉，頁6。

〔註40〕陳宣等，《河南郡志》（明弘治12年刊本），卷36，〈祥瑞〉，頁17；又徐元燦，《孟津縣志》（臺北：成文出版社，1976年臺一版，清康熙四十八年刻本景印），卷3，〈祥異〉，頁30。

〔註41〕《光緒山西通志》，卷229，〈雜志〉，頁4。

〔註42〕徐學聚，《國朝典彙》（臺北：臺灣學生書局，民國54年元月出版），卷113，〈祥瑞〉，頁20。

〔註43〕《光緒山西通志》，卷205，〈藝文〉，頁8。

〔註44〕同前書，卷165，〈祥異〉，頁30。

〔註45〕《錦繡萬花谷》，卷5，〈河圖〉，頁6，引「易乾鑿度」；又《古今圖書集成》，卷133，〈庶徵典，水異部〉，頁1350；但鄭玄注，《易乾鑿度》（臺北：新文豐出版社，民國75年3月臺一版，叢書集成新編24冊），卷下，頁119：「天之將降嘉應，應河水清三日，青四日，青變為赤，赤變為黑，黑變為黃，各三日。」由於「青四日」，疑為「清變白」之誤，故不引用原書所載內容。

（1）遣朝臣恭祝黃河神。如宋徽宗政和六年十月，提舉三山天成橋河事司奏報：河水清，乃派水部郎中言韓景前往致祭河神；同年十一月，太師魯國公蔡京等言：冀州棗強縣河水清，又遣派虞部員外郎俞壽致祭。〔註46〕元世祖至元十五年十二月，孟津等地河清，中書省命祕書少監程徐前往祭祀。〔註47〕明世宗嘉靖六年十二月，河南靈寶縣河清，遣官祭告。〔註48〕

祭祀黃河神之儀式，神壇設於河清處，從元代程徐所撰之〈河清記〉可知其概：

> 臣程徐受命，即齋祓，辛亥，朝明仁殿，丞相立殿前，令左丞相埜先普花八土默禱，以授臣。明日，上尊酒四卣，縞幣三端，楮幣萬五千緡，禮部下晉寧路治具，詞臣撰祝文，乘傳以行晉寧及絳，皆遣官從。丁卯，至垣曲（山西垣曲），河濱治壇，陳俎豆，戒諸執事恪職。翌日，戊辰，五鼓作，率官吏、士人，將事如儀，波流靜伏，凌風肅然，禮訖徹饌，投於河，文武賓屬，就列道旁，觀者如堵，咸曰：耿休哉。〔註49〕

至於祭告黃河神文之內容，從清世宗雍正五年之祀文得以獲知：

> 惟神源通星漢，派衍崑崙，四瀆稱宗，九州滋潤，惠澤廣遠，靈應夙彰。頃者，決口合龍，民居攸奠，克奏安瀾之績，呈清泚之祥，里計二千，時經旬日，錫福固由於天眷，效靈實顯夫神明，用遣專官，虔修祀典，惟冀光昭麻知，永慶阜安，延景福於萬年，溥純禧於兆姓，尚其歆格，鑒此精誠。〔註50〕

可知為答謝河神之庇佑，祭典甚為隆重，地方文武官員都參予陪祀。

（2）朝臣撰寫河清頌等詞章。歷代朝臣為歌頌今上之聖德，撰寫河清頌、河清詩、河清表、河清賦等文章，其篇名已知者，列於下表：

〔註46〕《宋會要輯本》，52 冊，〈瑞典一之二三二〉，頁 2076；又同上註亦載：「政和七年正月十九日，提舉三山天成橋河事司奏：河水復清，詔委工部郎中畢元前去致祭。大觀三年二月二十一日，……三省樞密院奏：今來河水澄清，欲詣東上閣門稱賀，詔依奏送祕書省，仍差祠部郎中張勵前去致祭。」

〔註47〕《古今圖書集成》，卷 133，〈庶徵典，水異部〉，頁 1357；及同上書，卷 134，〈水異部〉，頁 1363。

〔註48〕同前書，卷 225，〈山川典，河部〉，頁 2148。

〔註49〕《光緒山西通志》，卷 205，〈藝文，程徐·河清記〉，頁 8。

〔註50〕孫灝，《乾隆河南通志》（臺北：臺灣商務印書館，民國 57 年 8 月出版，文淵閣本四庫全書），卷 1，頁 75。

表五：中國歷代朝臣撰寫贊頌河清詞章知見表

朝　代	作者	篇　名	時　間	備　　註
宋（南朝）	鮑照	河清頌	文帝元嘉 24 年 2 月（447）	王軒，《山西通志》（清光緒 18 年刊本，臺北：華文書局景印），卷 216，〈藝文三十五〉，頁 27。
宋（南朝）	張暢	河清頌	文帝元嘉 24 年 2 月（447）	張光孝，《西瀆大河志》（明萬曆間刊本），卷 6，〈大河藝文述第十三〉，頁 10。
唐	崔融	賀秦州河清頌	太宗貞觀 14 年正月（640）	李昉，《文苑英華》（臺北：華文書局景印，民國 56 年 5 月初版），卷 564，〈賀祥瑞四〉，頁 9
唐	崔融	為許智仁奏懷州黃河清表	太宗貞觀 16 年 4 月（642）	布顏，《懷慶府志》（清乾隆 54 年刻本），卷 29，〈藝文，疏表〉，頁 10。
唐	權德輿	中書門下賀滑州黃河清表	德宗	王蒲園，《重修滑縣志》（民國 21 年鉛印本，臺北：成文出版社景印），卷 3，〈藝文，奏議〉，頁 8。
唐	權德輿	賀黃河清清表	憲宗	《文苑英華》，卷 564，〈賀祥瑞四〉，頁 10。
宋	晏殊	河清頌	真宗大中祥符 3 年 12 月（1010）	陳夢雷，《古今圖書集成》（臺北：鼎文書局，民國 74 年 4 月再版），卷 133，〈庶徵典〉，頁 1356。
宋	夏竦	河清賦	真宗大中祥符 3 年 12 月（1010）	王應麟，《玉海》（臺北：大化書局景印，民國 66 年出版），卷 196，〈祥瑞〉，頁 11。
元	程徐	河清頌	世祖至元 15 年 12 月（1278）	《古今圖書集成》，卷 134，〈庶徵典〉，頁 1363。
元	朱右	河清頌	順帝至正 21 年 11 月（1361）	《光緒山西通志》，卷 216，〈藝文三十五〉，頁 39。
明	解縉	河清頌	成祖永樂 2 年 12 月（1404）	《光緒山西通志》，卷 216，〈藝文三十五〉，頁 40。
明	陳璉	河清頌	成祖永樂 2 年 12 月（1404）	陳璉，《琴軒集》（臺北：新文豐出版社，民國 78 年 7 月臺一版，叢書集成續編 139 冊），卷 1，頁 12。

明	高得晹	河清頌	成祖永樂 2 年 12 月（1404）	高得晹,《節菴集》（臺北：新文豐出版社,民國 78 年 7 月臺一版,叢書集成續編 139 冊）,卷 1,〈雜著〉,頁 1。
明	黃淮	河清詩	成祖永樂 2 年 12 月（1404）	黃淮,《黃文簡公介菴集》（臺北：新文豐出版社,民國 78 年 7 月臺一版,叢書集成續編 138 冊）,卷 1,〈七言古詩〉,頁 13。
明	曾棨	黃河清賦	成祖永樂 3 年 正月（1405）	《古今圖書集成》,卷 134,〈庶徵典〉,頁 1364。
明	胡廣	河清賦	成祖永樂 3 年 正月（1405）	《古今圖書集成》,卷 134,〈庶徵典〉,頁 1364。
明	解縉	代作賀河清表	成祖永樂 3 年 12 月（1405）	《西瀆大河志》,卷 5,〈大河祀典第十一〉,頁 43。
明	楊士奇	河清賦	成祖	《光緒山西通志》,卷 220,〈藝文三十九〉,頁 16。
明	薛瑄	黃河賦	成祖	《光緒山西通志》,卷 220,〈藝文三十九〉,頁 17。
明	廖道南	瑞應河清賦	世宗嘉靖 7 年 4 月（1528）	《古今圖書集成》,卷 134,〈庶徵典〉,頁 1365。
明	趙㺭	河清詩		《西瀆大河志》,卷 6,〈大河藝文述十三〉,頁 13。
清	王文鏡	河清頌八章	世宗雍正 4 年 12 月（1726）	《乾隆懷慶府志》,卷 31,〈藝文,雜著〉,頁 34。

前表所列諸文,其內容無法一一論述,茲僅選擇具有代表性五篇,載之於後,以供參考,宋代鮑照之〈河清頌（有序）〉：

> 臣聞善談天者,必徵象於人言,……長河巨濟,異源同清,澄波萬壑,潔瀾千里,斯誠曠世偉觀,昭啟皇明者也。語曰：影從表瑞,
> 從德,此其效也。宣尼稱鳳鳥不至,河不出圖,傳曰：俟河之清,
> 人壽幾何,皆傷不見者也。然則,古人所未見者,今繹見之矣,孟
> 軻曰：千載一聖,是旦暮也,豈不信哉。……臣雖不敏,敢不勉乎?
> 乃作頌曰：
> 窺刊崩石,捃逸殘竹,巢風寂寥,義埃綿邈,……未睹天河,亙古

通今，明流晦多，千齡一見，書史登歌，旋我皇駕，揆景方塗，望周蹤殷，蹶唐軼虞，……垂光九野，騰響四遐，輔車鼎足，磐石虎牙，世匹周室，基永漢家，泰階既平，洪河既清，大人在上，區宇文明，樵夫議道，漁父濯纓，臣照作頌，鋪德樹聲。

唐代崔融之〈賀秦州河清表〉：

臣聞，崇高不極之謂天，廣博無涯之謂地，若乃參天地之元化，代覆育之神功者，其在聖人呼？……伏惟皇帝陛下，家六合，馭三光，推明允於一心，……其所愛育者多矣，而況於鰥寡孤獨乎？其所容納者眾矣，而況於公侯卿大夫乎？至若削平宇宙，混一華夷，乃武也；政教會昌，樂新禮創，乃文也；穆岩廊以凝睇，調風雨於絕垠，乃聖也；運埏埴以裁成，動陰陽而不測，乃神也。體茲四霽，俟彼兩儀，神物之來，蓋惟常理。伏見秦州刺史，表今月某日，黃河水復清，深淺澄映，百有餘里。……自古嘆其難過，一歲之內，祚聖人而再清，求諸典墳，竟無倫匹，在於後也。……臣等越自下才，欣逢上德，致百王之不致，聞億載之未聞，舞蹈之深，實百恆品。

宋代夏竦之〈河清賦〉：

失洶涌之黃流，湛清冷之素液，銀潢之影橫秋，帝臺之漿映日，將祀汾南，為民祈穀，大河載清，於陝之服，豈比夫蘭葉朱文，誦黃靈之籙芝、泥玉，柙汎帝媯之圖。

元代朱右之〈河清頌（并序）〉：

皇元至正（順帝）二十一年辛丑十有一月戊辰，黃河清七日，自平陸三門下至孟津，凡五百餘里。……自古嘉瑞靈運，未有若此之盛也。……臣右跧伏草野，竊聞盛事，曠古所無，不勝忭躍之至，謹拜手稽首而獻頌曰：

維河之靈，發源崑崙，下合葱嶺，度越龍門，滔滔萬里，沸騰駿奔，介江達海。……汨汨其渾，即渾何清，……千載罕聞，聖神御極，握乾闔坤，河伯呈祥，坤后效珍，肇自平陸，至於孟津，亙五百里，七日弗淪，其澄如淵，其氣如餚，日光至潔，……洌比甘醴，瑞同景雲，……泰運中興，民阜物蕃，車書文軌，登虞邁軒，於千萬歲，永祚皇元。

明代楊士奇之〈河清賦〉：

> 蓋水為用，滋潤長育六府，所叙功同，土穀造化，於是而發祥，非
> 在惠養斯民，而致其豐足者汙？革去濁乎，瑩然湛明，非在蕩除貪
> 穢，而用夫廉清者乎？斯盛治之所本，豈尋常之為異，雖聖德之弗
> 居，諒天意其有在，固將表治化之熙明，而徵太平於盛世也。躬逢
> 盛事，振古所希，拜首陳賦，繼以歌詩，詩曰：水先五行兮，天一
> 攸生，維河之祥兮，革汙為澂，千載一見兮，協我聖明。澤流潔清
> 兮，隆化斯徵，於千萬年兮，邦家之慶。

前引諸文，叙河水具有養育萬物，蕩除貪穢，培育廉德之功能，故河清呈祥，是瑞應太平盛世和今上「文武聖神」之功業。

　2. 個別方法。此是各朝代自行採取之慶賀方法，已知有四項：

　（1）更年號。北齊武成帝大寧二年四月，黃河、濟水二河水均澄清，於是更改大寧二年為河清元年，並赦免人犯。〔註51〕

　（2）改邑名。宋徽宗大觀元年十二月，乾寧軍（河北青縣）上奏：黃河水清約八百里，計七日；遂下詔更改乾寧軍為清州。〔註52〕

　（3）詔中外。金衛紹王大安元年四月，徐州和邳州之間，河清約五百餘里，將近二年，於是將此事祭告宗廟社稷，並詔告海內外週知。〔註53〕

　（4）官加級。清世宗雍正四年十二月九日，河南省陝州至虞城間，河清一千餘里，至十六、七日，河水大清，如同湖水，世宗認為河清是上瑞，其顯現實是「內外臣工，能體朕宵衣旰食之懷」，而努力奉公所造成；為表示君臣一體，並鼓勵百官爾後更加勤勉，於是下詔獎賞：凡是京官，從大學士、尚書以下，主事以上；內大臣，都統、前鋒統領、護軍統領、步軍統領以下，參領以上；凡屬外官，自督撫以下，知縣以上；武官，自將軍、提鎮以下，參將以上，均擢升一級。〔註54〕

　河清是祥瑞，其出現，薄海騰歡，為皇帝者，心喜其治績得上天之嘉勉；為百姓者，仰望當朝皇上能如同堯舜等聖王，愛民如子，普施德政。

〔註51〕李延壽，《北史》（臺北：鼎文書局，民國65年11月初版，點校本），卷8，
〈齊本紀第八〉，頁282。

〔註52〕清高宗，《續文獻通考》（臺北：新興書局，民國47年10月初版），卷90，
〈宋紀九十〉，頁2311。

〔註53〕《金史》，卷13，〈本紀第十三，衛紹王〉，頁292；又同書，卷23，〈五行志〉，
頁540。

〔註54〕《乾隆河南通志》，卷1，頁73；又王榮陛，《武陟縣志》（臺北：成文出版社，
清道光9年刊本），卷12，〈祥異志〉，頁9。

三、河清釋義

《京房易傳》載：「河水清，天下平。」〔註55〕《拾遺記》言：「黃河清，聖人出。」〔註56〕《易乾鑿度》亦載：「天之將降嘉應，河水先清三日。」〔註57〕從前述史料，黃河水清，象徵聖人出和太平世。此一聖人和太平世是指現在，或未來，對當朝皇帝之地位產生不同之影響，若是現在，則當朝皇帝就是應命之聖人，其視河清為祥瑞；若在未來，表示上天將轉移天命，否定當朝皇帝之治績，另有他人承天命而起，將建立新朝，開展太平世，如此河清展現，對今上是屬災異。這兩種不同之解釋，同時存在於各朝代，雙方所持之理由，尤其是災異論者之理論，特予論述。

（一）河清是祥瑞

河清是大瑞，聖王屬當今皇上，可從三方面觀之：

1. 贊頌詞章。朝臣撰寫歌頌河清之詞章，其內容多引用《京房易傳》、《拾遺記》及《易坤靈圖》等有關河清之解釋，他們認為河清獻瑞是指今聖，如唐代崔融之〈黃河清表〉：

> 濁流澄鏡，大聖於是登期，伏惟皇帝陛下，道協二儀，功超萬古，上元降祉。……謹按《易坤靈圖》曰：聖人受命，瑞見於河。……黃河應時清澈，天禎地貺，……聖祚河清，暗合靈圖之義，古人歎其難候，臣今得親觀，身體太平之風。〔註58〕

又唐代長孫無忌之〈河清奏表〉：

> 伏見陝州刺史房仁裕狀稱：所管界內二百餘里，元月元旦，黃河載清，謹案《易乾鑿度》曰：聖人受命，河水清。京房飛候曰：河水清，天下太平。〔註59〕

又元代程徐之〈河清記〉：

> 清凡七日，……矧今中原底平，山東蕩平，皆調兵於晉，河清渺乎晉境，亦宜也。昔京房、子年（王嘉）皆以河清為聖王之瑞，治平

〔註55〕《京房易傳》，卷2，〈易傳〉，頁17。

〔註56〕《拾遺記》，卷1，頁125；又祝穆，《事文類聚》（臺北：中文出版社，萬曆甲辰年刻本），卷16，〈河〉，頁9。

〔註57〕《易乾鑿度》，卷下，頁119。

〔註58〕杜琮，《懷慶府志》（乾隆54年年刻本），卷29，〈藝文，疏表〉，頁10。

〔註59〕《古今圖書集成》，卷133，〈庶徵典，水異部彙考二，唐〉，頁1353。

之兆，豈無謂哉。〔註60〕

又明代楊士奇之〈河清賦〉：

> 然而其清為聖君之瑞，見於子年《拾遺記》之記，兆天下之平，出
> 乎《京房易傳》之論，洪惟我皇，繼序太祖，道合義軒，功隆舜禹，……
> 斯河清之協應，豈偶然之故也。〔註61〕

前述諸文，瑞應之聖王，是唐太宗、元世祖和明成祖。

2. 與其它祥瑞同列。傳說中，龍鳳、麒麟、慶雲、甘露、醴泉和海晏等均屬瑞象，因此詩文和詞曲裏，為彰顯太平盛世，常列舉河清、甘露等瑞象之出現，予以論證，如明代吳國倫之〈聖人出〉：

> 聖人出，天下平，甘露降，黃河清，御六龍，權奇哉。……君得
> 臣，保金鏡，臣得君，贊神聖，日月光華四時和，千秋萬歲奈樂
> 何。〔註62〕

明代李應昇之〈懇乞聖明軫念時艱明政刑以答天眷疏〉：

> 皇上以聖德沖年，故天心倍為眷祐，既發河清之瑞，又呈鳳舞之祥。
> 〔註63〕

明代〈三奏感地德之曲〉：

> 皇心感地靈，順天時，德厚生，含弘光大品物亨，鍾奇毓秀產俊英，
> 河清海晏，麟來鳳鳴，陰陽永和平，相我文明。〔註64〕

明代〈七奏集禎應之曲〉：

> 皇天眷大明，五星聚，兆太平，騶虞出現甘露零，野蠶成繭嘉禾生，
> 醴泉湧地河水清，乾坤萬萬年，四海永寧。〔註65〕

前述諸文，河清與海晏、龍鳳等祥瑞同列，象徵四海永寧。

3. 史籍歸類祥瑞。正史記載河清之事是列於五行志，地方志則多歸於祥異志或災祥志，由於災祥合併記錄，無法看出河清之歸類。但《冊府元龜》

〔註60〕《光緒山西通志》，卷205，〈藝文志〉，頁8。
〔註61〕同前書，卷220，〈藝文志〉，頁16。
〔註62〕吳國倫，《甔甀洞稿》（臺北：偉文圖書公司，民國65年5月出版，明代論著叢刊），卷1，頁7。
〔註63〕李應昇，《落花齋遺集》（臺北：新文豐出版社，民國78年7月臺一版，叢書集成續編148冊），落集2，頁15。
〔註64〕申時行，《大明會典》（臺北：東南書報社，民國52年9月出版），卷73，〈大宴樂〉，頁16。
〔註65〕申時行，《大明會典》，卷73，〈大宴樂〉，頁20。

（卷二二，符瑞一）〔註66〕、《玉海》（卷一九六，祥瑞）〔註67〕、《太平御覽》（卷六一，祥瑞）〔註68〕、《榆林》（卷七二，瑞應）〔註69〕、《國朝典彙》（卷一一三，祥瑞）〔註70〕、和《萬曆野獲編》（卷二九，譏祥）〔註71〕等史籍均將河清列於祥瑞門。

從以上三方面，可知是時之觀念，多視河清為祥瑞，其出現是為表彰當今皇上之盛德。

（二）河清是災異

論河清是災異者，始於東漢襄楷。襄楷是平原郡隰陰縣人（山東臨邑），善長天文和陰陽之術。桓帝延熹八年黃河澄清於濟陰、東郡和濟北等三地，是時宦官專權，政刑橫暴，卻有河清顯現，襄楷於是趕赴洛陽上奏言：

> 案春秋以來及古帝王，未有河清也。……臣以為河者，諸侯位也，清者屬陽，濁者屬陰。河當濁而反清者，陰欲為陽，諸侯欲為帝也。……《京房易傳》曰：河水清，天下平。今，天垂異，地吐妖，人屬疫，三者並時，而有河清，猶《春秋》麟不當見而見，孔子書之以為異也。〔註72〕

襄楷視河清為災異，從前引文可得二個原因：

1. 五嶽四瀆之位階，五嶽是三公，四瀆為諸侯，黃河是位居諸候之地位；再依陰陽兩氣之原理，清者屬於陽，濁者則是陰，因此黃河之本性屬於陰。茲今混濁之黃河水變為澄清，其意涵為陰者想變為陽；在政治上，亦表示身為諸侯者想纂奪天子之權位。

2. 《京房易傳》雖言：河水清，天下平。但今日上天降異象，地后吐妖氣，人世間疾疫又流行，三種災害同時出現，為何黃河水會澄清；此如同春秋時代，時局紛亂，卻有瑞獸麒麟出現於魯國，故孔子認為麒麟出現於不該出現

〔註66〕《冊府元龜》，卷22，〈符瑞一〉，頁3。

〔註67〕《玉海》，卷196，〈祥瑞〉，頁1。

〔註68〕《太平御覽》，卷61，〈河，祥瑞〉，頁4。

〔註69〕《喻林》，卷72，〈瑞應〉，頁3。

〔註70〕《國朝典彙》，卷113，〈祥瑞〉，頁1。

〔註71〕沈德符，《萬曆野獲編》（臺北：偉文圖書公司，民國65年9月出版），卷29，〈譏祥〉，頁1905。

〔註72〕范曄，《後漢書》，卷30下，〈郎顗、襄楷列傳第二十下〉，頁1080；又《古今圖書集成》，卷229，〈山川典，河部〉，頁2095。

之時候，因此視為異象。

這二項原因，前者根本認為河清是屬災異，此是「諸侯欲為王」之徵兆；後者，雖認為河清即使是祥瑞，但其「不當見而見」，亦將變為災異。

東漢以後，視河清為災異者，主要有五位，他們所持之理由，基本上源自襄楷。

1. 東晉郭璞。其曾評論東漢靈帝建寧四年三月黃河清七日之事，言：黃河水依自然之性，應混濁數千里，不該澄清，凡是萬物反常態者即是妖異，因此河水變為清澈，非其本性，此是變異之徵兆。〔註73〕

2. 隋代裴矩。其評述北齊武成帝大寧二年因河清更改年號之事，言：「河，諸侯象，應濁反清，諸侯為天子之象。」〔註74〕

3. 金代楊珪。衛紹王大安元年，衛紹王將河清之事詔告海內外，楊珪乃上書言：

> 河性本濁，而今反清，是水失其性也。正猶天動地靜，使當動者靜，則知之何？其為災異，明也。且傳曰：黃河清，聖人生，假使聖人生，恐不在今日；又曰：黃河清，諸侯為天子，正當戒懼，以銷災變，而復誇示四方，臣所未喻。〔註75〕

從楊珪之言論，其視河清為災異之理由有三：（1）河性原本混濁，如今反而變為澄清，此是河水失其本性；（2）黃河清，象徵諸侯奪取天子位，故為帝王者應持戒慎恐懼之心，以防止災變發生；（3）聖人生，恐怕不在今日。前述三項理由，前二者是承繼襄楷之理論，後者是其創見，認為聖王非指當朝皇帝，將有「諸侯」承受天命建立新王朝，因此，對皇帝言，此是災異之徵兆。

至於楊珪上書後之遭遇，是時宰相怒指其言論為妖言，原擬議捕殺之，但考慮會影響言路從此斷絕，遂遣送大興府（河北大興）監管。〔註76〕

4. 明代周相。世宗嘉靖六年十二月，因河南靈寶縣黃河清，知縣張廷桂呈報言：

> 是月（十月）庚申，馮佐村黃河清凡五日，仰惟皇上專心聖學，加志窮民，夙夜憂勤，……是以乾清坤寧，黃河呈瑞，然不于他處，

〔註73〕陸勳，《集異志》（臺北：新文豐出版社，民國75年3月臺一版，叢書集成新編82冊），卷2，頁17。

〔註74〕《古今圖書集成》，卷444，〈職方典，河南府部〉，頁4049。

〔註75〕《金史》，卷23，〈五行志第四〉，頁540。

〔註76〕《金史》，卷23，〈五行志第四〉，頁540。

而于馮佐村，詩稱：馮冀孝德，史稱中興，賢佐今聖，天子在位，

登庸賢俊，赫然中興，萬世太平之應也。〔註77〕

明世宗得知大喜，認為此是上天庇佑國家，賜福百姓，乃遣朝官祭告河神，並自撰〈黃河澄清頌〉以表慶賀，頌言：

丁亥（嘉靖六年）季冬十月六日，河南之省，靈寶之邑，黃河澄清，拖練湛璧，越之四辰，官占叶吉，縣吏來報，戊子（嘉靖七年）之春，迺命禮曹，詳考其因，宗伯獻夫，述奏以申，謂禮宜賀，率屬表陳，予漸弗允，益勵恭寅，請謝河伯，朕許曰然，既而復思，斯本自天，遡源徂流，禮有後先，遣官馳往，秉其精專，甲申告吉，露拜誠虔，祀禮已成，仰荷蒼乾，帝乘鑒歆，稽首拳拳，永懷庇眷，勉進德焉，既而群臣，舞拜致賀，予以甚愧，稱之太過，二三輔臣，作歌以頌，錄以來呈，其詞雍雍，忠誠具悉，心德協一，尚賴匡弼，勿或墮逸，蒙帝錫瑞，四海寧謐，德進業修，罔敢自失，大道當欽，祖憲遵悉，是訓是行，恐恐慄慄，政務惟善，民困惟恤，唐虞之祭，吾欲與四。〔註78〕

此首頌詞，將河清發生後，地方官吏如何呈報，群臣拜賀情形，帝王個人感受，描述詳盡。但世宗遣官致祭河神之行為，引起御史周相強烈反對，其上奏〈稽古修德以答天眷疏〉：

臣竊惟黃河之清，所以應聖人之出生，陛下為中興為主，固宜有是澄清之徵，然河之未清，不足以虧陛下之聖清，面張大喜祝之，臣從而文飾之，竊恐諛佞之門漸開，大非陛下遠宗帝王之意。……夫以陛下敬天勤民七年，而始得與四聖人（伏羲、禹、文王、成王）同瑞，以一旦祭非其禮，而不得與四聖人同傳以世，為天下法，豈不深可惜哉。……且河之澄清效靈，決非區區河神，所能得私者，今獨祭諸其側，得無棄本從末，而河神人焉，敢貪天功，為己力乎？奉答神貺，亦非所宜，臣仰窺明旨，免賀。……臣顧陛下，特罷其祭，修德答天，親賢納諫，稽古垂憲，且三復太祖高皇帝，論丞相

〔註77〕沈朝陽，《皇明嘉隆兩朝聞見錄》（臺北：臺灣學生書局，民國58年12月初版），卷3，頁2，嘉靖6年12月。

〔註78〕《乾隆河南通志》，卷75，〈藝文四，明世宗・黃河澄清頌〉，頁27；又《古今圖書集成》，卷388，〈職方典，開封府部〉，頁3557。

汪廣洋之言，敕諭天下臣民，凡祥瑞不必奏，凡災異蝗螟，即時報
聞，如此則聖德有徵，天心悅豫，諸福之物，可致之。〔註79〕

周相反對理由，主要有三：（1）黃河水不澄清，不會損害陛下之盛德；（2）迎逢之臣，藉撰寫河清頌等詞章，歌頌陛下，佞風一旦開啟，獻媚者將接踵而至；（3）請求能效法高祖皇帝（朱元璋）之作為，凡屬祥瑞出現不必呈報，若是水旱、蝗螟等災傷發生，即刻以聞。

周相進諫勿慶賀河清，其言辭應屬委婉，不僅未被採納，卻因違背上意，被逮捕入獄，並削奪官職。〔註80〕

5. 明代萬恭。萬恭是隆慶、萬曆年間整治黃河水患之名臣（總理河道兵部侍郎），其從水利觀點，論述黃河清不是祥瑞：

黃河清，聖人出，此史臣之言也，彼蓋謂五百年王者興說也，非河渠說也。夫王者興，非臣所當言，而今拘儒，每以黃河清為上瑞，誤哉。夫黃河，濁者常也，清者變也，欲其常濁而不清，彼濁者，盡沙泥，水急則滾，沙泥晝夜不得停息，而入于海，而後黃河常深常通而不決。清則水澄，水泥不復行，不能入海，徒積墊河，身與岸平耳。夫身與岸平，河乃益弱，欲衝泥沙，則勢不得去，欲入于海，則積滯不得疏，飽悶偪迫，然後擇下地一決，以快其勢，此豈待上智而後知哉。夫河決矣，餉道敗矣，猶賀曰：上瑞，非迂則愚。故河清，則治河者，當被髮纓冠而救之，不爾，憂方大耳。故曰：黃河清，變也，非常也；災也，非瑞也。〔註81〕

可知黃河水質混濁，其水中含沙量，常以「一石水，六斗泥」、「滾滾黃河半是泥」形容它。為使水中泥沙不淤澱於河床，惟有使其水流湍急，若水勢奔騰，所含泥沙必然不易淤澱，而且隨同河水奔行入海。若黃河水澄清，此表示：其水流量緩弱，水中之泥沙易淤積於河床，日積月累，河床一旦淤高，則黃河易於潰決，不僅沿岸百姓蒙受洪水危害，漕河亦遭衝阻。故河清出現，負責河務之官員應提高警覺，加強各項治河工程，以防大水患之來臨。

前述五位，不論是陰陽或水利論，均視河清為災異，此一論點在各朝代

〔註79〕顧爾行，《皇明兩朝疏鈔》（明萬曆戊寅刊本），卷2，頁39。

〔註80〕同註77。

〔註81〕萬恭，《治水筌蹄》（北京：水利電力出版社，1985年5月一版，中國水利古籍叢刊），卷下，頁64。

產生相當影響力，譬如：

1. 有些皇帝惟恐河清是「諸侯欲為帝」之徵兆，常以其後代子孫之出生，解釋為應天命之新聖。如元世祖至元十五年三月，汴梁河清三百里；世祖詢問大臣田忠良：憲宗出生時，黃河水清，朕出生時，河水又清，而今日為何黃河水又清？忠良回答：瑞應在皇太子宮。事後，世祖曾對符寶郎董文忠提及此事，並言：忠良所論，不是胡言亂語，有其根據。〔註82〕又如元順帝至正二十二年，黃河清二千餘里，順帝獲知後，卻滿面愁容，群臣見之，請問河清是王者之大瑞，為何不悅？順帝乃言：依照易傳記載黃河水清，聖人出，因此朕之權位將有取代者。群臣則解釋：皇太子有子，聖孫是應命聖王；順帝聽後微笑稱是。〔註83〕又明武宗正德十六年八月十日，世宗出生於興邸，出生當日，「黃河清，慶雲見」。十五年後，世宗即帝位，當年河清地方之鄉老乃奔相走告，言：往昔我聖天子出生日，黃河水清三百里，相傳黃河清聖人出，茲今果然獲得證實。〔註84〕

2. 河清若出現於朝代末年，繼起之王朝視其建國者，為當年受天命之新聖。例如，隋代王劭評論北齊武成帝大寧二年，因河清改元之事，其言：武成帝以為瑞徵在他自己，而更改年號為河清；其實，是時大興公（楊堅）被派任隋州刺史，二十年後，隋代應命建立，因此依照《易坤靈圖》之理論，河清啟聖，在於大隋。〔註85〕又明代胡應麟撰寫〈黃河清〉二十句，論述元順帝至正末年河清屢現，是開啟大明之機運，該文言：

> 黃河清，聖人出，應昌期，誕至德，著戎衣，奮三尺，靖四方，建都邑，干戈偃，弧矢戢，統華夷，主社稷，神與鬼，咸受職，腥膻掃，爵火熄，維大明，照中國，萬千禩，與天一。〔註86〕

故瑞應聖王明太祖而非元順帝。

此外，《文獻通考》一書論述朝代更替，亦具有此一觀念，其記載：後齊武成帝河清元年（大寧二年），河清，「後十餘年，隋有天下」；煬帝大業十二

〔註82〕《古今圖書集成》，卷133，〈庶徵典，水異部〉，頁1357。

〔註83〕《學圃齋隨筆》，頁333；又《西瀆大河志》，卷5，〈大河祀典第十一〉，頁19。

〔註84〕《皇明嘉隆兩朝聞見錄》，卷1，頁1，正德16年8月10日；又《萬曆野獲編》，卷29，〈禨祥〉，頁1905。

〔註85〕《古今圖書集成》，卷230，〈山川典，河部〉，頁2098。

〔註86〕胡應麟，《少室山房類稿》（臺北：新文豐出版社，民國78年7月臺一版，叢書集成續編146冊），卷1，〈黃河清〉，頁2。

年山西龍門，河清，「後二歲，唐受禪。」〔註87〕

總之，視河清為災異者，凡遇河清顯現，執事者應持戒慎之心，虛心檢討一己之施政和私德，而不是舉行各項慶賀儀式，故西晉裴楷言：「自古未有河清者，後者以為大慶，君臣動色，載于年號，著為邑名，形於歌詠，記于史牒，不亦異乎。」〔註88〕

四、臣民欣喜河清

就臣民立場論河清，他們並不在意其象徵今聖或新聖，因二者均為聖王，只要聖王在位他們都表示歡迎，因為聖王執政，太平盛世隨之來臨，若能處於太平時代，為臣者，能得君行道；為民者，得過著安居樂業之生活，因此他們盼望黃河能年年澄清，如明代高啟之〈黃河詩〉：

> 黃河水西來，一折一千里，四折東流歸渤海，渾濤濁浪深無底，舊
> 傳一清三千年，聖人乃出天下安，河水之清一何少，吁嗟至治何由
> 還，我願河水年年清，聖人在上聖復生，千齡萬代常太平。〔註89〕

這首詩反應數千年臣民之心聲，渴望太平盛世，但縱觀中國歷史，治世畢竟甚少，生活環境常令百姓失望，因此等待河清出現成為他們人生希望之所寄，惟相傳黃河歷經千年才會澄清，於是寄望聖王在位，帶來太平盛世，常是引頸而盼，而遙不可及。

歷代詩文，述及河清，若作者處於不如己意之環境，文內常意涵冀望河清，卻無法盼得之心境；若處於稱心如意之環境，則表示是時形勢可為，鼓勵自我或他人應有入世之心，奉獻其心力於國家。茲將這二種不同之環境，論及河清之情境，分別予以論述：

（一）處於不如己意之環境：人生不如意，處世方式有二：

1. 應積極把握現在，勿寄望河清。如明代林應訓之〈行路難〉：

> 洛陽城中楊柳樹，春三二月齊作絮，狂風吹之，南北東西隨所去，
> 人生賦命各有投，丈夫何必多煩憂，眼前世事只如此，黃河之清苦
> 難俟。〔註90〕

〔註87〕《文獻通考》，卷297，〈物異三〉，頁2349。
〔註88〕《集異志》，卷2，頁17；《晉書》，卷35，〈列傳五·裴楷〉，頁1047。
〔註89〕《康熙封邱縣志》，卷8，〈藝文志〉，頁25。
〔註90〕林應麒，《介山稿略》（臺北：新文豐出版社，民國78年7月壹一版，叢書集成續編143冊），卷1，頁2。

明代邵銳之〈附端山夆稿二〉：

> 尚為權幸所間，竟不克少酬初志，何耶？義理無窮，事變叵測，吾
> 人於此，正合深思。……果若所言，俟河之清，人壽幾何？吾既就
> 列，吾及吾時，亟欲自效，救寸得寸，救尺得尺，猶賢乎？〔註91〕

明代袁中道之〈重修義堂寺檀文〉：

> 先人墓田之間，有古剎（義堂寺）焉，雄峙於蒼山碧水之中。……
> 自吾叔蘭澤、雲澤先生，攜諸弟，來此修業，皆欲修（整修義堂寺），
> 而皆有所待（等到考上功名後才整修），夫待之誠是矣，必有待而後
> 成乎？俟河之清，人壽幾何？且伯修（時任郎中）不既貴顯乎？而
> 猶然抱空願也。……今族中里中，衣冠日盛，而剎中又多戒僧，以
> 其時考之則可也，顧其費不貲，非一人一家一方一邑之所能辦
> 也。……乃分遣戒僧乞于四方大檀越焉。〔註92〕

清代薛文清之〈天馬歌〉：

> 天馬西極來，一日行千重，……我水一斗休，我芻一束止，天馬朝
> 朝忍渴飢，河清伯樂焉足俟，天馬為之笑，飽逸寧足誇，一夕長鳴
> 得天路。〔註93〕

此四首詩之作者或詩文中之主角，都處於不如己意之環境：如「人生賦命各
有投，眼前世事只如此」；「尚為權幸所間，竟不克少酬初志」；「皆欲修，而皆
有所待」；「我水一斗休，我芻不束止，天馬朝朝忍渴飢。」但他們都自勉或規
勸他人，不要寄望未來之河清日，應積極地面對目前之環境，有所作為，如
「丈夫何必多煩憂」；「吾既就列，亟欲自效，救寸得寸，救尺得尺」；「顧其費
不貲，乃分遣戒僧乞于四方之大檀越焉」；「天馬為之笑，飽逸寧足誇，一夕
長鳴得天路。」

2. 歸隱山林，仍一心寄情河清日。如明代林應麒之〈大醉言懷〉：

> 迂儒雖以經史貢，半世飄零無所用，迂儒雖有山中田，手腳生疏不
> 能種，讀書耕田兩無成，不如相隨劇孟輩，博錢吃酒新豐城，逍遙

〔註91〕黃訓，《名臣經濟錄》（臺北：臺灣商務印書館，民國75年3月初版，文淵閣
　　　四庫全書），卷5，頁19。
〔註92〕袁中道，《珂雪齋前集》（臺北：偉文圖書公司，民國65年9月出版，明代論
　　　著叢刊第二輯），卷18，〈重修義堂寺檀文〉，頁36。
〔註93〕張伯行，《濂洛風雅》（臺北：新文豐出版社，民國75年3月臺一版），卷8，
　　　〈薛文清‧天馬歌〉，頁137。

更俟黃河清。〔註94〕

明代吳國倫之〈答同伯〉：

> 別來高枕漢江東，未向塵氛泣路窮，江上青山橫落日，雲邊白羽屬
> 秋風，明珠未報心仍遠，短劍深憑氣尚雄，若使河清真可俟，儘併
> 身世老萍蓬。〔註95〕

明代朱應登之〈湖上送別華玉作長短句歌〉：

> 四十已歸田，豈為折腰思絕粒，翻令傷翮惡驚弦，黃河之清那可俟，
> 世人視我尋常耳，釣竿不挂吞舟魚。〔註96〕

前述三首詩，不論是年老歸隱鄉里，或官場不得志，辭官歸籍，他們身處在
野，仍自視甚高，如「迂儒雖以經史貢，半世飄零無所用」；「明珠未報心仍
遠，短劍深憑氣尚雄」；「豈為折腰思絕粒，世人視我尋常耳。」但仍一心寄望
河清日能到來，若能生處太平世，拼著老命亦要報效國家，如「逍遙更俟黃
河清」；「若使河清真可俟，儘併身心老萍蓬。」

　　（二）處於稱心如意之環境：如唐代張九齡之〈奉和聖制經函谷關作〉：

> 函谷雖云險，黃河復已清，聖心無所隔，空此置關城。〔註97〕

閩（五代）王繼鵬之〈感事三十四韻〉：

> 紫殿承恩歲，金鑾入直年，……雖遇河清聖，慙非岳降賢。〔註98〕

元代黃溍之〈送傅主簿〉：

> 贈公一杯酒，請君聽我歌，崑崙之山分高巍巍，黃河之水分清有時，
> 洛陽少年休太息，東山謝公來未遲。……陛下聖德如華勛，願公功
> 成名遂身早退。〔註99〕

明代曾燦之〈與陳元孝〉：

> 時逼上元，河清可俟，先生臂力方剛，弗自頹唐。〔註100〕

〔註94〕《介山稿略》，卷3，頁9。

〔註95〕《甔甀洞稿》，卷21，頁19。

〔註96〕湯一賢，《隆慶寶應縣志》（上海書局，天一閣藏明代方志選刊續編），卷21，
頁19。

〔註97〕《古今圖書集成》，卷520，〈職方典，西安府部，藝文四〉，頁4707。

〔註98〕李調元，《全五代詩》（臺北：新文豐出版社，民國75年3月臺一版，叢書集
成新編57冊），卷75，頁1145。

〔註99〕黃溍，《金華黃先生文集》（臺北：新文豐出版社，民國78年7月臺一版，叢
書集成續編136冊），卷1，〈送傅主簿〉，頁13。

〔註100〕曾燦，《六松堂詩集》（臺北：新文豐出版社，民國78年7月臺一版，叢書

前述四首詩文，都以河清象徵是時正逢太平盛世，或能得君寵信，是可以有所作為之時代，故言：「弗自頹唐」，「聖心無所隔」。

在非贊頌帝王功業之詩文裏，不論是「河清可俟」，「黃河復已清」，或「河清難俟」，「俟河之清，人壽幾何」，其論及河清，均意涵太平盛世。所以在文學上，在士民生活裏，不論作者是處於稱心如意，或不如己意之時代；在中國人之觀念中，河清代表祥瑞，它是太平盛世之代名詞。

五、結論

因受東晉王嘉《拾遺記》等文獻之影響，國人歷代相傳黃河歷經千年才會澄清，所以河清發生，認為是稀世大瑞，象徵聖人之出現。從史料論證，東漢至清初，河清約有一百二十四次，平均每十四年發生一次，就朝代言：明代出現最多計有四十四次，其次唐代二十三次，北宋二十次，元代十一次，清代九次，東漢六次，隋代四次，宋（南朝）三次，北齊（北朝）二次，金代二次，梁（五代）一次。若就帝王言：其任內最多者九次，有宋徽宗、元順帝、明武宗；其次發生八次者，有明思宗；六次者，有唐太宗；五次者，有宋太宗、宋真宗、明世宗、明神宗、明熹宗、清世宗；四次者，有東漢桓帝、隋煬帝、唐高宗、唐肅宗，前述十五位皇帝是其在位時期河清發生較多者，分析他們之政治背景，得分為四類：一是屬於末代皇帝，二是政權取得，經由骨肉相殘，三是政權已趨式微，四是女主握政，因此他們重視河清，隆重其祀重，得以推測是想藉「黃河清，聖人出」之說法，象徵他們是受命聖人，以鞏固其政權。至於河清出現之時間，不論在那一月份，均有一共同現象：是時河水量淺澀，水流緩慢，幾近斷流，此是河清最容易出現之時候，因此一時刻黃河水之含沙量低，而且泥沙亦容易淤澱。

黃河水澄清，歷代詩文為描述其澄清程度，多以「清如明鏡」，「清澈見底」，「纖魚可數」，「清如井水」等形容詞作為比喻。由於每位皇帝，都認為河清出現，他們自己是應命聖人，因此河清被視為象徵今上聖德之大瑞，朝廷會舉行慶賀儀式，諸項儀式中，較為普遍者，是由朝廷派大臣至河清地方設置神壇恭祀河神，和朝臣撰寫歌頌皇帝功德之詞章，如河清頌、河清表、河清賦等，另有較為特殊之慶祝方式，如北齊武成帝因河清，而更改年號為河清；宋徽宗因乾寧軍出現河清，改其地名為清州；清世宗為慶賀河清，擢升

集成續編 152 冊），卷 14，頁 8。

文武百官各一級。

黃河清是象徵帝王之功德，它出現是表示祥瑞，抑是災異？此涉及「聖人出」之解釋，若聖人指在今日，當朝皇帝則是聖人，當然視其為祥瑞；若指未來，將另有應命新聖堀起，建立新朝代，開展太平世，故對當今皇帝而言，河清是屬災異。各朝代中，視河清為災異者，主要有東漢襄楷、東晉郭璞，隋代裴稽，金代楊珪，明代周相、萬恭，他們所持之理由有二：一是陰陽學說，認為黃河位居諸侯之地位，黃河水色變清，象徵諸侯纂奪政權想當皇帝。二是水利學理，河水變清，水中所含之泥沙淤澱於河床，河床上之淤沙越積越高，假以時日，將會引發黃河潰決，因此，河清絕非祥瑞，而是災異。至於災異論者進諫後久遭遇，因背離上意，楊珪遭監管，周相被捕入獄並奪官職；歷代帝王能像明太祖禁報祥瑞，喜聞災傷者，畢竟不多。

依祥異學說，祥瑞有時亦會成為災異，端視其出現時，是否有相當環境配合，譬如春秋時代魯國曾出現麒麟，麒麟屬於仁獸，孔子卻認為其出現於不該出現的時代，亦就是麒麟應該出現於太平盛世，瑞徵聖王之功業，但春秋時代是屬亂世，此時其出現，對周天子而言則是災異。同理，河清固屬祥瑞，若出現於盛世，對皇帝與百姓都是祥瑞，此時聖人在位，施政以德，百姓同享其樂；若其出現於亂世，對當朝皇帝是屬災異，是時將有新聖應天命而起，取代其政權，但對百姓言，則是祥瑞，此位新聖將撥亂反正，拯救百姓於水火，開創太平世。

陰陽學家提倡祥異學說，是想藉此達到約束君權之目的，使其不敢濫權妄為。若祥瑞出現，固然可喜可賀，帝王亦應更加自我惕勵，維持聖德於不墮；若災異發生，當朝皇帝更應抱持戒慎恐懼之心，遠小人進忠言。不然河清出現，不論其表示祥瑞或災異，對於百姓而言，有何實質利益？故明代王祖嫡就認為撰寫〈河清頌〉，倒不如去撰寫歌頌黃河水流順暢之〈河平頌〉，其原因在於：「河清雖瑞，然暨爾澄澈，不數千里，靡利于民，靡資於國」；而「河之平安道順，流如砥如矢，蒸黎奠居，漕輓通利，不有述作，昌示康休。」〔註101〕

黃河清，若不論其與政權之關係，其蘊含之精神，在士民之觀念裏，它象徵祥瑞，為太平盛世之代名詞。

〔註101〕王祖嫡，《師竹堂集》（臺北：新文豐出版社，民國 78 年 7 月臺一版，叢書集成續編 145 冊），卷 1，〈河平頌〉，頁 6。